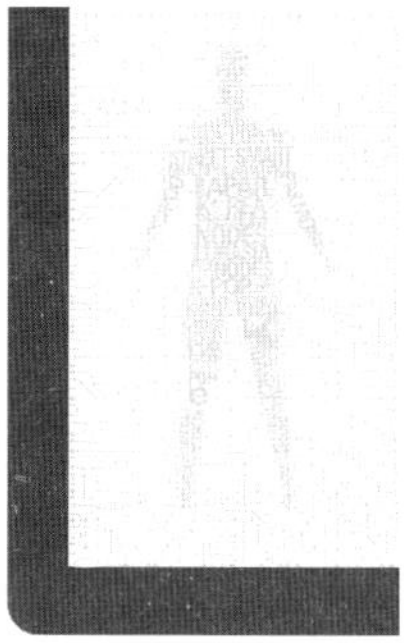

YOUR DREAM

IS

REALITY

1030세대 세상 바꾸기

그대의 꿈이 현실이다

박호성 감수 **이종철** 지음

인간사랑

CONTENTS

| 차 례 |

1030세대
세상
바꾸기

그대의
꿈이
현실
이다

서문

나준용(중2 학생)

"저는 성적이 계속 떨어져서 고민이에요. 부모님은 '분발하자' 고 격려하시는데 저는 그냥 스트레스만 받죠. 저는요. 어른들에게 경쟁사회를 만들지 말라고 말하고 싶어요. 비교당하는 게 싫어요. 그것도 주로 학교 성적을 가지고…. 부모님에게는 잔소리하지 말라고 말씀드리고 싶고요. 그냥 어른들에게 '좀 닥치세요!' 라고 말하고 싶은데…. 말이 심하죠?"

정ㅇㅇ(고3 수험생 어머니)

"아들 수능시험 점수가 뛰어난데도 이미 서울대 공대에 수시 합격했기 때문에 다른 의과대학 정시전형에 원서를 못내고 재수하게 생겼어요. 학교 명예만을 위해 서울대 수시전형 응시를 강요한 담임선생 때문이에요. 아들은 의사가 되고 싶어 해요. 서울대 수시 합격을 취소해주세요. 서울대 숫자보다 제 아이의 장래를 생각해주세요. 서울대 숫자에 제 자식 죽습니다. 도와주세요."

▲ 2011년 12월 아들 학교 앞에서 시위중인 어머니 : 아들의 꿈인가, 누구의 꿈인가?

가승환(대학 복학생)

학교공부에 소질은 있으나 취미가 없다. 그렇다고 딱히 다른 취미가 있지도 않다. 열렬한 욕망이나 희망도 없다. 오락과 채팅으로 시간 보내는 일이 그나마 유일한 삶의 즐거움이다. 수능 점수에 맞춰 아무 대학이나 들어갔다. 강의실을 왔다 갔다 하지만 마음이 겉돈다. 강의하는 사람도 듣는 사람도 마지못해 서로 하는 척만 한다. 왔다 갔다 하는 일도 지친다. 좀 나은 대학을 가자고 반수를 했지만 수능점수가 제자리다. 그 점수에 맞춰 다시 아무데나 들어갔다. 학교만 바뀌고 무의미한 삶은 그대로다. 군대를 갔다 왔다. 복학을 했다. 앞날에 대한 계획은 없다. 졸업하면 어떻게 되겠지 하며 강의실을 왔다 갔다 한다. 미래를 걱정하지도 않는다.

가영득(50대 중반. 가승환 아버지)

입시의 블랙홀에 빠진 시험기계로 지방 명문고를 다녔다. 학교 성적만이 미래를 위한 준비라고 믿고 열심히 공부했다. 비록 재수를 했지만 서울대에 들어갔다. 문학, 철학, 예술의 욕구를 배양할 틈도 없이 술집과 당구장과 포커판에서 젊음을 소진했다. 가까스로 대학을 졸업하고 군대를 마치고 취직하고 결혼했다. 이른 새벽부터 밤늦게까지 노동기계가 돼 열심히 일하고 소주 마시고 거래처 접대하고 월급타서 식구를 부양했다. 성실히 일하여 이 자리까지 왔지만 언제 그만둬야 할지 모른다. 퇴직 후 할 일을 깊게 궁리해보진 않았다. 모아 놓은 돈도 별로 없다. 자식이 둘이다. 딸 승희는 반수 재수 삼수 끝에 대학을 졸업하고 그럭저럭 괜찮은 직장에 취업했다. 아들 승환이도 반수 재수를 거쳐 그럭저럭 대학생이 됐다. 아들 놈 앞날이 문득 문득 걱정된다.

맨 앞 두 사례는 원샷사회(one-shot society)를 살아가야 하는 아이와 학부형의 서글픈 모습이다. 원샷사회란 인생과 미래가 어린 시절 수능시험 한 방으로 결판나는 사회다. 영국 『이코노미스트』(Economist) 2011년 12월 17일자 기사에서 대한민국을 그렇게 풍자했다. 일본도 2010년 이 칭호를 부여받았다. 대학 졸업 후 즉시 직장을 못 잡으면 평생 알바 인생으로 전락하기 때문이다. 단판승부도 문제지만 더 큰 문제는 승부의 내용이다. 삶의 지혜와는 관계없이 오로지 점수 매기기 위해 출제된 다지선다

▲ 무엇을 위한 공부인가, 누굴 이기기 위한 공부인가? 대한민국 10대는 고단하다. 아프다.
▼ 자식의 수능시험 원샷 대박을 기원하는 대한민국 어머니 (출처 : 「이코노미스트」 2011.12.17)

형 문제를 얼마나 빨리 푸느냐로 승부가 결정된다. 치열한 삶의 문제라면 다 틀리고 한 두 개만 맞춰도 대단한 일일진대, '몇 개 틀렸나'를 따지는 정도의 가벼운 시험문제로 삶을 규정하는 일은 얼마나 부질없고 위험한가?

위 가영득과 가승환은 2012년 대한민국을 살아가는 아버지와 아들의 실화다. 내 친구 이야기다. 이 친구는 대한민국 중상 계층의 성실한 직장인이지만 앞날을 생각하면 편치 않다. 본인 미래도 걱정이지만 미래를 고민하지 않는 아들이 더 고민스럽다. 지금까진 그럭저럭 살았으나 자신과 아들이 살아갈 대한민국의 앞날이 불안하다. 불안의 근원은 아들을 제대로 교육시키지 못했다는 아쉬움에도 있지만, 그보다는 착한 아들을 무능하게 만드는 점수경쟁, 스펙경쟁 일변도의 비인간적 시스템을 방조했다는 자책감이 더 크다. 자식에게 더 나은 사회를 물려주기는커녕, 먼 길을 가야 할 자식의 어깨에 무거운 짐을 지운 듯해서 마음이 어둡다.

이런 어두운 마음이 때론 냉소가 되고 때론 분노가 된다. 분노는 소득의 고저와 계층의 상하를 가리지 않는다. 상속세를 걱정해야 하는 극히 일부를 제외하고 대부분 집안에서는 부모세대보다 못할 자식세대의 앞날에 답답하고 화가 난다.

이 책은 1030세대와 그 부모에게 바치는 글이다. 답답하고 화가 나는 이 땅의 수많은 가영득과 가승환을 위해 이 책을 썼다. 어른들에게 '좀 닥치세요!' 라고 말하고 싶은 수많은 나준용을 위해 이 책을 썼다. 서울대 수시 합격하는 바람에 의과대학을 못 가게 된 아들과 어머니를 위해 이 책을 썼다. 잘못된 사회에 '자퇴' 의 작은 돌을 던진 고대녀 김지윤과 서울대녀 유윤종, 2012년 대학입시 거부선언에 동참한 '투명가방끈' 회원을 위해 이 책을 썼다. 빚이 무서워, 학자금 대출 상환하느라 결혼도 못하는 삼포세대, 결혼해도 빈곤의 굴레를 못벗어나는 허니문푸어세대를 위해 이 책을 썼다. 사회가 잘못됐다고 생각하는 사람은 갈수록 많아지는데 잘못된 구조는 왜 개선되지 않나? 너도 나도 문제를 지적하지만 왜 대안은 없나? 이런 생각이 게으른 나를 책상으로 내몰았다.

대안을 제시하기 위해선 문제부터 정리해야 한다. 이 책 1부가 그 내용이다. 「청년이 꿈을 키우기 전에 나라가 망한다」는 자못 과격한 소제목을 달았다. 오늘날 대한민국은 한민족 역사상 최전성기라고 생각하는 사람에겐 미안한 내용이다. 또한 문제만 지적하다보니 대한민국에는 온통 문제만 있느냐는 눈총을 받을지도 모르겠다. 그러나 나는 이 문제를 넘어서지 못하면 답이 없다고 확신한다. 최전성기 대한민국의 화려한 숫자 뒤에 숨은 구조적 문제를 외면하고선 어떠한 좌표설정도 불가능하다. 좌표가 없으면 어디로 가는지 제대로 가는지 판단 못한다. 그저 열심히 할 뿐이다. 맹목적 성실성과 도덕적 나르시시즘만 남는다.

2012년 대한민국은 9천년 민족전통과 단절된 60년 된 신생국이다. 홍익인간(弘益人間), 제세이화(濟世理化)의 위후청고(威厚淸高)한 기상이 사라진 자리에 친일 · 친미 사대문화, 기독교문화, 반공 · 병영문화가 파고들어 정체성이 모호한 부대찌개 국가로 재개업했다. 호연지기는 웃음거리가 되고 두억시니 부라퀴가 호령하는 악속박덕(惡俗薄德)한 나라다. 서로 다름을 인정하는 화이부동(和而不同) 대인배의 나라가 아니라 덕이 실종된 동이불화(同而不和) 소인배의 나라 대한민국은 권리만 있고 의무는 없으며 비판만 있고 실천은 없는 책상물림 양반사회다. 큰 싸움은 엄두도 못내면서 시시콜콜 쩨쩨한 파당싸움으로 시끄럽지 않은 날이 없다. 올림픽 10위, 수출 8위의 스포츠 경제대국이면서 족벌기업이 부를 독식하고 청년실업자 200만명, 비정규직이 800만명이다. 국민 75% 이상이 평균소득 이하의 '궁민' 이며 임금 근로자의 5%만이 안정된 삶을 보장받는 양극화 사회다. 안정된 5% 대열에 합류하기 위한 공부경쟁에 유치원부터 대학까지 젊음의 모든 시간표가 맞춰진다.

2012년 대한민국은 누구의 대한민국인가? 우리 대한민국인가, 누군가의 대한민국인가? 아리송하다. 아리송한 백성이 많아졌다. 아닌 것 같은데 정작 설명은 잘 안 된다. 문제투성인데 뾰족한 해결책이 없다. 난마처럼 얽혀있어 어디부터 손을 대야할지 모르겠다. 곤궁하여 화가 나고 불공정하다는 억울함에 열이 뻗친다. 욕할 자가 한둘이면 대놓고 욕이라도 하련만 사방에 욕할 놈 천지니 마땅치 않다. 화풀이가 엉뚱하게 술집 옆자리 손님과 멱살잡이로 변질된다. 언론마저 공기(公器) 아닌 허릅숭이 위계, 사술의 사기(私器)로 전락하여 희망의 싹을 자른다. 언론이 공기 역할을 해야 선진국이다. 국가가 국민을 속이도록 놔두지 않기 때문이다. 이태리가 독일, 영국, 프랑스를 따라갈 수 없는 이유다.

지식계층은 현학에 능하나 현장과 경제를 모른다. 이론과 요설(饒舌)에는 뛰어나나 세상물정을 모른다. 학습과 시험으로 한 세상 살다보니 책상머리 철학으로 끝나고 현실 개선에는 도움이 안 된다. 반대로 비지식계층은 현장에 해박하고 돈 벌 줄은 알지만 성찰이 없다. 사고의 양극화다. 양극이란 상극의 다른 말이다. 지식계층과 비지식계층의 삶을 통합 조정해주는 메카니즘이 없다 보니 서로 '뭘 모르는 사람' 으로 경멸하게 된다. 지식은 현학에 머물고 현장은 재테크에만 머문다. '하고 싶은 일하기(꿈)' 와 '먹고사니즘(현실)' 도 양극에서 따로 놀며 접점을 찾지 못한다. 양극의 연결고리가 없다. 양극이 연결돼야 부가가치가 커지고 사회가 성숙해진다. 양극을 연결하는 일이 기획이다. 이 책의 문제의식이 여기에 있다.

노인은 젊은이를 비난하고 젊은이는 노인을 경멸한다. 노인은 도량이 좁고 젊은이는 미숙하다. 부자는 천박하고 가난한 자는 비굴하다. 세대

간, 소득계층간 양극화도 중간 연결통로가 없다. 서로 경멸한다. 여기서도 기획이 필요하다.

교육문제를 보자. 지하철 통로에서 한 사람이 뛰면 너도 나도 덩달아 뛰어가는 식으로 막연한 불안감에 너도 나도 학원으로 달려가는 전반적 교육불안증후군이 드리웠는데도 아무런 해결책이 안 나온다. 증후군의 원인은 학벌 지상주의다. 학벌 때문에 '진학' 해야 한다. 중학교는 고등학교 진학을 위해서, 고등학교는 대학교 진학을 위해 존재한다. 교육목표는 실종되고 진학이라는 과정 자체가 목표가 된 본말전도다. 진학 자체가 성취로 되다보니 진학을 위한 각종 기교와 편법이 교육의 목표가 된다. 사고 스케일을 넓히고 다양하게 만들어야 할 대학교육마저 다음 단계, 취업을 위한 직업교육으로 전락했다.

대기업 취업학원까지 성업 중인 대한민국은 학원공화국, 암기공화국이다. 상상력과 기획능력 대신 진학이나 취업용 암기 지식과 스펙만 축적한다. 남의 생각만 달달 외워 판검사, 국회의원, 장관, 도지사, 시장이 된다. 감정마저 암기로 익힌다.

이 모든 문제의 바탕에 대한민국 부모가 있다. 부모의 맹목적 교육열로 인해 본말전도의 원샷 시스템이 공고해진다. "배고픈 설움은 잠깐이요, 못 배운 설움은 평생 간다"는 절박함에 밀려 사회 개혁에는 눈을 감고 자식 농사에만 무한 집착한 결과 갈수록 나 혼자라도 살고 보자는 무한 경쟁의 늪에 빠져든다. 이코노미스트를 인용할 것도 없다. 다 안다. 10대의 어린 나이에 치르는 한 번의 시험점수로 인생의 성패가 결정되는 나라의 장래가 어떠하리라는 것을.

문제를 아는 사람은 많으나 해결책을 내는 사람은 드물다. 해결책이라

해도 내가, 당신이, 우리가 할 수 있는 일은 없다. '누군가' 해주길 바란다. 정부가 해주길 바란다. 지방정부가 해주길 바란다. 국제기구가 해주길 바란다. 그럴듯한 요설로 문제를 진단하지만 거기서 끝이다. 고담준론과 비판으로 끝난다. 내가 대통령이 돼야만 해결 가능한 것을 해결대안이라고 내 놓는다. 대통령이 안 되니 해결될 리가 없다. 전문가는 문제가 있어야 먹고 살기에 문제만 계속 발굴한다. 빨갱이가 있어야 먹고 사는 반공과 비슷하다. 공기가 오염됐다고 알려만 주고 정화방법은 제시하지 못할 바엔 차라리 알려주지 않는 편이 낫다. 오염된 사실을 모르는 편이 건강에 더 좋다.

이 책은 다르다. 오염 정화장치를 제시한다. 누군가에게 해달라고 칭얼대지 않는다. 시시한 충고도 하지 않는다. 고상한 이론으로 혼자만 돈 벌고 잘살고자 하는 책이 아니다. 직접 우리가 하자는 책이다. 이름하여 「대한민국 놓아주기」다.

대한민국을 놓아준다는 말은 대한민국을 떠나거나 버린다는 말이 아니다. 절이 싫으면 중이 떠나면 된다. 국가도 마찬가지다. 국가가 싫으면 국민이 떠나면 된다. 물론 절처럼 쉽진 않지만. 이민을 가는 것도 한 방법이다. 그러나 상책은 아니다. 그냥 떠나기만 해서는 해결이 안 된다. 도주일 뿐이다. 약한 자의 방식이다.

강한 자의 방식은 무엇인가? 민중봉기로 새로운 나라를 만드는 방식인가? 아니다. 민중봉기나 혁명은 일시적이다. 정권교체일 뿐이다. 민중혁명의 열기는 자못 뜨거우나 오래 가지 못한다. 열기가 식은 자리에는 새로운 권좌가 들어설 뿐이다. 다시 예전 일상으로 돌아간다. 구조는 그대로다. 겉칠만 바뀌었다가 시간지나 칠이 벗겨지면 도로 옛날이다.

강한 자의 방식은 기존 구조를 그대로 두고, 혹은 그 구조 안에서 기존 구조를 대신할 대안 구조를 만드는 방식이다. 대안 구조가 기존 구조를 대신할 정도의 우월함을 갖추어야만 국가와 대등한 입장에서 국가를 놓아줄 수 있다. 그래야 기존구조도 개선된다. 나도 살고 대한민국도 사는 방법이다. 대한민국 시스템에 얹혀 가는 대신 대안 프로젝트로 대한민국 시스템을 자극하여 발전시키는 개념이다. 약한 자는 놓아주지 못한다. 떠날 뿐이다.

대한민국을 놓아주려면 고정관념을 깨야 한다. 고정관념에 빠지면 변화가 안 보이고 변화를 시도하지도 못한다. 구조에 야합하거나 기생할 수밖에 없다. 특히 국가에 대한 맹목적 함몰이 가장 큰 고정관념이다. 개인은 국가라는 구조를 도저히 바꿀 수 없다는 체념도 고정관념이다. 내가 제안하는 대한민국 놓아주기 방식은 유라시아 개발프로젝트다. 방식만 타당하다면 대상 프로젝트는 달라도 좋다. 관건은 대한민국을 놓아줄 만한 중량감이 있느냐다.

폭포 상류에서는 폭포가 안 보인다. 폭포 가까이 가면 갑자기 물살이 빨라지면서 배를 되돌리지 못하고 폭포로 곤두박질친다. 물살이 빨라지기 직전에 알아차려야 되돌릴 시간이 있다. 이름 하여 폭포상류이론이다. 급류로 전환하는 지점을 임계점에 비유할 수 있다. 임계점을 넘어서면 원상회복이 불가능한 파열에 이른다. 건강도 마찬가지고 국가 시스템도 마찬가지다. 폭포 상류의 완만한 흐름이 급류로 전환하기 전에 선수를 돌려야 한다.

대한민국도 임계점에 이르기 전에 좌표와 항로를 바로 잡아야 한다. 그러나 현 시스템의 주도세력으로는 그 작업이 불가능하다. 자신에게 유리한 시스템을 바꾸는 일에 적극 나설리 없다. 현 시스템에 만족 못하는 사람이 모여 작업을 기획하고 실행해야 한다. 이 책이 그 기획의 단초가 되리라 생각한다. 독자 여러분도 얼마든지 자신만의 대안 프로젝트를 상상하고 기획할 수 있다.

개인이 구조를 바꾸긴 어렵다. 그렇다고 체념만 하고 있을 순 없다. 개인이라도 나서야 한다. 내가 나선 까닭이다. 많은 사람이 동참하면 바꿀 수 있다. 모든 시민의 정치참여가 필수적이지만, 투표참여부터 아쉽다. 후보자는 '비밀번호 연상낱말' 이다. 마땅한 연상낱말이 없다. 마지못해 하나를 골라야 한다. '직접입력,' 예를 들면 '지지후보 없음(후보 전원교체)' 이나 '당신이 지지하는 사람을 직접 쓰시오' 칸이라도 있으면 나으련만.

외세에 무너져야만 나라가 망하는 것이 아니다. 내가 원하는 나라가 아니면 망한 나라다. 나의 대한민국, 우리의 대한민국이 아닌 누군가의 대한민국은 망한 나라와 다름없다. 누군가의 대한민국에 식상한 사람, 사회구조에 주눅든 사람, 좌절한 사람, 구조에 굴복하기 싫은 청년이 이 책을 읽고 가슴에 불을 지펴 연대의 광장으로 모이는 상상을 해본다. 실현가능한 꿈을 찾고자 하는 젊은이, 변화를 갈망하는 모든 연령층에 자극제가 되고 소주잔 앞에서 비분강개하는 화병 환자에겐 치유제가 되길 기대한다. 조금 더 욕심을 부린다면, '대한민국은 네가 필요 없다' 는데도 일편단심 대한민국을 놓지 못하는 자가발전형 애국자가 이 책을 읽고 국가의 최면에서 벗어난다면 금상첨화겠다.

그러나 내가 가장 바라는 것은 10대, 20대가 이 책을 통해 제대로 된 꿈을 갖게 되는 일이다. 꿈이 있다면 시험 점수에 낙담하거나 주변 시선에 연연할 필요가 없다. 특히 3부는 삶의 목표를 세우고 대학에서 전공

분야를 정하는데 유익한 참고가 되리라 생각한다. 아예 3부부터 읽어도 좋다. 점수나 부모 기대가 아니라 내 꿈에 맞춰 전공을 선택하는 대전환의 계기가 되길 바란다. 수능시험 만점자가 이 책을 읽고 서울법대 대신 「유라시아 대륙 자동차 랠리」 기획자가 되기 위해 필요한 학과에 진학하는 도발을 기대한다.

교사와 부모는 제자와 자식의 능력을 믿어야 한다. 당신의 필요, 당신의 꿈을 자식의 꿈이라고 우기지 말고 자식의 꿈을 인정하라. 당신 힘으로 사회 비전을 실천할 가능성이 얼마나 되는가? 비전은 고사하고 구조를 뒤따라가는 것만으로도 벅차지 않은가? 청출어람이다. 제자에게 맡기라. 자식을 과소평가하지 말라. 생각보다 현명하다. 당신보다 낫다. 자식이라도 나서야 사회가 바뀌지 않겠나?

이 책은 학술서가 아니다. 여럿이 힘을 모으면 개인도 풍요로워지고 세상도 바꿀 수 있다는 메시지를 담은 계몽서다. 도발(挑發)이 목적이다. 도발이되 생산적인 도발이다. 따라서 '유라시아' '대륙' '스케일' '뉴딜' 같은 학술적 용어 정의의 엄밀성 부족, 관료 등 특정집단에 대한 과도한 일반화, 거친 감정표현 등의 문제는 크게 연연하지 않았다. 이에 대한 비판과 책임은 기꺼이 감수한다. 공무원, 교사 등을 하나의 집단으로 통칭하여 평가한 부분에 대해서도 개인이 아니라 직종 혹은 조직구조 차원의 문제점을 지적하고자 한 것임을 이해해주기 바란다.

이 책은 만병통치약이 아니다. 모든 것을 집대성하지도 않았다. 기대가 충족되지 않았다면 미안하다. 그러나 나로서는 최선을 다했다. 한 사람의 작은 불씨라도 건드려 발화시키고자 진력을 다했다. 미진한 부분은 앞으로 실제 대한민국 놓아주기 프로젝트를 진행하면서 구체적인 행동

전략 형태로 출판할 생각이다. 이 책이 「희망의 판도라 상자」라도 된다면 아무런 미련이 없겠다.

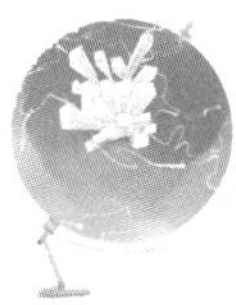

CATCH YOUR DREAMS BEFORE THEY SLIP AWAY
LOSE YOUR DREAMS AND YOU WILL LOSE YOUR MIND
AIN'T LIFE UNKIND?

「RUBY TUESDAY」 SONG BY THE **ROLLING STONES**

YOUR DREAM IS REALITY

1030세대
세상
바꾸기

그대의
꿈이
현실
이다

[PART 1]

청년이 꿈을 키우기 전에 나라가 망한다

꿈을 잃은 대한민국, 화생방 가스체험실

스티브 잡스와 아이팟 세대
거마대학생
꿈을 잃은 대한민국
분노 공화국
화생방 가스체험실

누구의 대한민국인가?

YOUR DREAM IS **REALITY**

꿈을 잃고 분노에 빠진 대한민국,
대한민국을 놓아주어야
답이 나온다.

"언제쯤 사시미가 될 수 있을까. 스끼다시 내 인생"

이진원 · 달빛요정 역전만루홈런

YOUR DREAM IS REALITY
_001

꿈을 잃은 대한민국, 화생방 가스체험실

스티브 잡스와 아이팟(IPOD) 세대

2011년 10월 5일 애플의 스티브 잡스가 세상을 떠났다. 디지털 시대의 정점에서 스마트 혁명을 일으킨 사람이다. 핸드폰에 컴퓨터를 탑재하느냐, 아니면 컴퓨터에 핸드폰 기능을 넣느냐로 시끄러울 때 과감히 핸드폰 쪽으로 승부수를 던졌고 적중했다.

애플 아이폰은 창의력의 산물이지만 그에 앞서 결단의 산물이다. 승부수가 가져다 준 성공이다. 아이폰이 성공하자 아이패드도 성공했다. 한쪽에 과감히 승부를 걸어서 양쪽을 다 먹었다. 하이로 포커판에서 흔들어 독식한 셈이다.

잡스가 만든 판으로 세상이 따라왔다. 잡스의 한 마디는 복음이 되어 세상을 열광시켰다. 애플교, 곧 잡스교의 탄생이다. 잡스교도는 제 부모 운명 못지않게 교주 잡스의 죽음을 애도했다. 잡스교주의 복음은 2011년 1월 스탠포드 대학교 졸업식 연설문에서 정점에 달했다. "다른 사람의 삶을 사느라 인생을 낭비하지 말라." 얼마나 통렬한가! 세상의 헛된 관행을 향해 이보다 더 결정적인 한 방을 날린 말은 아직 들어보지 못했다. 열광할 만하다. 애도할 만하다.

> 여러분의 인생은 한정되어 있다. 다른 사람의 삶을 사느라 시간을 허비하지 마라. 다른 사람이 결정한 방식으로 살지 말라. 다른 사람의 시끄러운 생각으로 여러분 내면의 생각을 질식시키지 말라. 여러분의 마음과 직관을 믿어라. 마음과 직관 속에 인생의 답이 있다. 다른 모든 것은 부차적이다.

잡스교도가 누군가? 애플 제품 구매자다. 교주가 만든 제품에 열광하고 기꺼이 지갑을 여는 사람이다. 이들에겐 애플이 단순한 제품이 아니다. 교주의 혼이 스민 영물(靈物)이다. 이 영물의 거래기준은 가격이 아니다. 감성과 감동이다. 스타일이다. 스타벅스에서 프라푸치노를 홀짝이는 디지털유목민은 맥북에어나 아이패드로 패션이 완성된다. 삼성 센스나 갤럭시탭은 '2프로' 부족하다.

잡스가 세상을 석권하게 된 계기는 음악재생기 아이팟(i-POD)이다. 수십만 곡의 온라인 음악에 연결된 아이팟은 휴대용 음악감상 방식에서 예전의 소니 워크맨 같은 혁명을 일으켰다. 아이팟의 온라인 생태계가 아이폰 앱스토어로 이어지고 애플제국의 초석이 됐다. 세계시장 1위 한국의 아이리버 MP3 플레이어도 아이팟 돌풍에 날아갔다.

아이팟과는 별개로 아이팟(IPOD)세대가 있다. 2009년 유럽에서 극심한 일자리 부족으로 시름하는 청년층을 빗대 부른 말이다. IPOD은 Insecure(경제력이 불안하고), Pressured(스트레스를 많이 받으며), Overtaxed(과중한 세금 부담에 시달리고), Debt-ridden(빚에 찌든)의 약자다.

묘하게도 IPOD 세대의 애용품이 iPOD이었다. 청년실업자인 IPOD 세대가 열광적으로 iPOD을 구매한 덕에 애플이 살아나고 잡스도 교주 반열에 올라섰다. 그러나 정작 잡스는 청년실업 문제에는 관심 없었다. 기부에 대해서도 회의적이었다. 일자리를 뜻하는 '잡스(Jobs)'가 IPOD 세대를 위해 한 일은 수 억 대의 아이팟을 판매한 일뿐이다. 잡스가 퇴치한 것은 청년실업이 아니라 아이리버였다.

애플제품은 워크맨이나 닌텐도와 무엇이 다른가? 파급효과다. 아이폰이 역사라면 워크맨은 소사(小史)다. 소니의 모리타 아키오와 애플의 잡스, 두 사람의 죽음에 헌정된 애도의 차이가 그것을 말해준다. 그 차이만큼 사회 공헌의 깊이도 달랐다면 얼마나 아름다웠을까? '2프로 부족한 잡스'라 하면 지나친 말인가?

IPOD 세대론에는 풍자를 넘는 무거운 의미가 담겨있다. IPOD 세대의 대척점에는 부모세대 선배세대가 있다. IPOD 세대가 생겨난 이유가 부모세대 때문이라는 생각이다.

유럽의 경우 부모세대는 산업화와 노조 시대를 거치면서 거의 종신고용에 가까운 고용안정성을 확보했고 연금 등 다양한 사회복지 혜택을 누리며 안정된 노후를 보장받았다. 그런데 바로 그 때문에 자식세대가 곤궁에 처하게 됐다. 고용안정성이란 무엇인가? 회사가 마음대로 직원을 자르지 못한다는 말이다. 유식한 말로 하면 고용시장의 경직성이다. 해고가 어려운 경직된 고용시장에서는 신규채용도 그만큼 어렵다. 부모가 안정적으로 오래 근무하는 만큼 자식은 입사기회가 줄어든다. 또한 부모가 연금혜택을 많이 받을수록 자식은 혜택보다는 부담만 늘게 된다. 부모에게 줄 연금 재원조달을 위해 세금을 더 내야 하기 때문이다. 결국 자식세대, 즉 IPOD 세대가 물려받는 것은 부모세대가 누린 풍요에 대한 지불 청구서인 셈이다. 물론 경제가 계속 성장하면 괜찮다. 그러나 지금 유럽의 경제상황은 어떤가? 유럽에서 가장 잘 나가는 독일도 년평균 GDP 성장률이 3%를 넘기 어려운 실정이다.

방법은 하나다. 노동시장을 유연하게, 즉 해고를 쉽게 만들고 적자투성이 연금을 개혁하여 더 내고 덜 받게 하는 수밖에 없다. 물론 현행 시스템 안에서 해결하는 방식이다. 현행 시스템이 문제해결 능력이 있다면 가능하다. 해결능력이 없는 상태에서는 해결하려 할수록 쳇바퀴만 돈다. 시스템 운영개념과 원칙을 바꿔야만 가능한데 그대로 두고 문제를 해결하려니 어렵다.

상황을 한국에 적용해보자. 한국의 부모세대, 이를테면 지금 50대, 60대는 유럽의 동년배만큼 고용안정성을 누렸나? 아니다. 일요일도 없이 분골쇄신한 직장이건만 하루아침에 해고 통지를 받는다. 연금이나 각종 사회보장으로 노후 걱정이라도 없나? 아니다. 평균 잡아서, 잘 해야 아파트 한 채 가졌을까 말까다. 알량한 퇴직금과 국민연금이 유일한 노후보장수단이다. 공무원은 예외다. 국민연금보다 세배 많은 연금, 즉 국민 세금으로 노후가 보장된다.

그렇지만 부모세대가 자식세대와 이해관계가 엇갈리는 점은 유럽과 같다. 아니, 사정이 더 안 좋다. 가장 크게 상충하는 부분이 주택문제다. 부모세대 가운데 열심히 돈을 모아 자기 집 외에 투자용으로 한 채 정도 더 가진 사람이 꽤 있다. 이 집이 자식세대에게 임차된다. 부모세대가 폭등시킨 집값은 자식에겐 감당 안 되는 수준이다. 자식세대는 세를 사는 수밖에 없다. 마흔 살 넘은 총각이 15%를 넘는 까닭도 이와 무관치 않다. 부모세대는 가능하면 비싼 값에 집을 세 놓으려 한다. 사회안전망 없이 스스로 노후를 책임져야 하기 때문이다. 집값을 폭등시킨 방식으로 전세값이 폭등한다. 전세값이 폭등하니 월세도 폭등한다. 자식세대만 죽을 맛이다. 부모세대는 부동산 투기의 기회라도 있었지만 자식세대에겐 해당 없는 얘기다. 부동산 불패신화는 깨졌다. 자산증식 기회를 독점한 부모로 인해 자식은 오랫동안 임차인으로 남아야 한다.

이 문제를 해결하는 방법은 의외로 간단하다. 재산세를 무자비할 정도로 올리면 된다. 노무현 정부의 종부세보다도 10배쯤 올리면 된다. 종부세 때문에 거품 물고 노무현에게 쌍욕을 해대던 사람이 들으면 경악하리라. 집값이 떨어지면 경제가 무너진다고 생각하는 사람에겐 견딜 수 없는 도발이다. 재산세를 무자비하게 올리면 어찌 될까? 재산세를 감당 못하는 주택이 대거 매물로 나온다. 집값이 떨어진다. 자식 세대가 구매 가능한 수준까지 값이 내려간다. 주택 거래가 활발해진다. 주택이 보유보다는 거주개념으로 바뀐다. 물론 오른 재산세 금액만큼 세를 올리는 집주인도 있으리라. 그러나 정상적 세입자가 감당 가능한 수준 이상의 임대료는 오래 못 간다. 집을 파는 게 상책이다. 재산세(보유세)를 올리는 대신 양도세(거래세)는 주식거래세 수준으로 대폭 낮춘다.

이게 주택문제의 근본 해결책이다. 선진국 방식이다. 재산세를 많이 내서 사회에 기여하겠다는 사람만이 비싼 집을 보유할 수 있게 만드는 방식이다. 오마에 겐이치의 지론이기도 하다. 그러나 대한민국에선 불가능한 처방이다. 부모세대가 도저히 못 받아들인다. 어떻게 장만한 집인데! 주택이 자산의 대부분인 부모 입장을 생각하면 이해는 간다. 그러나 그 입장엔 자식세대에 대한 배려가 없다. 심각한 이기주의다. 이 세상 땅 한 뙈기도 원래 주인이 있는 게 아니건만 선점했다는 이유로 영원히 소유하려 한다. 자산 없는 자식세대를 최대한 착취하려고만 한다. 이를 면하기 위해 부모세대의 투기 방식을 따라간 자식은 하우스푸어의 덫에 걸려 신음한다. 부모세대의 자식세대 뜯어먹기다. 2011년 서울시장 보궐선거 투표결과에 나타난 세대 간 양극화도 이와 무관하지 않다.

한국의 청년세대 입장에서 보자. 유럽의 동년배 IPOD세대와 다른가? 똑같다. 똑같은 압박에 시름한다. 그렇다면 그들처럼 부모라도 풍요로운가? 아니다. 극히 일부를 제외하곤 이른바 NEET족(Not in Education, Employment or Training)이나 캥거루족으로라도 버틸만한 처지가 못 된다. 대부분은 풍요롭지 못한 부모세대와 희망 없는 자식세대가 공존하는 상황이다. 오죽하면 '한 지붕 세 실업자' 시대란 말이 나왔을까? '한 지붕 세 실업자'란 아버지와 두 자녀가 모두 실직한 상태를 이른다.

이런 상황에선 아파트 한 채 있는 정도만 돼도 스스로를 기득권 계층이라 생각하고 그 자녀도 청년에 어울리지 않는 보수(수구)적 정체성을 갖게 된다. 고생 끝에 집이라도 한 칸 갖게 된 착각중산층의 소박한 보수를 나무랄 일은 아니다. 그러나 한 번 생각해보자. 나를 유럽의 동년배보다 훨씬 열악한 처지에 놓이게 한 게 누군지. 60만원짜리 일자리를 놓고 부모 자식이 다투게 만든 게 누군지.

청년실업 문제와 세대 간 갈등 문제가 서로 얽혀있다는 말을 하다 보니 본의 아니게 잡스를 도마에 올렸다. 요지는 이렇다. 가장 근본적이고 중요한 이 문제를 그대로 놔두곤 대한민국이 앞으로 나아갈 수 없다. 더구나 김정일이 사망하면서 통일 이후 사회통합 문제까지 염두에 두고 대비를 해야 하는 시점이 됐다. 더 미룰 수 없다. 이제부터라도 움직여야 한다. 그대가 움직여야 한다.

거마대학생

최근 들어 거마대학생이란 용어가 언론에 등장했다. 세계를 휩쓰는 청년실업 문제의 한국형 증상이다. 거마대학생이란 서울 송파구 거여동·마천동 일대 다세대 주택에 합숙하면서 불법 다단계 판매업에 종사하는 대학생을 일컫는 말이다. 남녀 구분도 없이 한 방에 15명에서 20명 혼숙하는 거마대학생. 이들은 누군가? 대다수가 가난한 지방대 출신이다. 졸업 후 취직을 못 했거나 등록금이 없어 휴학한 경우가 많다.

다단계 판매란 무엇인가? 피라미드 조직을 따라 위에서 아래로 물건이 판매되며, 판매 수익금이 아래에서 위로 연쇄 배분되는 방식이다. 불법 다단계 판매란 무엇인가? 판매단계가 4단계 이상이며, 상품 판매가격이 동급 상품에 비해 10배 이상은 보통이고 50배까지 한다. 판매에서 발생하는 과다한 마진은 대부분 상위계층 판매자와 회사가 가져간다.

상품가격이 비정상적으로 높다보니 조직 외부판매는 원천적으로 불가능하다. 1만원짜리 건강음료를 누가 30만원에 사겠는가? 신입회원을 영입하여 그들에게 떠넘기는 수밖에 없다. 고가 구매의 피해자인 내가 내 밑으로 영입한 신입 회원에게 고가로 팔아서 그 수익으로 내 손해를 메꾸고 피라미드 상층부와 회사가 돈을 버는 방식이다.

신입회원은 터무니없는 가격 때문에 구입을 망설이게 된다. 이 때 조직 차원에서 강력한 세뇌와 회유를 하여 강제구매를 사주한다. 그래서 합숙과 혼숙이 필요하다. 가난한 신입 회원이 상품을 구매하도록 불법대출을 알선하고 부모를 속여 돈을 송금 받도록 온갖 수법을 동원한다. 이 부분이 불법이다. 사기, 회유, 협박, 강매가 불법 다단계의 핵심 기법인 셈이다. 다단계가 사람장사라면 불법다단계는 인신매매 수준의 제 살 뜯어 먹기다. 이 방식으로 돈을 버는 자는 판매회사와 일부 상위 조직원이다. 판매회사는 1년에 수백억원을 벌어간다. 한 마디로 앵벌이 조직이요 인신매매형 사이비 종교집단이다.

거마대학생은 왜 여기까지 오게 됐나? 가난하기 때문이다. 가난하기 때문에 돈을 벌기 위해 '서울 강남' 이라는 거마지역에 왔고 가난하기 때문에 더 돈을 잃고 더 가난해졌다. 가난하기 때문에 솔깃해서 귀를 기울였고 세상 물정 모르는 가난한 20대의 귓가로 스며드는 황홀한 미래에 마취돼 정신을 잃었다. "하루하루 지날수록 세상에서 유일하게 나를 잘 대해주고, 걱정해주는 사람들이라는 생각이 든다." 18개월간 마천동 합숙소에서 생활하다 탈출한 전직 거마대학생의 중앙일보 인터뷰 내용이다. 화간의 탈을 쓴 강간이다. 사회적 정신박약아를 상대로 한 범죄다.

누가 이들을 거마지역으로 끌어들였나, 아니 내몰았나? 우리 사회다.

바로 지금 우리 대한민국이다. 그 대한민국에서는 아무도 청년실업 문제에 대해 실질적인 해결책을 제시하지 않는다. 거마대학생이라도 되는 수밖에.

청년실업 문제는 미래의 희망을 앗아갈 뿐 아니라 지금이라도 파국을 초래할 수 있는 바이러스다. 지난 해 여름 잉글랜드에서 일어난 청소년 폭동을 생각해보라. 이들의 분노를 격발한 것은 경찰의 우발적인 과잉대응이었지만 분노의 도화선 아래쪽에는 청년실업 문제라는 거대한 폭약이 장전돼 있었다. 청년실업 문제의 증상이 한국에서는 거마대학생으로 영국에서는 길거리 폭동으로 나타났을 뿐이다. 튀니지와 이집트 정권을 붕괴시킨 '아랍의 봄' 도 청년실업 문제가 원인이었다. 폭약의 뇌관이 앞으로 언제 어디서 어떤 방식으로 터질지 아무도 모른다.

꿈을 잃은 대한민국

대한민국이 꿈을 잃었다니, 웬 도발? 국회의원 공천신청자, 서울대 수시모집 합격자, 초등교사 발령 받은 사람, 뮤지컬 배우로 제2 인생을 사는 노인, 행정고시 합격자, 삼성전자 합격자, 상장 심사 통과한 벤처기업 창업자, 치킨 집 개업을 앞둔 정년퇴직자, 기능올림픽 출전을 앞둔 자동차 정비기사 … 수많은 사람의 꿈이 넘쳐 강을 이루는 꿈의 나라 대한민국이거늘! 올림픽 7위, 월드컵 4강, 수출액 7위, 경제규모 15위, 1인당 국민소득 2만불인 대한민국이거늘. 한민족 역사상 최전성기를 구가중인 대한민국이 꿈을 잃었다니!

맞다. 저마다 제게 맞는 꿈을 향해 나아가는 대한민국이 뭐가 잘못됐단 말인가? 그러나 아니다. 잘못됐다. 꿈꾸는 개개인은 잘못 없다. 그 꿈을 부질없게 만드는, 부질없는 꿈을 꾸게 만드는 대한민국 국가가 잘못됐다. 국민이 아니라 나라가 꿈을 잃었다는 말이다. 아니, 대한민국 국민이 곧 대한민국 아닌가? 아니다. 본래는 그래야 맞다. 그러나 2012년 대한민국은 국민의 꿈과는 다르게 움직이는 기관차다. 기관실에는 국민 가운데 극히 일부만 타고 있다.

대한민국을 숲에 비유해보자. 숲을 지배하는 나무는 친일 · 친미 · 사대의 토양, 영남지역패권의 뿌리, 매판산업자본의 줄기로 이루어진 거목이다. 이 거목이 먹이사슬의 최상층에서 숲의 모양을 결정한다. 거목의 가지는 정권이며 가지 끝에는 권력유지기관, 곧 검찰 · 법원 · 정보기관의 열매가 달렸다. 이 신성한 열매는 거목이 허락하는 자만 딸 수 있다.

숲속에는 거목의 곁가지, 아니면 거목 옆 작은 덤불이라도 되고자 바람에 떠다니는 무수한 마름 잡씨앗이 있다. 잡씨앗은 선택권이 없다. 거목에게 선택받을 뿐이다. 선택받지 못한 대다수 잡씨앗은 채 발아도 못하고 거목의 거름이 된다. 숲은 거목의 숲이다. 거목이 곧 숲이다. 거목의 꿈이 곧 숲의 꿈이다. 거목의 꿈은 잡씨앗의 꿈과는 다르다. 잡씨앗이 꿈을 꾸지 못하게 엉뚱한 꿈을 심어주는 것이 거목의 꿈이다. 엉뚱한 꿈이란 무엇인가? 바로 거목을 맴돌며 거목만을 바라보게 하는 꿈이다. 거목에 오도된 잡씨앗의 꿈은 불쌍하지만 정당하다. 반면 정당한 잡씨앗을 불쌍하게 만드는 거목의 꿈은 삿되다. 그래서 꿈을 잃은 상태다.

이제 꿈을 잃은 숲, 대한민국의 현 주소를 들여다보자.

① 실업자 400만명, 청년실업자 200만명, 대졸백수 40만명

"영혼을 팔아서라도 취업을 하겠다." "난 그냥 행인(행정인턴)이야."

"청춘이고 나발이고, 나는 그저 백수 찌질이 빛꾸러기다."

88만원 세대, NEET족, IPOD세대, 캥거루족, 알부자족, 낙바생, 홈퍼니, 청년실신 … 취업난 속 무력한 젊은 세대를 빗댄 신조어다. 스끼다시 인생도 있다. 스끼다시라니, 자조(自嘲)를 넘어 자기모독이다.

어느 때고 실업자는 있었다. 일자리는 늘 모자라는 법이다. 월급쟁이 신화 이명박대통령이 현대건설에 입사한 1960년대도, 내 또래가 일자리를 찾던 1980년대 초도 취업은 만만치 않은 일이었다. 그렇지만 청년실업 문제로 지금처럼 아픔을 겪진 않았다.

내가 대학을 다니던 1970년대에는 달랑 졸업장 하나만 들고 사회에 나와도 취직하는 데는 큰 문제가 없었다. 술집과 당구장에서 헤매고, 데모하느라 수업도 가뭄에 콩나듯 들어가도 어떻게든 졸업장만 손에 쥐면 웬만한 기업에는 들어갔다. 대졸자만 그런 것이 아니었다. 요즘 대학생이 쌓는 평균 스펙이면 최고 회사 가운데 골라서 갈 수 있었다. 당시 1인당 국민소득이라야 2천달러를 넘나들었다. 그 사이 1인당 명목국민소득 열배, 실질국민소득은 다섯 배 이상 늘어 2만달러를 넘었는데 청년실업 문제가 줄기는커녕 사회 근간을 흔들 지경으로 악화됐을까? 청년인구가 옛날보다 많아져서? 이명박 대통령 말처럼 젊은이 눈이 높아져서?(2008. 12. 1. 라디오 연설 및 2009. 10. 29. 한국산업인력공단 「청년취업, 젊은이와의 대화」 행사 연설) 학력 인플레로 고학력 졸업자 수가 많아져서? 디지털 정보혁명으로 일자리가 줄어들어서? 아니면 청년이 게을러져서?

단서가 하나 있다. 청년실업 문제가 한국에만 나타난 현상이 아니라 전 세계적인 만성질병이라는 점이다. 일자리가 늘지 않는 경제성장(growth without employment)은 세계경제의 대세다. 지난 20년간 세계 전체 인구대비 고용률은 62.3%에서 61.2%로 줄었다. 제레미 리프킨에 의하면 정보통신혁명이 본격 시작된 1980년대 이후 기술혁신으로 인해 생산직뿐 아니라 서비스 부문 일자리가 계속 줄어들었다. 이런 변화 속에서 지식노동자라는 새로운 일자리도 생기지만 줄어드는 일자리 규모에 비해 턱 없이 부족하다. 일자리 자체도 줄어들지만, 더 큰 문제는 새로 생기는 일자리 수명이 짧다는 데 있다. 지금 첨단 기술전문직이 10년도 안돼 구식기술자로 밀려날 가능성이 점점 커진다. 한 번 밀려난 사람은 다시 노동시장에 진입하기 어렵다. IT분야에서는 이런 현상이 나타나기 시작한지 오래됐다. 정규직 개념도 사라질 가능성이 크다.

영국 산업혁명 초기에 기계가 도입되면서 수많은 노동자가 일자리를 잃었던 상황을 떠올리게 한다. 앞으로 인공지능과 로봇 기술이 발전하면 21세기판 러다이트(기계파괴) 운동이라도 나타날지 모르겠다. 기술발전 속도를 생각하면 그때보다 더 심각할 수 있다. 단순노무직 뿐 아니라 전문직까지도 대량 해고의 파도에 휩쓸릴 가능성이 크기 때문이다.

영국의 경우 100년 전에는 경제인구의 절반이 농민이었으나 지금은 2%에 불과하다. 한국도 마찬가지다. 농업기계화로 인해 농민의 95% 이상이 농촌을 떠났다. 그나마 이들은 도시로 공장으로 옮겨갈 기회가 있었다. 당시 기계화는 기계를 운전할 사람을 필요로 했기 때문에 이직이라도 가능했다. 오늘날 인공지능과 인지능력을 갖춘 로봇에 의해 밀려난

21세기 디자이너는 어디로 가야 할까? 고도의 법률검색과 소송분석능력을 갖춘 소프트웨어에 밀려난 변호사는? 다시 농촌으로?

청년실업 문제가 세계적이고 구조적인 문제라면 해결책은 없나? 유독 한국만 걱정할 문제가 아니니 어쩔 수 없이 감수해야 할 일인가? 개인의 도전의식이나 의지로 돌파할 수 없는 문제인가? 이명박 방식으로 눈높이를 낮추는 수밖에 없나? 그렇지 않다. 방법이 있다. 방법을 논하기에 앞서 한국의 실업문제, 특히 청년실업 문제가 다른 나라보다 더 위급한 까닭부터 살펴보자. 인내심을 갖고 읽기 바란다.

통계청에 따르면 2011년 5월말 현재 우리나라 전체 실업률은 3.2%, 15~29세 청년실업률은 7.3%다. 잘 사는 나라는 어떨까? 전체 실업률과 청년실업률이 미국 8.7%/17.5%, 호주 5.0%/10.9%, 일본 4.9%/9.5%, 독일 6.0%/7.6%, 프랑스 9.2%/19.4%다. 유로존 지역의 청년실업률은 평균 20%를 넘는다. 최근 경제위기에 봉착한 스페인은 전체실업률이 18%, 청년실업률이 무려 44%다. 그리스나 아일랜드도 청년실업률이 30%를 넘나든다. 이들 나라의 '청년' 기준이 우리보다 엄격한 15~24세임을 감안하더라도 일단 통계상으로 우리나라가 선진국들에 비해 청년실업 문제가 아주 양호한 상황으로 보인다. 일단 뿌듯하다.

사실 그런가? 천만의 말씀이다. 통계의 마법이다. 그 마법에 잠깐 취해보자. 셈이 느린 사람은 종이에 적어서 계산해 보도록.

먼저, 통계청의 오묘한 실업률 계산방법을 살펴보자. 실업률은 경제활동인구 가운데 실업자가 얼마나 되는지 말해준다. 2011년 5월 기준 우리나라 전체인구는 4,799만명, 생산가능인구(15세 이상)는 4,100만명, 경제활동인구는 2,548만명이다. 경제활동인구 가운데 취업자수는 2,466

만명, 실업자수는 82만명이다. 경제활동인구 2,466만명 가운데 실업자수가 82만명이므로 그 비율 3.2%를 실업률이라고 계산한다.

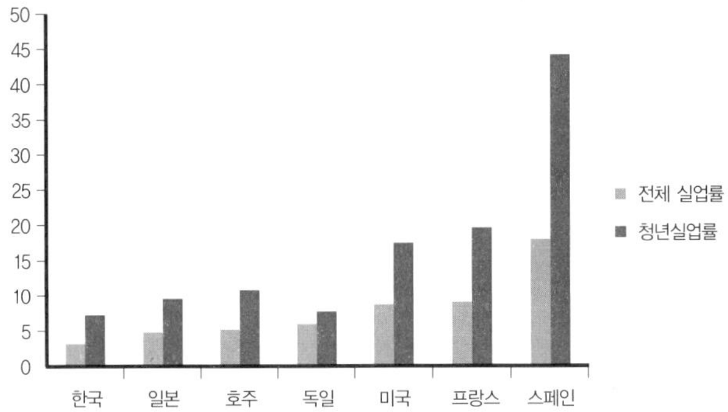

[표 1.1] 주요국 실업률 비교(2011년, 단위 : %)

문제는 생산가능인구 4,100만 명중 '경제활동을 하지 않는' 비경제활동인구 1,552만명이다. 비경제활동인구에는 누가 포함되나? 육아, 가사, 재학 · 수강, 연로, 심신장애, 기타(쉬었음, 취업준비, 구직단념) 인구다. 쉽게 말하자면 가정주부, 학생, 재수생, 노약자 등 제대로 일을 할 수 없는 사람이다. 그런데 여기에 통계의 함정이 있다. 바로 '기타' 사람이다. 이 숫자가 217만명이다. 이들은 사실상 일할 의지와 능력이 있는데도 일자리를 못 구해 할 수 없이 노는 사람이다. 이름하여 실망노동자, 실망실업자다. 사실상 실업자, 혹은 유사 실업자인 이들이 경제활동인구에 포함되지 않기 때문에 실업률이 왜곡돼 낮게 나타난다.

이를 반영하여 실업률을 다시 계산하면 10.8%가 된다. 경제활동인구가 2,548만명에서 217만명 늘어 2,765만명이 되고 실업자도 82만명에서 217만 명 늘어 299만명이 되기 때문이다. 이렇게 계산한 실업률 수치는 정부 공식 실업률 보다 3배 이상 많다. 더구나, 가정주부 가운데는 직장을 가졌다가 결혼→육아→출산으로 일시 퇴직한 후 재취업을 원하지만 여의치 않아 경력이 단절된 사람이 적지 않다. 학생 중에도 취직이 안돼 울며 겨자 먹기로 진학한 경우가 있다. 이들을 제외하고도 실업률이 이 정도다.

같은 방식으로 청년실업률을 계산하면 7.3%가 아니라 19.3%로 껑충 뛴다. 15~29세 비경제활동인구 중 '기타'에 속하는 63만명을 경제활동인구에 포함하면 15~29세 청년경제활동인구가 424만명에서 487만명

생산가능인구(4,100만명) 구성

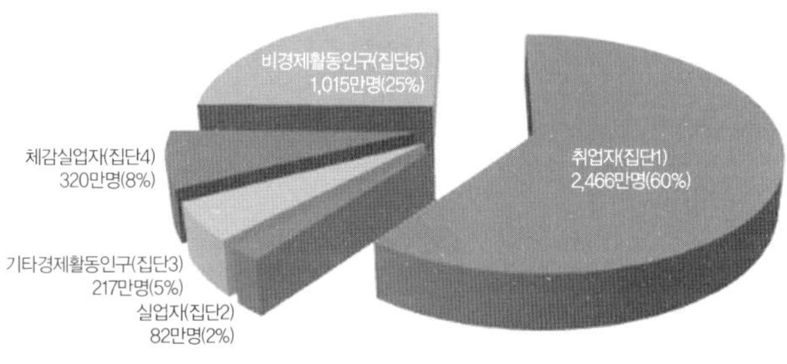

[표 1.2.a] 실업률 계산

$$\text{공식실업률} = \frac{\text{실업자(집단2)}}{\text{경제활동인구[취업자(집단1) + 실업자(집단2)]}} = 3.2\%$$

$$\text{실질실업률} = \frac{\text{실업자(집단2) + 기타경제활동인구(집단3)}}{\text{경제활동인구[취업자(집단1) + 실업자(집단2)] + 기타비경제활동인구(집단3)}} = 10.8\%$$

$$\text{체감실업률} = \frac{\text{실업자(집단2) + 기타경제활동인구(집단3) + 체감실업자(집단4)}}{\text{경제활동인구(집단1 + 집단2) + 기타비경제활동인구(집단3) + 체감실업자(집단4)}} = 22.4\%$$

으로 늘어나고 청년실업자도 31만명에서 94만명으로 늘어나기 때문이다.

이게 전부가 아니다. 체감실업자라는 게 있다. 자신의 의지와 무관하게 주당 근로시간이 36시간 미만인 사람이다. 그 수가 320만명, 그 가운데 청년세대는 95만명이다. 이들을 실업자에 포함시키면 어떻게 될까? 놀라지 말라. 우리나라 전체 체감실업률은 22.4%, 청년 체감실업률은 32.5%가 된다! 대졸자는 상황이 더 안 좋다. 신규 대졸자 실업률은 2008년 29.4%, 2009년 33.7%에서 2010년에는 41.5%로 급상승 중이다. 2011년에는 50%를 돌파할 전망이다. 현실은 이렇게 참상인데 통계는 아름답다. 마술의 힘이다. 희망근로, 청년인턴, 편의점 알바 등 사실상 실업자를 취업자로 예우함으로써 대한민국은 세계 최저실업률, 준 완전고용을 실현한 자랑스러운 나라가 됐다. 통계청의 공인가, 고용노동부의 공인가?

통계란 늘 함정을 파놓고 기다린다. 통계의 주술에 현혹되지 않으려면 숫자를 넘어 논리적으로 생각하고 숨겨진 의미를 파악해야 한다. 청년 실업 문제도 실업률보다는 역으로 고용률을 살펴보는 것이 한 방법이다. 고용률은 생산가능인구 중 취업자가 차지하는 비율이다. 표 1.2.a와 1.2.b에 취업자로 표시된 인구 비율이 고용률이다. 2011년 5월말 현재 한국 전체 고용률은 60.1%, 청년 고용률은 40.9%다. 청년층인구(청년층은 모두 생산가능인구) 961만명 가운데 393만명이 취업상태다. 일할 수 있는 청년 10명 가운데 4명만 취업중이란 뜻이다. 만일 앞에서처럼 청년체감실업자 95만명을 취업자 수에서 뺀다면 청년고용률은 31%로 떨어진다. 10명중 3명만이 그나마 어느 정도 생활이 되는 일자리를 갖고 있다는 말

청년인구(961만명) 구성

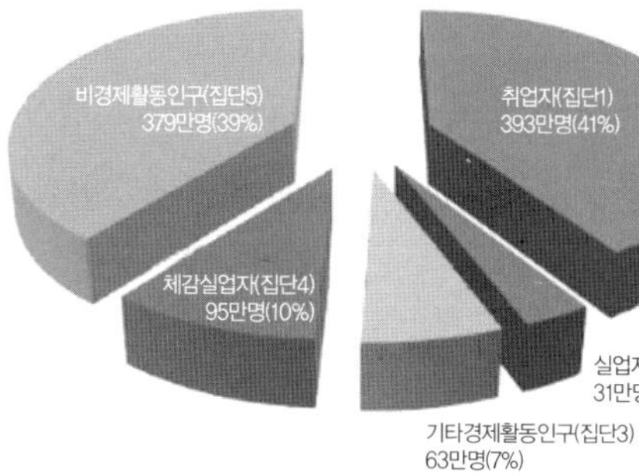

[표 1.2.b] 청년실업률 계산

$$\text{공식실업률} = \frac{\text{실업자(집단2)}}{\text{경제활동인구[취업자(집단1)} + \text{실업자(집단2)]}} = 7.3\%$$

$$\text{실질실업률} = \frac{\text{실업자(집단2)} + \text{기타비경제활동인구(집단3)}}{\text{경제활동인구[취업자(집단1)} + \text{실업자(집단2)]} + \text{기타비경제활동인구(집단3)}} = 19.3\%$$

$$\text{체감실업률} = \frac{\text{실업자(집단2)} + \text{기타경제활동인구(집단3)} + \text{체감실업자(집단4)}}{\text{경제활동인구(집단1} + \text{집단2)} + \text{기타비경제활동인구(집단3)} + \text{체감실업자(집단4)}} = 32.5\%$$

이다.

실업률이든 고용률이든 한국이 다른 선진국보다 결코 나을 건덕지가 없다. 주변에 청년 백수의 아우성이 넘치는데도 정부 공식 실업률은 왜 그렇게 낮을까 갸웃했던 의문이 풀렸나?

우리나라 실업문제는 실업률과 같은 수치 문제에만 그치지 않는다. 실업자에 대해 사회안전망을 갖춘 서유럽 등과 달리 우리나라에서는 실업이 곧 빈곤으로의 추락을 의미하기 때문이다. 거마대학생과 88만원 세대가 바로 빈곤의 대표사례다.

2008년 6월 일본에서는 생활고에 시달리던 청년이 도쿄 중심가에서 닥치는 대로 행인들을 흉기로 찌르는 사건이 발생했다. 그 후 유사한 자포자기형 모방범죄가 속출하고 있다. 한국에서도 고시원을 전전하던 무직자 청년이 묻지마 살인을 저질렀다. 출구 없는 청년빈곤이 야기하는 참상은 이제 먼 훗날의 얘기가 아니다. 눈앞의 현실이다. 아무 생각 없이 거리를 걷다가 그 흉기에 피해를 당한다고 상상해보라.

상황이 이런데도 '청년들이여 도전하라' '청년들이여 눈높이를 낮춰라' 는 말만 되풀이되고 정부는 청년인턴, 행정인턴과 같은 진정성 없는 편법으로 눈가림만 연발한다. 왜 그럴까? 통치자나 공무원이 실업자가 아니어서? 그렇기도 하지만, 근본적으로 사회구조를 개선하거나 대중의 삶을 풍요롭게 하는데 관심이 없기 때문이다. 그 자리에 앉기 위해, 더 높은 자리로 올라가기 위해 대중이 필요할 뿐이다. 그들에게 녹색성장은 경제성장의 품질이 아니라 녹색페인트를 칠한 공간의 양이다. 삶의 질이란 행복의 수준이 아니라 기안문서의 질이며, 사회복지란 약자에 대한 배려가 아니라 사회복지기관 운영예산일 뿐이다. 공정사회는 공정거래위원회를, 균형발전은 균형발전위원회를 만들면 달성된다. 그래도 나름대로는 과중한 업무다. 하위직은 더 고달프다.

[그림 1.1] 짱돌 든 그리스 청년
〈출처 : 『Economist』 2011. 9. 10〉

이런 현실에서 그대는 어쩔텐가? 대한민국에 미래를 걸고 꿈을 꾸겠는가?

'괜찮아, 아프니까 청춘이잖아' '걱정 마, 살면 다 살아져' 와 같은 대안없는 위로에 코만 훌쩍일텐가? '20대여 왜 짱돌을 들지 않는가' 의 숨가쁜 절규에 흠칫할텐가? 아니면 300만원짜리 대기업 취업준비 종합반에라도 등록할텐가? 9급 공무원이라도 돼 보려는가? 600대 1 경쟁을 뚫고?

그도 저도 아니면 모든 걸 포기하고 '20대 개새끼족' 으로 살아가겠는가? 20대란 말, 청춘이란 말, 이제 지겹지 않나? 부모여, 여러분도 식상하지 않나?

② 비정규직 근로자 600만명 … 대졸이상이 30% 넘어

2011년 10월 28일 통계청 발표에 따르면 우리나라 비정규직 근로자가 600만명, 이 가운데 대졸 이상 학력자 비율이 30%를 넘어선 것으로 나타났다. 전체 임금근로자 수가 1,751만명이니 임금금로자 중 비정규직 비율이 34.2%다. 전체 경제활동 인구 2,548만명 기준으로는 23.5%다. 비정규직에는 시간제 근로(파트타이머), 한시적 근로, 비전형 근로 등 세 가지 종류가 있다. 비전형 근로는 건물청소나 건설노무(막노동)와 같은 파견 · 용역 · 일일근로를 말한다. 비정규직은 대부분 단순 노무직이다. 비정규직 월평균 임금은 135만원으로 정규직 평균 239만원의 56%다. 비정규직이 1년 만에 5.5%(33만 명) 증가했다.

여기에다 정부 통계에 잡히는 않는 '실질적' 비정규직 230만명을 더해야 한다는 주장이 있다. 고용 상태가 불안하거나 처우가 부실하면서도 통계상으로만 정규직에 포함되는 사람이다. 실업자 기준이 '지난 1주일

간 1시간 이상 소득활동을 했는지' 등으로 매우 엄격하듯 비정규직 분류 기준도 아주 제한적이다 보니 현실과 동떨어진 통계가 나온다. 실질적 비정규직인 이들 230만명을 합하면 비정규직은 830만명으로 임금근로자의 거의 절반에 이른다.

자영업자도 5년 만에 증가세로 돌아서 지난 1년간 0.9%(5만 3천명)늘었다. 특히 50대 이상 자영업자는 매달 10만~20만명씩 증가하여 전체 자영업자 증가세를 주도했다. 자영업자 가운데는 1인 자영업자가 74%로 영세 자영업이 대부분이다. 관리자 · 전문가 직종의 자영업이 8만 9천명 감소한 점도 자영업 영세화에 한 몫 했다. 노래방, 보습학원, 식당, 제과점, 우유대리점, 카센터, 치킨호프집, 동네슈퍼 등 이미 포화상태인 자영업자 대열에 계속 신규 진입이 이루어지다보니 갈수록 경쟁이 치열해지고 수익성이 떨어지는 형편이다, 2010년 국내 전체 취업자 가운데 자영업자 비중은 29%로 OECD 평균 16%의 2배에 가깝다. 2011년 12월 한국일보 조사결과 10명중 6명이 조만간 폐업이나 규모 축소를 검토 중인 것으로 나타났다.

청년실업 문제와 함께 비정규직, 특히 대졸 비정규직과 영세 자영업자가 증가하는 현실에서 한국사회의 전반적인 주변화, 궁민화(窮民化) 추세가 목격된다. 특히 사회를 이끌어 가야 할 20~40대가 비정규직의 그늘에 덮여있는 상황은 앞날을 어둡게 한다. 여기에 65세 이상 인구가 매년 20만명씩 증가하는 고령화 추세로 인해 문제가 더 심각해진다.

삼포세대란 말이 있다. 학자금 대출 빚을 안고 사회에 나와 비정규직으로 편입되는 20대, 치솟는 전세값 · 고물가와 양육 부담에 허덕이는 30대를 지칭한다. 경제적 이유로 연애 · 결혼 · 출산을 포기한 세대라는 의미다. 지난 서울시장 보궐선거에서 20~40대가 박원순 후보에게 폭발적 지지를 보낸 또 다른 이유가 여기에 있다. 청년실업 문제, 비정규직 문제가 한국 정치지형까지 바꾸는 단계에 이르렀다.

내친 김에 꿈을 잃은 대한민국의 속살을 조금 더 들여다보자.

③ 상도(商道) I : 재벌기업에 빌붙어야 먹고 산다

"울나라 궁민 수준은 앞에서 오백원 찔러주면 뒷주머니로 오백만원 빼어가도 그저 좋아라 하는 근시안"

"추천합니다. 우리 국민들 노예근성 쩔어요."

재벌그룹이 유난히 욕을 많이 먹는 한국인지라 나 같은 사람까지 나서서 한 마디 더하는 마음이 편치는 않다. 그러나 어쩔 수 없다. 꿈을 잃은 대한민국의 속살을 보려면 재벌기업부터 시작해야 한다.

2011년 10월호 『Manager Magazin』은 "문어의 나라 한국"(Südkorea-Land der Kraken)이란 기사를 실었다. 『Manager Magazin』은 독일 주간지 『Spiegel』의 자매 월간지다. 알다시피 문어란 한국 재벌기업의 문어발 경영을 빗댄 말이다. 기사를 요약하면 "한국 국내 총생산의 40%를 차지하는 문어발 한국재벌은 정부가 밀어주는 국책사업을 독점하여 성장했으며 취약한 오너 지분과 복잡한 출자구조로 인해 많은 위험을 겪으면서도 불가사의하게도 세계시장에서 두려운 존재로 성장했다"는 내용이다. 한 마디로 한국 재벌의 성공이 상식적으로 이해가 안 간다는 얘기다. 거대기업보다는 중견기업이 중추를 이루는 독일이기에 더 불가사의였으리라.

재벌이 지배하는 한국경제의 실상, 아니 폐해를 들여다보자. 한국경제에서 재벌기업이 끼치는 가장 큰 폐해는 무얼까? 부의 독점이 상상을 초월한다는 점이다. 물론 양질의 일자리도 많이 공급하고 세계시장에서 일류 글로벌기업들에 맞서 승승장구하는 부분은 인정한다. 재벌을 비난하는 사람도 세계시장에서 최고기업과 멋진 승부를 펼치는 한국 대기업에 대해선 긍지를 느낀다. 미국 시장에서 현대 소나타 판매량이 도요타 캠리와 혼다 아코드를 추월했다는 뉴스라든가, 삼성전자 갤럭시 S2가 미국 『컨슈머리포트』 스마트폰 평가에서 1위를 했다는 소식을 들으면 일단은 뿌듯하다. 문제는 그런 흐뭇함이 경악으로 바뀌는데 그리 오랜 시간이 걸리지 않는다는 사실이다.

2010년 삼성그룹 매출액은 260조원으로 같은 해 한국 GDP 1,172조원의 22%를 점한다. 삼성전자 한 회사만도 매출액이 155조원으로 GDP의 13%다. 믿기지 않지만 사실이다. 현대자동차그룹도 95조원, 과거 현대그룹인 범현대가 4개 그룹(현대자동차, 현대중공업, 현대, KCC)을 합하면 200조원이다. 삼성그룹도 예전 삼성계열이었던 CJ, 신세계, 한솔 등을 포함한 범삼성가 매출액은 285조원으로 늘어난다. 범삼성가와 범현대가 매출액만으로도 대한민국 GDP의 41%를 차지한다. 47개 재벌(기업집단) 매출을 합하면 GDP의 65%다. 두 재벌가문이 한 나라 부의 절반 가까이를 생산한다! 필리핀이나 중동의 왕국 이야기가 아니다. 바로 지금 대한민국 이야기다.

좋게 보면 한국경제를 재벌그룹이 이끌고 가는 상황이다. 그러나 재벌

울타리 바깥에 있는 사람에게는 가공할 현실이다. 글자 그대로 재벌독식이다. 독식이 심하다보니 착시(錯視)현상마저 생긴다. 삼성 같은 재벌기업이 무너지거나 한국을 떠나면 대한민국 경제도 무너진다는 착시다. 실상은 전혀 다르다. 삼성이든 현대든 실상은 대한민국 뜯어먹기로 버틴다. 대한민국을 뜯어먹은 힘으로 세계시장에서 행세하는 것이다. 국내시장에서 독과점으로 과다한 이익을 남기기 때문에 세계시장에 싸게 팔 수 있고 애프터서비스도 제대로 해 줄 여력이 생긴다. 재벌이 대한민국을 먹여 살리는 것이 아니라, 대한민국 '궁민' 이 십시일반하여 재벌기업을 먹여 살린다. 삼성그룹의 전체 임직원 수는 30만명으로 한국 전체 임금근로자 1,751만명의 1.7%에 불과하다. GDP 점유율대로라면 삼성그룹(22%)은 385만명을 고용해야 한다.

이론상으로는 재벌기업의 독점 자체가 문제는 아니다. 독점되는 부를 공정하고 효율적으로 순환시키면 오히려 국가경제 발전에 도움이 된다. 경제학 교과서에서 말하는 규모의 경제와 전후방연쇄효과, 낙수(落穗, trickle-down) 효과로 국민경제 전체에 혜택이 돌아갈 수도 있다. 그러나 그것은 교과서에서만 가능하다. 오히려 대한민국 재벌은 거꾸로다. 대한민국 구석구석의 부를 거대한 빨판으로 빨아들이며 갈수록 몸집을 키워간다. 상호출자제한 기업집단, 즉 재벌그룹 55개의 계열사 수는 최근 1년 사이에만도 290개가 급증할 정도로 한국경제의 재벌독점은 점점 가속도가 붙고 있다. 문어발로는 모자라 지네발로 바꿔야 한다는 말까지 나오는 지경이다.

한국 재벌이 창의성과 기업가 정신으로 오늘에 이르렀다면 누가 뭐라겠는가. 다 알다시피 정권과 결탁하여 국가 이권사업을 독점했다. 우직

한 국민과 소비자의 호주머니를 털어 덩치를 키우고, 협력업체의 고통 속에 출혈가격으로 수출드라이브를 걸어 세계시장의 강자가 됐다. 고통과 책임은 국민과 분담하고 이익만 독식하는 방식으로 50년간 대한민국을 착취하여 오늘에 이른 재벌이다. 재벌이 성장할수록 대한민국은 줄어든다. 그런데도 대한민국 뜯어먹기를 멈추지 않는다.

2008~2010년 사이 3년간 한국전력의 매출손실액은 2조 3,341억원이었다. 이 가운데 10대 기업으로 인한 손실액(전기공급손실액)이 1조 4,847억원으로 63.6%를 차지했다. 삼성전자 1개사만도 3,922억원으로 16.8%다. 대한민국 GDP 점유율 13% 이상은 뜯어 먹어야 한다는 뜻이렸다.

글로벌 위기는 소비자와 국민에게는 허리띠를 더욱 졸라야 하는 고통을 주지만 재벌, 특히 수출기업에게는 통장잔고를 늘릴 절호의 기회다. 환율 때문이다. 글로벌 위기가 닥치면 달러환율부터 오른다. 원화가치가 폭락하는 것이다. 고환율은 물가에 직격탄을 날리지만 이들 기업에는 횡재다. 환율상승분 만큼 가외 수익(환차익)이 보너스로 들어온다. 그 보너스는 누가 지급하나? 바로 그 고환율 때문에 물가고에 시달리는 궁민(窮民)이다. 물가가 오른 만큼 통장잔고가 줄어든다. 줄어든 잔고 일부가 재벌기업 수익으로 이체되는 셈이다. 재벌을 위한 궁민의 십시일반이다. 이 또한 눈에 안 보이는 재벌의 대한민국 뜯어먹기다.

이명박 정부 초기 기획재정부 장관을 지낸 강만수는 취임하자마자 인위적으로라도 고환율 정책을 유지해 기업의 수출경쟁력을 유지하겠다고 공언했다. 여기서 기업은 물론 재벌기업이다. 이명박 정권의 '기업프렌들리'란 재벌기업의 대한민국 뜯어먹기를 국가가 보장해준다는 뜻이었다. 그것이 정권 차원에서는 실용(實用)일지 모르겠으나, 국민 입장에서는 실용(失用)이다.

이제 국민과 소비자가 아닌 협력업체를 통해 재벌이 대한민국을 뜯어먹는 현장을 잠시 둘러보자. 재벌그룹과 거래했거나 기술협력을 했거나 언저리에서 3차, 4차, 5차 하청업을 영위한 사람은 잘 안다. 재벌기업 협력업체라는 것이 얼마나 고단한 일인지. 그렇다고 안 하자니 그나마 해 먹을 게 없다. 재벌에 붙지 않으면 살기 힘든 풍토 때문에 너도 나도 재벌에 붙으려 한다. 모두 재벌에 붙으려고 하다 보니 붙어있는 사람이나 붙으려 하는 사람이나 모두 몸값이 떨어지게 된다.

재벌에 붙으려는 잠재적 경쟁자가 워낙 많다 보니 재벌기업을 상대로 정당한 마진을 남기는 일은 거의 불가능하다. '적정한 마진' 이란 꿈속에서나 가능한 말이다. 낮은 마진을 극복하려면 뼈를 깎는 노력으로 원가를 낮춰야 한다. 납품가는 좀체 올려주지 않기 때문이다. 그런데 힘들게 원가를 절감하고 나면 얼마 지나지 않아 납품가가 조정된다. 조정이란 곧 인하다. 원가절감 사실을 숨기고 싶지만 보는 눈이 많다. 하청고리를 거슬러 올라가 곧 먹이사슬 정점인 재벌기업에 알려지게 된다. 밑바닥 하청기업의 원가절감을 알게 된 재벌기업은 즉시 납품가격을 내린다. 인하된 납품단가는 즉시 하청단계를 따라 줄줄이 적용된다. 결국 최하단의 하청업체는 원가를 절감해도 마진이 늘지 않는다. 매출액만 줄어든다. 이렇게 줄어드는 하청업체의 납품금액이 바로 재벌기업의 원가절감이 된다. 하청기업의 기술개발이나 원가절감 몫을 그대로 재벌기업이 가져가는 구조다. 재벌기업의 원가절감을 대서특필한 기사를 접하면 이런 구조를 알고 읽어야 한다.

정부, 2010년 환율 지키느라 5조원 날렸다…외평기금 금리차 손실만 3조 5천억원

정부가 외환시장 개입을 위해 운용하는 기금인 외국환평형기금(이하 외평기금)에서 입은 손실이 지난해 5조원을 넘어선 것으로 드러났다. 이 가운데 조달 · 금리의 역마진이 3조 5천억원에 육박했다.(중략)

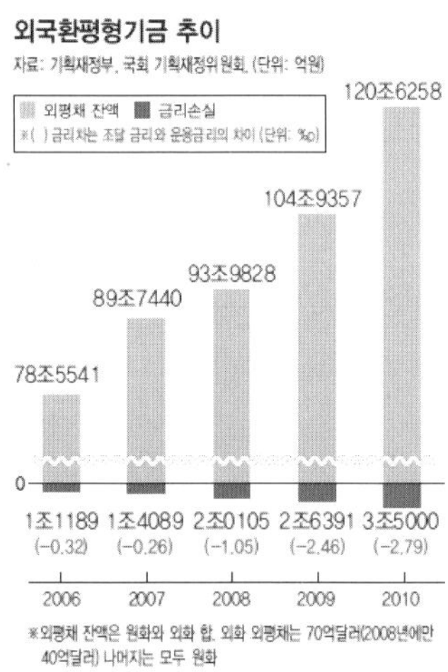

정부는 외평기금에서 국채(외평채)를 발행해 자금을 마련한 뒤 외환시장에서 달러를 사들여 원-달러 환율의 하락을 막는 데 사용해왔다. 이런 식의 외환시장 개입이 늘면서 외평채 잔액은 1997년 4조 2천억원에서 지난해 120조 6천 2백억원으로 급증했다. 그러나 외평기금 조달금리(외평채 금리)보다 운용금리(미국 국채 등에 투자)가 낮기 때문에 구조적인 역마진이 발생한다. 이런 금리 차이는 2009년 2.46%에서 2010년 2.79%로 확대됐고, 금리차 손실도 2조 6천3백억원에서 3조 5천억원으로 커졌다.

특히 이명박 정부는 2009-2010년 고환율 유지를 위해 외환시장에 적극적으로 개입하면서 외평채(원화) 잔액을 23조 8천억원이나 늘렸다. 이 기간의 금리차이를 적용해 계산해보면, 이렇게 외평채를 늘리면서 추가로 늘어난 금리차 손실이 8천5백억원에 이를 것으로 추정된다.

정부가 외환시장 개입을 통해 고환율을 유지할 경우, 수출기업에는 큰 이익이 되지만, 일반 국민은 고물가에 시달려야 한다. 하지만 고환율 정책에는 이런 간접적 부담만 있는 것이 아니다. 외평기금을 통해 국민세금이 한해 수조원씩 들어간다.

「한겨레」 인터넷판, 2011. 5. 31. 기사 발췌 한국의 재벌기업은 이런 원가절감 방식으로 이익률을 높이고 글로벌 경쟁력을 높인다. 2010년 현대차그룹의 순익률 13.5%, 협력하청업체 순익률 1.5%는 이런 구조의 산물이다. 현대차그룹과 중소하청업체의 매출규모를 감안하면 그 반대가 돼야 한다. 독일처럼 중소기업 순익률이 대기업보다 높은 것이 정상이다. 같은 해 국내 자동차, 전자, 조선, 건설 분야 순익률은 대기업 6.3%, 1차 협력업체 3.4%, 2~4차 협력업체 마이너스 0.7%로 역시 협력업체의 희생 속에 재벌기업이 승승장구하는 현실을 보여준다. 삼성전자가 2011년 4분기 영업이익 45억달러로 사상 최대 분기실적을 올렸다는 뉴스를 듣는 마음이 편치 않은 까닭이다. 대한민국에서 동반성장이란 사전에만 있는 낱말이다.

이런 구조가 싫으면 그만두면 된다. 대체할 업체는 얼마든지 줄섰다. 이 구조에 대해 좀 더 알고 싶다면 전국금속노조정책연구원 이상호 연구위원이 쓴 보고서 「중소하청업체 착취가 현대차그룹의 성장동력인가?」(2010. 8. 10.)를 읽어보기 바란다. 그런데 마진착취보다 더 중요한 문제가 기술착취다.

애플 아이폰이 세계 정보통신시장을 지배하는 이유는 iOS와 앱스토어를 통해 스마트폰에 생태계 개념을 도입했기 때문이다. 단말기와 소프트웨어가 완벽히 호흡을 맞춰 소비자의 감성을 충족시키는 방식이다. 아이폰 성공 이후 한동안 대한민국 언론에는 '한국은 하드웨어나 통신망에만 집중하고 소프트웨어를 등한시해서 경쟁에 뒤쳐지기 시작했다' 는 자탄이 넘쳐났다. 맞는 말이다. 여기에도 재벌기업의 폐해가 도사리고 있다. 재벌이 아닌 대기업도 마찬가지다. 좀 더 작은 중견기업도 똑같다. 웬만한 규모 이상의 기업은 재벌기업에게서 배운 방식으로 하위 협력업체를 뜯어먹는다. 요즘은 중견기업의 패악에 대해서도 심심치 않게 소식이 들려온다.

예를 들어보자. 재능 있는 젊은이나 소기업이 소프트웨어를 개발해서 국내 재벌기업에 팔고자 한다. 재벌기업과는 접촉 채널이 없기 때문에 재벌기업의 5차, 4차 협력(하청)업체에 들고 간다. 5차, 4차 협력업체는 다시 하청 고리를 따라 3차, 2차로 올려 보내고 드디어 1차 협력업체 곧 원청업체에 도달한다. 이 과정에서 소프트웨어는 중간 협력업체가 개발한 제품으로 둔갑한다. 5차 협력업체는 4차 협력업체한테 자신의 개발품이라고 포장해서 제안하고 4차 협력업체는 다시 그것을 제 제품이라고 포장해서 3차 협력업체에 제시하는 식이다. 1차, 2차 협력업체는 대부분 오너의 친인척이나 전직 임직원이 운영하며 재벌기업과의 통로를 독점함으로써 하위 협력업체를 지배한다. 지주의 마름이 소작인을 착취하는 방식이다. 1차 협력업체에 도달한 소프트웨어는 1차 협력업체의 개발품으로 둔갑하여 재벌기업에 제안된다. 1차 협력업체가 재벌기업에 소프트웨어를 1억 원에 팔면 2차 협력업체에는 5천만원만 지불한다. 2차 협력업체는 다시 3차 협력업체에게 3천만원만 지불하고, 3차는 4차에게 2천만원, 4차는 5차에게 1천 5백만원, 5차는 원 개발자에게 1천만원을 지급한다. 이 과정에서 원 개발자는 푼돈만 손에 쥐고 개발자 이름마저 흔적도 없이 사라진다.

이마저도 운이 좋은 경우다. 한국 재벌기업은 아이디어나 소프트웨어에 제 값을 쳐주지 않는다. 협력을 핑계로 공짜나 헐값에 가져가려 한다. 모듈(module)을 사지 않고 저작권을 통째로 가져가려 한다. 재벌에 납품했다는 사실만으로도 제품의 판매가치가 높아지지 않느냐고 생각하여 웬만하면 그냥 가지려 한다. 때론 구매협상으로 시간을 끌면서 개발아이디어만 도용하여 자체개발을 시도하기도 한다.

개발자 입장에서는 어떻게든 제품화하여 팔아야하므로 어려운 선택의 기로에 서게 된다. 싸게라도 빨리 팔아 최소수익을 확보하느냐, 아니면 배고프더라도 시간을 두고 여기저기 알아보며 버티느냐 하는 선택이다. 대부분은 먹고 살기 위해 헐값에 저작권을 넘긴다. 재벌기업의 독식 마인드와 하청구조 문제가 동시 작용하여 소프트웨어 개발 의지가 말살되는 현장이다.

정부도 이런 거래구조를 조장한다. 소프트웨어 개발자 등록제도와 등급 제도를 통해 개발단가를 획일적으로 통제한다. 소프트웨어를 토목공사 마인드로 접근하는 셈이다. 정부가 발주하는 소프트웨어 개발사업도 형식은 입찰이지만 결국엔 앞서 본 하청방식으로 추진된다. 이래저래 하청업체는 R&D 비용을 회수할 기회를 갖지 못하고 대기업 1차 하청업체를 갑으로 모시는 갑→을→병→정의 거래 사슬에 묶이게 된다. 기술만으로는 성장하기 어렵게 돼 있다. 소프트웨어 기술업체가 아니라 소프트웨어 개발인력 파견업체로 전락하는 도리밖에 없다. "스티브 잡스도 대한민국에서는 초급 개발자"라는 우스갯소리가 여기서 나온다.

대기업 내부조직의 이해관계도 있다. 대기업에서 소프트웨어를 필요로 하거나 구매를 담당하는 부서 직원 입장에서 보면 외부기술을 소싱하는 일이 자신의 자존심과 관련되다 보니 외부기술에 대해서는 일단 평가절하하는 경향이 있다. 헐값에 살 수 있는 기술로 만들어야 상부의 구매승인을 받기 쉽고 자신의 공으로 돌리기가 편하다. 실질적인 기술탈취다. 산업스파이에 의한 기술탈취 못지않은 패악이 바로 이 방식의 기술

착취다. 대한민국에선 R&D에 대해 제 값을 쳐 주지 않는다. 대기업의 우산을 쓴 개인(대기업 개발담당자)이 일반 개인(개인 개발자)을 착취하는 구조다.

이런 메커니즘에서 자유로운 재벌기업 협력업체도 있다. 재벌오너나 자식, 친인척, 특수 관계인이 운영하는 업체다. 재벌 모기업의 핵심기능 일부를 떼어 협력업체로 분사시키거나, 특별한 기술 없이도 안정된 수익이 보장되는 물류, 소모품, 부자재 공급, 광고대행, 시스템 관리 같은 소위 '빨대' 업종이 대부분이다. 돈 되는 협력업체는 모두 재벌일가가 장악하고 있다고 보면 된다. 바로 대기업 내부거래다. 2011년 10월 현재 43개 재벌그룹의 내부거래 비중은 매출액의 12%에 이르고, 상위 10대 그룹은 수출액을 제외하고 매출액의 28%가 내부거래다.

대한민국의 재벌독점은 공식통계보다 훨씬 심각하다. 재벌기업에 빌붙지 않고는 해먹을 게 별로 없다. '대한민국 국민의 소득은 재벌과의 거리에 반비례한다'는 공식이 나올 판이다. 재벌에 몸을 내주고도 모자라 재벌에 빌붙지 않으면 살아가기 어렵게 된 대한민국이다. 자식에게 전 재산을 물려준 뒤 자식에 사정사정해서 밥을 얻어먹는 꼴이다.

재벌그룹의 대한민국 뜯어먹기는 대를 이어 진행 중이다. 대한민국 뜯어먹기 2탄, 재벌자녀의 골목 진격작전을 살펴본다. 그 전에 잠시 숨을 고르고 김용택의 시 한수 감상해보자.

일반 벼는 공판하고	힘 좋은 놈 서울 가고
통일벼는 우리 먹고	머리 존 놈 이민 가고
재래종은 가두고	젊은 놈은 쥐어박고

개량종은 풀어두고 늙은이는 촌에 남고

잘 사는 데 너그 살고 잘 사는 건 너그 덕
못 사는 덴 우리 살고 못 사는 건 우리 탓

이자는 너그 갖고 본자는 우리 갖고
눈뜬 놈은 째려주고 잠자는 놈 떡 주고
우는 놈은 패주고 노는 놈은 한 술 더 주고

돈은 너그가 쓰고 빚은 우리가 갚고

「시는 서울서 쓰고 사는 건 우리가 살고」

④ 상도(商道) Ⅱ : 골목상권까지 싹쓸이하는 재벌자녀

재벌 자녀입장에서 보면 빵 장사는 기존 유통망에다 빵만 얹으면 되는 손쉬운 사업이다. 특별한 기술이나 창의성이 필요치 않고 힘들여 거래처를 개척하지 않아도 된다. 서민들에겐 그 나마 다소간의 자본금이라는 진입장벽이 있지만 재벌자녀에겐 진입장벽이 없다. 명품 수입업도 마찬가지다. 한때 재벌가 아들의 선호품목이던 자동차수입판매도 똑같다. 새로운 시장을 개척하기 보다는 손쉽게 돈벌이가 되는 사업에 뛰어드는 재벌자녀, 재벌의 「대한민국 뜯어먹기 시즌2」다. 세계시장으로 진출하여

재벌가 딸들 '빵 전쟁'… "손쉽고 우아하니까"

삼성 · 롯데 · 신세계 등 재벌가 딸들이 '빵집'으로 맞붙는다. 이들의 총성없는 전쟁은 고급화된 카페형 베이커리 사업확대다.

5일 업계에 따르면 롯데그룹 신격호 총괄회장의 외손녀인 장선윤 블리스 대표는 프랑스 카페형 베이커리 브랜드 포숑(Fauchon)을 리모델링하고 본격적인 영업에 나섰다. (중략) 장선윤 대표는 지난 5월 일산 · 분당점을 시작으로 6월 부산 · 잠실점, 7월 본점 등 꾸준히 장선윤표 포숑을 선보였다.

고급 카페형 베이커리 사업은 재벌가 딸들이 선호하는 업종이다. 실제로 이부진 신라호텔 사장이 아티제를 운영하고 있으며 정유경 신세계 부사장이 대주주로 있는 조선호텔베이커리를 이끌고 있다. 이부진 호텔신라 사장은 최근 커피전문점 아티제로 고급화 전략을 취하고 있다. 아티제는 호텔신라가 100% 자본금을 출자한 자회사인 보나비가 직영하는 커피 전문점으로 현재 강남권 중심으로 15개 매장이 있다. 정유경 신세계 부사장은 올 초 세계수준의 프리미엄 식품점인 미국의 딘앤델루카를 신세계 단독으로 들여오는 데 성공했다. 정 부사장이 대주주로 있는 조선호텔 베이커리는 지난해 7월 조선호텔 외식 사업부에서 운영하던 베키아앤누보와 페이야드까지 흡수하는 등 사업을 확대하고 있다.

이처럼 고급베이커리 사업에 재벌가의 여성 경영자들이 참여하는 이유는 프리미엄시장 구축이 가능할 뿐만 아니라 안정적인 유통망을 이용해 수익적인 측면에서도 양호하기 때문이다. 실제 이명희

신세계그룹 회장 딸인 정유경 신세계 부사장이 관여하는 조선호텔 베이커리는 1995년 매출이 700억원 대에서 지난해에는 매출 1678억원까지 늘었으며, 올해는 매출 2000억원을 무난히 돌파할 것으로 업계는 내다보고 있다. 신세계, 조선호텔 등 계열사 매출이 상당 부분을 차지하고 있지만, 전국 160여개 매장을 바탕으로 꾸준한 성장세가 기대되고 있다. 시작 단계인 포숑도 수익성 확대가 기대된다. 롯데백화점 소공동 본점 지하매장은 지난 7월 20일 새 단장한 뒤 한 달 만에 2억원이 넘는 매출을 기록했다. 리모델링 이전이 매장의 월 평균 매출이 1억원 안팎이었던 점을 고려하면 두 배가량 뛰어올랐다.

관련업계에 따르면 현재 국내 제빵 시장규모는 2조원 안팎. 여기서 브랜드 매장 중 파리바게트와 뚜레주르가 시장을 양분하고 있는 상태다. 재벌가의 딸들은 일반 제빵보다는 백화점과 마트 등에 입점해 고급 제빵이라는 틈새시장을 공략하고 있다.

「뉴시스」 2011. 9. 5. 기사발췌

재계 딸들의 혼탁한 '명품' 유치전, 외국기업만 '단물'

글로벌 승부로 번진 면세점 '딸들의 전쟁'

국내 면세점 시장은 점유율 55.7%로 절대강자인 롯데면세점을 신라면세점이 바짝 추격하며 양강구도로 변모 중이다. 신라와 롯데의 불꽃 튀는 면세점 라이벌전은 글로벌 승부로 이어지고 있다. 최근 나란히 홍콩국제공항 면세점 입찰에 참여할 방침이어서 2년간 벌여온 면세점 경쟁이 정점을 찍을 것으로 보인다.

대기업 과열 유치전 명품 특혜 '얼룩'

하지만 재벌가의 '명품 혈전'은 숱한 특혜 논란을 불러오고 있다. 명품 브랜드를 무리하게 끌어오기 위해 턱없이 낮은 수수료를 제시해 불공정 시비에 휘말리고 있다. 신라는 지난 9월 10일 공항면세점 세계 최초로 명품 브랜드 루이비통을 오픈했다. 하지만 손익계산 속내는 복잡해 보인다. 루이비통에 파격적인 수수료 혜택을 안긴 듯하기 때문이다. 백화점업계에선 '명품 예우'가 관행처럼 굳어졌다. 금융감독원에 제출된 감사보고서에 따르면 외국 명품업체들은 10% 안팎의 수수료를 내고 있다. 루이비통 9.6%, 프라다

10.9%, 구찌 12.4% 등이다. 이는 30~40%인 국내 업체들과 비교해보면 특혜에 가깝다. 더욱 큰 문제는 돈벌이에 급급한 외국 명품 업체들이 한국의 '명품 열풍' 와중에 단물만 빼먹고 있다는 점이다. 루이비통을 위시한 해외 명품업체들의 국내 성장률은 최근 5년간 매년 30%씩 늘었다. 이로써 한국은 세계 4대 명품시장으로 부상했다. 이들 업체는 자회사가 한국에서 거둔 순익의 절반을 매년 배당을 통해 본사로 빼가고 있다. 그런데도 국내에 기부하는 금액은 '제로'에 가까워 "명품 선호풍조에 외국본사만 대박을 치고 있다"는 비판여론이 번지고 있다. 재벌닷컴이 지난 9월 8일 내놓은 외국 상위 명품업체 재무제표 분석 자료에 따르면 이들 기업의 전체 매출은 2005년 1조4228억원에서 2010년 3조8727억원으로 2.7배 증가했다. 같은 기간 순이익은 662억원에서 2364억원으로 3.6배 늘었다. 루이비통은 9.7배, 프라다는 719.2배나 순이익이 급증했다. 그러나 명품업체 15곳의 지난 6년간 기부금은 23억 7000만원에 불과했다. 이처럼 재벌기업이 푸대접을 받으면서까지 명품 모여오기에 열을 올리는 통에 외국 업체들의 '명품 몸값'만 하늘 높은 줄 모르고 치솟고 있다. 서울은 도쿄에 이은 아시아의 명품도시가 됐고, 한국의 명품시장 규모도 45억달러를 넘어섰다. 명품수요 급증에 따라 기업들의 명품 브랜드 모셔오기 비즈니스가 가열되면서 이를 보는 시장 안팎의 시선은 곱지 못하다. 대기업이 자체 브랜드로 글로벌 시장을 공략하기보다 과열양상을 보이는 소비 성향에 기대 외국의 명품 수입에 '올인'하는 것은 바람직하지 못하다는 지적이다.

「머니투데이」 2011. 9. 28. 기사발췌

「한류 3.0」시대를 열고 있는 BBQ치킨, 카페베네, 파리바게트의 호연지기와 대비되는 골목진격작전이다.

너도 나도 손쉬운 사업에 덤벼드는 재벌가 자녀를 보면 예전 왕조시대의 왕족이 떠오른다. 왕좌를 물려받기 위해서는 공을 세워야 한다. 승리가 확실한 전투에 참가하는 것이 가장 효과적인 방법이다. 대개 조급하게 추진하여 무리수를 두는 경우가 많다. 이재용의 e삼성 프로젝트가 대표적이다. 때론 후계를 정당화하기 위해 공을 조작하기도 한다. 한반도 북쪽에서 즐겨 사용하는 방식이다.

대기업 프랜차이즈 빵집에 재벌 딸까지 가세하면서 동네 빵집은 더욱 먹고살기 힘들게 됐다. 동네빵집 숫자는 최근 8년간 18,000개에서 4,000개로 80% 가까이 줄어들었다. 경쟁에서 밀려 할 수 없이 대기업 프랜차이즈로 편입되거나 대형마트에 입점하는 경우도 많다. 24시간 편의점도 마찬가지다. 24시간 편의점은 재벌기업이 국민(가맹점주)을 앞세워 대한민국을 뜯어먹는 방식이다. 개인마저도 재벌기업에 빌붙어야 경쟁력을 갖고 살아남는다. 재벌기업에 빌붙은 개인(가맹점주)과 일반 자영업자(나홀로 구멍가게)간 골목상권 싸움이다.

얼마 전 롯데마트의 통큰치킨, 이마트의 통큰피자가 세간의 화제가 된 적이 있다. 그 전에는 롯데마트의 구멍가게 프랜차이즈 「롯데슈퍼」와 「롯데마트999」, 홈플러스의 구멍가게 버전인 「홈플러스 익스프레스」, 편의점 체인 GS25의 「GS25 후레쉬」등 재벌구멍가게의 동네 진출문제, 소위 SSM 문제로 소란이 빚어지기도 했다. 그런 소란에도 개의치 않고 재벌기업의 촉수는 점점 더 골목상권 깊은 곳으로 뻗치고 있다. 대단한 식탐(食貪)이다.

이 뿐만이 아니다. 재벌그룹 LG에서 분리된 아워홈이 2010년부터 순대사업에 뛰어들었으며, 레저전문 대명그룹은 계열사 베거백을 통해 골목상권의 또 다른 대표 음식인 떡볶이 외식업에 진출했다. 애경그룹은 일본라면 사업을 시작했다. 영남일보에 따르면 2008년 이후 대기업은 한식, 중식, 일식은 물론 비빔밥, 샌드위치, 치킨, 돈가스, 일본라면, 떡볶이, 카레 등의 품목으로 27개의 상호를 출범시켰다. 대형 유통업체의 도매업 진출도 심각한 문제다. 이마트는 2010 년부터 슈퍼, 식당, 병원, 학교 등에 식자재 · 생활용품을 도매로 배달하는 창고형 매장형태의「이마트 트레이더스」를 운영중이다. 이마트 트레이더스는 기존 도매상보다 싼 가격으로 공산품은 물론 신선식품까지 동네 슈퍼마켓에 공급해 도매유통을 장악하고, 이를 활용해 소매유통에도 지배력을 행사할 수 있어 지역 골목 상권을 뿌리부터 잠식할 가능성이 크다.

국회에서 2010년 11월「유통산업발전법」과「대 · 중소기업상생협력 촉진에 관한 법률」이 개정됐지만, 중소기업 적합업종 240여 품목이 대기업 유통망을 통해 공급되는 것을 막진 못했다. 한국 재벌그룹을 법률로 통제한다는 건 거의 불가능하다. 이미 국가의 통제능력을 벗어난 지 오래다. 오히려 국가가 끌려다닌다.

사업다각화의 구호 아래 뒷골목을 '블루오션' 삼아 통째로 대한민국을 말아먹으려는 한국의 재벌그룹 자녀. 이들을 어쩔 도리는 없다. 나무랄 수도 없다. 자본주의, 자유경쟁 아닌가? 그렇지만 입이 근질근질하다. 이것들아 대한민국 좀 그만 뜯어 먹어라!!

분노(憤怒) 공화국

2011년 9월 미국 맨하탄 월스트리트에서 시작된 반양극화「월가 점령 시위(Occupy Wall Street)」는 두 달이 넘게 계속되면서 전 세계로 확산됐다. 일본, 호주로 확산되던 동조시위가 2011년 10월 15일에는 전 세계 80여 개국 900개 도시의 동시다발시위로 발전했다. 한국도 그날 금융기관이 밀집한 여의도와 서울광장 주변 덕수궁 대한문 앞에서 시위가 있었다. 이제는 시위도 전 세계 동시진행이 가능한 시대다. 소셜미디어의 진화가 경이롭다. 미국에서 전국적인 군중 시위는 1960년대 초 흑인인권운동과 베트남전 반대 시위 이래 50년만에 처음 있는 일이다. 이것도 놀랍지만 전 세계 동시 시위라니.

이에 자극받은 국무총리는 10월 14일 국가정책조정회의를 주재한 자리에서 '월가 시위의 시사점이 크다' 면서 '경제발전과 사회통합의 동시적 추구, 대 · 중소기업의 동반성장, 공정한 분배 등 공생발전 시스템을 조속히 정착시켜 발전시키는 방안에 대해 심도 있게 고민해야 한다' 고 역설했다. 훌륭한 얘기다. 문제는 역설에 주어가 빠졌다는 점이다. '누가' 고민해야 한다는 말인가? 또한 '고민하겠다' 가 아니라 '고민해야 한다' 다. 추상적인 당위성이다. 실행 의지는 어디에도 없다.

좋다. 고민이라도 한번 제대로 해보자. 누가 하지? 장관이? 공사다망한 각 부처 장관은 고민할 짬이 안 날 터. 그럼 차관이? 차관도 바쁘다. 장관 되려면 여기 저기 눈도장 찍으러 돌아다녀야 한다. 아, 차관보가 해야겠구나. 아니다. 차관보도 바쁘다. 차관 승진 준비해야 한다. 음 그래, 국장이 할 일이구나. 문제는 가장 바쁜 사람이 국장이란 사실. 안 되겠다.

그런데 과장, 사무관, 주무관도 바쁘다. 아, 누가 고민해야할지 정말 고민스럽다. 하는 수 없다. 누군가는 해야 하니 공익근무요원에게 시키자. 아니면 행인(행정인턴)도 좋겠다. 국정에 대해 심도 있게 고민하는 일이 공익근무요원 임무 아닌가?

과장하자면 매사 이런 식이다. 책임은 결재라인을 따라 아래로 내려가면서 분산 희석되고 공로는 거꾸로 결재라인을 올라가 최종책임자에게 돌아간다. 책임소재가 실종돼버리는 이런 무책임한 계층구조의 정점에 대통령이 있다. 대통령부터 주어 없는 '당부' 나 '질책' 으로 얼버무리니 아무도 진정성을 갖고 책임있는 대안을 강구하지 않는다. 당부만 하지 말고 다짐이라도 좀 해라. 최고책임자가 당부라니! 최고책임자는 조직 외부에 있는 사람인가? 외부에서 자문해주는 무슨 원로회의 의장이라도 되나? 책임지고 뭘 하겠다가 아니라 당부라니. 차라리 국민에게 당부해라.

이제 대한민국의 분노, 아니 대한민국 국민의 분노에 대해 살펴보자. 월가시위를 계기로 「매일경제」에서 '분노의 시대' 라는 기획시리즈 기사가 나왔다. 14년 전인 1997년과 비교해 대한민국 국민 현실이 어떻게 변했는지 진단한 방대한 시리즈다. 내용을 한 마디로 요약하면 '지난 14년간 국민들 살림살이가 갈수록 힘들고 더 불행해졌다' 다. 비교기간 동안 1인당 GDP는 1996년 말 12,197달러에서 2010년 말 20,165달러로 증가했다. 물가상승률을 감안하면 인상적인 증가는 아니지만 같은 기간 다른 선진국에 비교하면 나름대로 소득이 건실하게 늘었다고 볼 수 있다. 그런데 국민의 행복지수는 떨어지고 분노지수는 크게 늘었으니 뭔가 크게 잘못된 게 분명하다. "사회 곳곳이 부싯돌만 두드리면 폭발할 것 같은 모습이다"는 진단까지 나올 정도다. 「매일경제」 조사에 정치 분야도 포함시켰다면 어찌됐을까?

① 대한민국 국민은 왜 분노하나?

첫째, 가난하다 : 소득 불충분

2011년 6월말 기준으로 한국 전체 가구의 36.6%, 인구의 약 28.6%가 경제적 궁핍을 겪는 계층이다. 빈곤층(월소득 148만원 미만)과 한계중산층(월소득 148만원~222만원) 이다. 궁핍해서 화가 나는 계층이다. 그런데 특이한 점이 있다. 한계중산층 바로 위에는 중산층(월소득 223만원~444만원)과 고소득층(445만원 이상)이 있다. 이 가운데 중산층은 분노계층에 포함되지 않은 대신 오히려 그 위의 한계고소득층(월소득 445만원~519만원)이 분노계층으로 분류됐다. 그 결과 전체 가구수 기준 45%, 인구수 기준 35.2%가 소득과 관련한 분노계층이다. 5년 전과 비교해 12.8%(83만2천가구)나 늘어난 수준이다. 한계고소득층의 분노를 어떻게 이해해야 할까? 상대적으로 소득이 높은 가구도 경제궁핍을 느낀다고 볼 수도 있지만, 다르게 생각하면 분노란 소득수준이 어떻든 한국국민 전체가 모두 같이 느끼는 현상이 아닐까?

이런 사정을 반영하듯 '한국인 걱정거리' 가운데 생활비 문제(24.9%)와 주거비 문제(24.6%)가 각각 1, 2위로 전쟁과 재난 문제(2.4%)를 압도했다. 먹고 사는 문제가 2011년 대한민국 국민의 최대 화두인 셈이다. '최우선 국가 목표' 도 14년 전에는 경제강국 진입(46%)이 삶의 질 개선(13%)보다

월등히 높았으나 지금은 거꾸로 삶의 질 개선이 56%로 급증한 반면 경제강국 진입은 22%로 하락했다. 한 마디로 국가보다는 내가 어떻게 먹고 사느냐는 일이 더 절박해졌다는 뜻이다.

2012년 1월 13일 기획재정부는 2011년말 기준 1인당 국민총소득(GNI)이 2만3,000달러를 약간 밑돌 것으로 추산했다. 노무현 정부 시절인 2007년말 2만1,695달러였으니 4년간 제자리걸음은 고사하고 물가상승률을 감안하면 오히려 20% 이상 소득이 준 셈이다. 원·달러 환율 상승분(25%)을 반영할 경우 그마나 소득이 제자리걸음이라도 된다. 국민 대다수가 먹고사는 일로 허덕이게 만든 '실용'의 정체에 경악을 금할 수 없는 수치다.

당연히 '소득분배'에 대한 평가도 나빠졌다. 1997년 10점 만점에 4.09점이었으나 2011년 현재 3.66점으로 10.5%나 감소했다. 4.09라 해도 만족스럽지 못한 터에 그나마 악화됐다. 국민소득은 늘어나건만 왜 갈수록 더 많은 국민이 '궁민'으로 전락한다고 생각할까? 다 함께 번 돈이 어디로 갔단 말인가. 양극화라는 표현으로는 약하지 않은가?

소득이 모자라다 보니 제대로 돈을 못 쓴다. 물가마저 급등해 쓸 돈이 더 없다. 처분가능소득 가운데 소비지출이 차지하는 비율을 평균소비성향이라 한다. 한계고소득층의 평균소비성향은 5년 동안 72.9%에서 69.5%로 줄었다. 오히려 빈곤층 평균소비성향이 129.6%에서 133.8%로 늘었다. 적자인데도 불가피하게 소비를 늘린 결과다.

지출형태를 보면 '궁민'의 실상이 드러난다. 소위 '4대 강요 소비지출'에 소득 대부분을 지출한다. 4대 강요지출이란 교육비, 의료비, 생활비(식료품비), 교통·통신비다. 줄이기 어려운 경직성 지출이다. 4대 분노

지출이라고도 한다. 이 가운데 육아 · 자녀교육비가 가장 많다는 점이 특이하다. 매우 한국적인 현상이다. 월급 500만원 중 300만원을 자녀 교육비에 지출하는, 자녀 사교육에 은퇴 준비를 저당잡힌 대한민국 40대 가장의 현실이다.

교육비는 통상 선택적 지출항목에 들어가야 하는데 한국 부모는 마치 '죄수의 딜레마'(prisoner's dilemma) 처럼 자식 유치원비, 학원비 지출을 강요당하는 상황에 몰려있다. 죄수의 딜레마란, 두 혐의자가 모두 범죄를 부인하면 가장 약한 처벌을 받을 수 있지만, 둘 중 한 사람만 자백하면 자백 안 한 사람이 중벌을 받게 됨을 저어하여 결국 두 사람 모두 자백하게 되는 상황이다. 혐의자 사이에 의사소통이 차단돼 협력이 불가능하기 때문에 그런 상황이 발생한다. 청년취업난으로 인한 무한 스펙경쟁도 마찬가지다. 교육불안 증후군이 발생하는 지점이 바로 여기다.

교육비와 함께 급등한 생활물가, 독과점으로 가격이 비싼 유류비와 통신비, 치솟는 의료비 등 강요지출로 인해 아무리 벌어도 부족한 '욕구불만형 소비' 의 덫에 빠져든다. 힘겹게 돈을 벌지만 정작 나를 위해 쓸 돈은 없다. 지난 2년 동안 쌀값은 7.9%, 배추 가격은 40% 이상 올랐다. 기름 값은 16.4%, 통신비는 20% 이상 올랐다. 2011년 8월에는 물가상승률이 5%를 기록하기도 했다. 수해로 인한 일시적 현상이라고 보기엔 지나친 수준이다. 공포감마저 든다.

강요지출과 궁핍의 타격을 가장 크게 받는 사람이 바로 청년층이다. 꿈을 키우고 자아실현에 매진해야 할 청년이 당장 생활비 마련 때문에 딴 생각을 할 겨를이 없는 나라는 앞날이 없다. 그런 청년이 집 안에서 기운 빠져 있는데 부모가 무슨 힘이 나겠으며 집안은 또 얼마나 우중충

하겠나? 불행의 종합선물세트가 바로 청년실업이다. 50~54세 남성의 10만명당 자살률은 15.6명에서 62.4명으로 20년 전에 비해 4배나 증가했다. 이 또한 청년실업과 무관하지 않다.

둘째, 가난한 게 내 잘못만 아니다 : 불공정한 사회구조와 모럴해저드

궁핍은 새삼스럽지 않다. 더구나 내가 모자라 못 산다면 크게 억울할 것도 없다. 나는 최선을 다해 열심히 사는데 사회구조에 문제가 있어 궁핍하다면 이야기가 달라진다. 그렇다고 믿는 순간 체념은 분노로 변한다. 지금 대한민국을 벌겋게 달아오르게 하는 것이 바로 이 종류의 분노다. 상대적 박탈감이란 말로는 모자란다.

분노의 밑바닥엔 공정성에 대한 극도의 불신이 도사리고 있다. 기득권층이나 권력상층부가 누리는 몫이 정당한 노력의 결과가 아니라는 생각이다. 그런 생각은 언제나 있었지만 생활이 팍팍해지다 보니, 또 어렵다고 생각했던 시절이 오히려 그리울 정도로 갈수록 삶의 질이 떨어지다 보니, 그 동안은 못본체 넘기던 불공정 사회가 자꾸 눈에 거슬린다. 체념 속에 묻었던 분노의 비등(沸騰)이다.

이명박 정부에서 출세 우선순위는 1) 소망교회신도 2) 병역미필자 3) 고대출신 4) TK(대구경북)출신이라는 유머가 있다. 유머대로라면 박정희 정부 이래 전통 지역패권으로 출세 1순위인 TK가 4위로 밀려난 셈이다. 정실인사라 해서 무조건 나쁘진 않다. 그러나 정실이 원칙이 되면 곤란하다. 사고가 날 수밖에 없다. 특히 능력이 필요한 자리를 정실로 채우면 대형사고가 난다. 능력과 빽의 어긋남(미스매치), 한국형 불공정의 최대 온상이다.

경쟁과 보호의 미스매치도 불공정을 잉태한다. 약자를 감싸 안아야 할 곳에서는 무한경쟁으로 내몰고 정작 경쟁을 시켜야 할 때는 빽이라는 이름의 온정주의로 감싼다. 한국형 불공정의 전형적 패턴이다. 승핍(承乏)이란 말이 있다. 재능 없거나 부족한 자가 벼슬함을 이른다. 승핍이 임계점(tipping point)을 넘으면 분노사회가 된다. 대한민국 승핍은 임계점을 넘었다. 분노가 오히려 늦었다.

다시 매일경제 조사결과를 보자. 조사항목 중 '공정한 경쟁'은 15년 사이 4.59점에서 4.2점으로, '능력에 따른 보상'은 5.19점에서 4.85점으로, '기회균등'은 4.75점에서 4.26점으로 하락했다. 2012년 1월 기획재정부가 발표한 「2020년 한국사회의 질적 수준 제고를 위한 미래연구 보고서」에서도 지도층 인사결정 공정성이 10점 만점에 2.6점, 정·재계 투명성은 2.5점으로 거의 바닥 수준으로 나타났다. 불공정한 사회에 대한 풍자는 전문가보다 일반인이 더 날카롭다 :

> "저 멀리 올라간 사람들이 자기 밥그릇 빼앗길까봐 변수가 없는 사회를 만들고 있다"
> "대기업의 문어발 확장으로 중소영세상인들이 일일 노동자로 전락하고 있다. 규모의 경제원리로 시장을 과점한 탓에 오히려 경제적 파이는 점점 줄어들고 있다"
> "모두가 왜 분노하는가에 대한 원인과 이유를 정확히 알고 대책을 세워야 할 책임은 누구에게 있는가?" "화두만 툭 던지지 말고 분노의 실체와 해결방법을 제시하라"

"폭동도 안나는 이상한 나라, 못살면 자기 탓인줄로만 아는 이상한 나라, 이러다간 고담민국이 되겠지. 서로 물고 뜯고 하는 … 그렇게라도 살아야 하니까."

한국인은 경쟁 과정에서 시합 규칙(rule of game)이 공정하지 않다고 생각한다. '개인의 인생목표를 방해하는 요소는 무엇인가'에 대한 답변 가운데 '노력해도 성공이 어려운 사회'라는 답변이 43.3%로 가장 많았다. 다음으로 '금전 부족'이 39.4%, '학연 · 지연 등 사회적인 차별'이 36.5%로 각각 2, 3위를 차지했다. 반면 '능력부족'(22.1%), '시간부족'(9.8%), '대인관계 미숙'(9.4%) 등 자신이 못나서 어렵다는 생각은 상대적으로 적다. 학력이 낮을수록, 소득이 낮을수록 노력해도 성공하기 어렵다는 인식이 강하다. 심상치 않은 상황이다. 아무리 노력해도 성공하지 못한다고 느끼는 까닭은 그만큼 우리 사회 곳곳에 진입장벽이 쳐있다는 생각 때문이다. '사다리 치우기'에 대한 좌절감이다. 이 결과 '우리나라 경제체제는 진정한 자본주의가 아니다'고 생각하는 비율이 72%나 된다. 자본주의가 아니라니. 당혹스럽다. 이들이 생각하는 진정한 자본주의는 무엇일까.

불공정 사회에 대해 분노하다보면 정치성향마저 혼란스러워진다. 대표적 예가 강남좌파와 금천우파의 등장이다. 2011년 9월 24일 실시된 서울시 무상급식 주민투표에서 20.2%로 가장 낮은 투표율을 기록한 곳이 서울 금천구다. 그때부터 금천구가 강남의 대척점으로 부상했다. 강준만이 만든 용어로서 강남좌파란 소득이 높으면서도 '세상을 바꾸자'고 외치는 진보계층이다. 이와는 반대로 소득이 낮은데도 보수정권을 지지하는 사람이 금천우파다. 금천우파는 무상급식 같은 복지 포퓰리즘 때문에 복지예산이 낭비돼 꼭 필요한 사람에게 돌아갈 몫이 줄어든다는 주장에 동조한다. 살기 어렵다 보니 정작 '왜 주민투표가 필요한가' 같은 맥락까지는 신경 쓸 겨를이 없는 계층이다. 정한울 동아시아연구원 부소장에 따르면 이들은 '경제적으로 팍팍한 삶을 살고 있지만 진보적인 생각을 할 여유조차 없는 신보수층' 이다. 자신의 경제적 이해관계에 따라 보수적 성향을 드러내는 경제적 보수, 급속한 경제성장을 겪으면서 보수 성향이 체화된 관습적 보수, 반공과 애국을 동일시하는 냉전형 보수, 교회의 성공이 국가의 성공이라 믿는 물신주의 기독교 보수, 교육으로 돈 버는 일을 국가백년대계로 생각하는 사학재단 보수에 이어 등장한 최신 보수계층이다. 한편 생각하면 이들도 죄수의 딜레마에 빠진 불공정 사회의 피해자다.

불공정 사회에서는 한탕주의가 횡행하고 일단 나부터 살고 보자는 생각이 지배하게 된다. 그런데 그런 생각을 나만 하나? 모두 한다. 모두 나만 살자고 나서면 어떻게 될까? 아무도 못말리는 집단이기주의의 창궐이다. 우리 편 아니면 네 편만 있는 밥그릇 싸움판만 남는다. 너도 나도 경쟁적으로 지대추구(rent-seeking : 오로지 제 이익을 위해 청탁, 탈취 등 소모적인 경쟁으로 사회자원을 낭비하는 일)에 나서면서 서로 좌절시키는 불공정 사회, 분노의 아수라장, 분노의 종합격투기장, 지금 대한민국의 자화상이다.

셋째, 이래 저래 불행하다 : 행복지수 저하

사회가 불공정하다고 생각하면 화가 안날 수 없다. 화가 나는데 행복할 리 없다. 대한민국 국민의 행복지수는 8년 사이에 18%나 떨어졌다.

아주 행복하다가 떨어진 게 아니다. 대단히 행복하다고 하기 어려운 수준(100점 만점에 64.14점)에서 행복과 불행의 경계점(52.86)으로 떨어졌다.

2011년 OECD「만족스런 삶 조사」(Better Life Initiative) 결과에서도 대한민국의 삶 만족지수(Life Satisfaction Index)는 10점 기준 4.5점으로 나타났다. 1인당 가구소득이 비슷한 뉴질랜드(8.0점)에 비해 절반 수준이다. 평균소득은 늘었으나 살림은 궁핍해진 역설을 반영한다. 궁핍해서 불행하고 불공정해서 불행하다. 궁핍하니 문화 활동을 못하고 문화 활동을 못하니 정서가 고갈되고 사기가 저하되며 사기가 저하되니 경제도 위축된다. 경제가 위축되면 더욱 궁핍해진다. 불행의 악순환이다. 불행하면 서로를 돌아보기가 어렵다. 빵 한 조각에도 칼부림이 일어난다. 이럴 땐 불행한 사람끼리 연대해야 하는데 좌우를 둘러 볼 여유가 없다. 가진 것 없는 천민끼리 다툰다. 영세 자영업자간 무한경쟁도 따지고 보면 그런 다툼이다. 공동체가 사라진 자리에 옥타곤(종합격투기 링)이 들어선다. 이 또한 죄수의 딜레마요 궁민화의 비극이다. 통치자는 '궁민'이 더 편하다. '궁민'은 서로 단합하지 못한다. 작은 먹이에도 혼이 빠진다.

소득이 높으면 더 행복하다. 그러나 어느 수준까지다. 리처드 레이어드(Richard Layard)에 따르면 가난한 자보다 부자가 더 행복한 건 사실이지만 부자가 더 부자가 된다 해서 행복이 커지진 않는다. 미국의 경우 2차대전 후 반세기 동안 1인당 국내총생산(GDP)은 세 배 가까이 늘었으나 행복한 사람의 비중은 25% 감소했다. 일본도 1인당 소득이 6배로 늘어나는 동안 행복한 사람 비율은 그대로였다. 유럽도 마찬가지다. 강원도 영월에서 월 소득 200만원 미만인 가구의 행복지수가 서울 양천구 목동의 월 소득 400~500만원 가구보다 높다는 조사결과도 이를 뒷받침한다.

먹고 살기에 급급한 나라에선 소득이 높을수록 행복하지만 소득수준이 어느 정도를 넘어선 나라에선 그런 관계가 거의 사라진다. 전체적으로 소득과 행복의 상관계수(0.7)는 매우 높다. 하지만 1인당 소득이 1만 3천 달러를 넘어선 나라에선 그 상관관계가 희미해지고, 1만 5천 달러를 넘으면 소득과 행복이 거의 무관한 것으로 나타난다. 한국의 경우 그 시점이 대략 15년 전이다.

이스털린 역설(Easterline Paradox)이란 것도 있다. 역시 소득이 높다고 행복하진 않다는 주장이다. 소득이 많을수록 행복해지는 것은 국민소득 1만 5천불까지다. 한국 기준으로 4인 가구 월 소득 500만원 수준, 즉 한계고소득층 수준이다. 대한민국은 평균적으로 그 선을 넘었다. 물론 전체 인구의 75%는 평균선 아래다. 2011년 3분기 기준 월평균 가계소득이 390만원(1인가구 포함시 340만원)으로 1인당 국민소득 기준에 크게 못미친다는 사실이 이를 입증한다. 국가 전체로 보면 이스털린의 역설이 적용되어 소득향상보다는 삶의 질을 높여야 하는 단계지만, 평균선 이하에 있는 75%의 '궁민'에겐 소득 향상이 우선이다. 입장이 다르다.

이게 바로 양극화다. 오마에 겐이치는 일본의 소득계층 양극화를 M자형 사회로 표현했다. 총중류층(중산층) 가운데 극히 일부만 상류층으로 상승하고 대부분은 중하류층이나 하류층으로 전락한 결과 소득계층 분포가 M자 형태로 상하 양극화한 상황을 말한다.

개인만이 아니다. 개인으로 치면 중산층에 해당하는 중견기업도 속속 무너진다. 소기업은 말할 나위도 없다. 중견기업은 대략 년간 매출액 500억원~1조원, 상시근로자수 300~1000명 사이인 기업이다. 중산층과 마찬가지로 중견기업도 일부만 대기업으로 성장하고 대부분은 도산하거나 중소기업으로 전락했다. 기업계층의 M자형 양극화다.

선진국일수록 중견기업 층이 두텁다. 2008년 현재 세계 수출 1위 국가가 어딜까? 독일이다. 물론 지금은 중국이 1위다. 무역흑자는 2010년 2,170억달러로 독일이 여전히 세계 1위다. 독일이 수출 최강국이 된 것은 중견기업 덕이다. 한국도 재벌 삼성가나 현대가의 몫 일부를 독일처럼 중견기업이 가져갔다면 경제규모가 지금보다 훨씬 컸을지 모른다.

중견기업은 규모보다는 고유기술로 승부하는 기업이다. 앞에서 본 것처럼 한국에서는 재벌기업에 빌붙어야 그나마 중견기업이라도 될 수 있다. 독일처럼 독자기술로 대기업과 맞장을 뜨다간 재벌기업의 기술탈취, 저가공세에 밀려 오래 못 버틴다. 독일이 중견기업이 강한 이유는 대기업이 중견기업 영역에 침범하지 못하도록 국가가 철저히 감시하기 때문이다. 선진국일수록 엄할 곳에선 엄하고 관대할 땐 관대하다. 후진국은 반대다. 개인이든 기업이든 절대적 궁핍과 상대적 박탈감, 불행의 두 키워드 아래 신음하는 2012년 대한민국이다.

② 어떻게 분노를 해소할까?

분노를 해소하는 방법은 간단하다. 소득을 높여주고 특권층이 반칙을 못하게 하면 된다. 문제는 대한민국 국가 시스템으로는 불가능하다는 데 있다. 아니, 가능하다. '당부' 하면 된다. 혹은 '분노 해소대책' 을 기안토록 지시하면 된다. 그것도 마땅찮으면 「분노해소위원회」를 만들어도 좋다.

매일경제 '분노의 시대' 시리즈에도 전문가와 독자의 분노해소 아이디어가 소개돼 있다. 문제는 진정성이다. 모두 약속이나 한 듯 '이렇게 저렇게 해야 한다'는 당위성만 말한다. 무책임 화법이다. 추상적이다. 식상하다. 가죽잠바 위로 등 긁기다. 도대체 시원하지가 않다. 모두 자신이 없다. 얼마나 식상한지 확인해 보자. 굵은 글씨와 내 질문사항을 비교해서 읽어보라.

이근면 삼성광통신 고문(59) 국민의 분노를 다스리기 위해서는 공정한 사회로 발전해야 한다고 본다. 우리 미래인 청소년들이 건강한 사회에서 살아갈 수 있기를 바란다. **◐질문** : 공정사회, 건강사회를 어떻게 만드는지 알려 주시오

정병석 전 한국기술교육대 총장(58) 일자리로 풀어야 한다고 본다. '사회통합 노동시장정책'을 제안하고 싶다. **◐질문** : 사회통합 노동시장정책은 어떻게 실행하는지 알려 주시오

장진영 변호사(대한변협 대변인 · 40) 원칙이 없어서다. 대책도 그런 부분에 집중할 필요가 있지 않을까 싶다. **◐질문** : '필요가 있지 않을까 싶다'는 말은 필요가 있다는 말이오, 아니면 없다는 말이오? 그리고 원칙을 세우는 방법을 알려 주시오

박세정 연세대 가치경영연구센터 선임연구원(36) 기업의 사회적 책임과 시민의식이 제대로 굴러갈 때 이런 분노가 사그라질 것으로 본다. **◐질문** : 기업의 사회적 책임과 시민의식을 제대로 굴러가게 하는 방법을 알려 주시오

이상원 국회의원 비서관(35) 해법 제시가 중요할 것 같다. 워낙 현재

한국사회에 만연한 불만과 분노가 해법을 보여주기 어려운 것이긴 하지만 대략의 방향성이나마 제시하길 기대해 본다. **○질문** : '중요할 것 같다' 는 중요하단 말이오, 중요하지 않단 말이오? 그리고 누구한테 해법을 기대하는지 알려 주시오

네트즌 크** 저소득층의 불만을 낮추려면 최저임금을 현실에 맞게 고쳐야 한다. 시간당 8000원은 돼야 비정규직으로라도 먹고 살 수 있다. **○질문** : 시간당 최저 임금을 8000원으로 만드는 방법을 알려 주시오.

언필칭 전문가는 좀 다를까?

강성진 고려대 교수 국민 만족과 경제성장을 동시에 추구하려면 이익단체들의 지대추구행위를 차단해야 한다. **○질문** : 이익단체 지대추구행위를 어떻게 차단할지 그 방법을 알려주시오

이창양 카이스트 교수 생산적인 경기 부양 방안이 필요하다. 보육과 교육에 대해 집중적으로 정부가 투자해야 한다. 집값과 교육비에 대한 부담이 줄어야 내수를 살리고 국민부담도 낮출 수 있다. **○질문** : 생산적인 경기부양 방안, 집값과 교육비 부담을 줄이는 방법을 알려주시오

김정식 연세대 교수 새로운 기술 개발에서 성장동력을 찾아야 할 때다. 중기 실질임금을 높인다면 유능한 인력이 산업 저변으로 확산되는 동시에 국민소득 향상과 소비 증진까지 꾀할 수 있다. 세제 혜택 부여 등을 통해 중기 인력난을 해소하고 내수 부양도 추구해야 한다. **○질문** : 중기 실질임금을 높이는 방법을 알려주시오.

이필상 고려대 교수 아무래도 돈 문제가 분노를 유발한다. 경제력이 뒷

받침되지 않으면 대학에 가기 힘든 현실과 실업자에게 패자부활전이 없는 구조적인 문제를 풀기 위한 사회안전망이 갖춰져야 한다. ◘질문 : 사회안전망을 어떻게 갖춰야 하는지 알려주시오.

강호인 기획재정부 차관보(54) 물질적인 빈곤 문제는 경제 성장을 통해 해결하고 있고, 향후 상대적인 박탈감은 우리가 풀어나가야 할 숙제로 보인다. ◘질문 : 숙제를 어떻게 풀지, 아니 그보다 누가 풀어야 하는지 알려주시오

이원우 서울대 법학전문대학원 교수(48) 우리는 세계 주변에서 중심으로 진입하고 있다. 하지만 이면에는 부조리가 만연해 있다. 관건은 공정한 룰을 세우는 것이다. ◘질문 : 공정한 룰을 세우는 방법을 알려 주시오

조국 서울대 법학전문대학원 교수 평균적인 사람들을 위한 패자 부활전 시스템을 만들어야 한다. 대학 수를 10분의 1로 줄이고 기업의 고졸 채용도 확대해야 한다. ◘질문 : 패자부활전 시스템 만드는 방법, 기업의 고졸채용을 확대하는 방법을 알려 주시오

이민화 카이스트 초빙교수 대기업의 기술탈취를 막고 정보 불균형을 바로잡는 정책이 필요하다. 기존 산업에서 진입장벽을 허물고 고성장 창업을 유도해야 한다. ◘질문 : 대기업 기술탈취를 막고 정보 불균형을 바로 잡는 방법, 고성장 창업을 유도하는 방법을 알려 주시오

박세일 한반도선진화재단 이사장 교육–고용–복지가 연계되는 이동노동시장 정책을 추진해야 한다. 교육개혁이 선행돼야 하고 교육비용을 절감해야 한다. ◘질문 : 교육개혁, 교육비용 절감 방법을 알려 주시오

마이클 샌델 미국 하버드대 교수 실업문제에 대해 정부가 역할을 할 수

있다. 젊은이들이 교육과 훈련을 공평하고 충분하게 받을 수 있도록 기회를 제공해야 한다. ◐질문 : 실업문제에 대해 정부가 어떤 역할을 해야 하는지 알려주시오

백태웅 미국 하와이대 교수 불공정한 정치와 경제 제도, 원칙 없고 편파적인 법 운용을 바꾸고 절망하는 사람들의 마음을 헤아리는 조치가 절실하다. ◐질문 : 그런 조치를 어찌 해야 하는지 알려주시오

이상 모두에 대한 공통질문 :

그걸 누가 해야 하는지 알려 주시오!!!

모두 '누군가' 해주기를 바랄 뿐이다. 여럿이 식당에서 밥 먹고 나가면서 뒷 사람에게 계산을 떠넘기는 격이다. 대한민국에 만연한 무책임한 화법, '…해야 한다' '…돼야 한다.' 이거 아주 심각한 문제다. 누구도 나서서 '내가 …하겠다' 고 하는 사람이 없다. 대통령, 국무총리, 장관이하 공무원은 물론이고 대학교수, 변호사, 각계 전문가라는 사람 모두 한결같다. 지적은 잘 한다. 분석도 뛰어나다. 프레젠테이션도 잘 한다. 그러나 거기서 끝이다. 대안도 있다. 그러나 실천대안이 아니다. 주어가 빠졌다. 누가 '…해야 한다' 는 말인가? 히딩크라도 불러와야 하나? 내가 하겠다고 외치는 사람이 있긴 하다. 선거 출마자다. 다만 그 외침은 선거기간 동안만 유효하다. 당선되자마자 다시 '(누군가) …해야 한다' 로 돌아간다. 대통령도 이에 대해서만은 확실한 솔선수범을 보인다.

이는 단순한 화법의 문제가 아니다. 매우 중대한 문제다. 아래에서 말하겠지만 정체성 문제와 직결되기 때문이다. 한국인은 '…것 같아요' 라

는 표현을 많이 쓴다. 감정마저도 그런 식으로 표현한다. '걱정인 것 같아요' '좋은 것 같아요' '행복한 것 같아요' '슬픈 것 같아요' '우울한 것 같아요' '사랑하는 것 같아요'…심지어 감각조차 '추운 것 같아요' 식이다. 내 감정과 감각에도 확신이 안 서는 사람이 무슨 자신감이 있겠나? 좋으면 좋고 안 좋으면 안 좋고, 추우면 추운 것이지, 좋은 '것 같다'니. 좋은지 안 좋은지 혹은 추운지를 나 말고 누구한테 물어보기라도 해야 한단 말인가. 자신에 대한 확신, 정체성이 없어 나타나는 현상이다.

이런 화법이 국가운영 시스템에도 만연해있다. 앞에서 언급했듯 국무총리의 '고민해야 한다' 같은 주어 실종화법이 관료사회에 만연하면 나라 안에 아무도 책임질 사람이 없게 된다. 모두 남 탓만 하고 자신은 마치 나라 밖에서 나라 안을 향해 충고하고 당부하는 사람이라도 된 듯 비켜나기 때문이다. 감정마저 자신 없는 말투가 개인의 정체성 부족 때문이라면, 누군가에게 떠넘기는 주어 실종 화법은 국가 정체성 부족과 직결된다. 나라 전체가 무사안일에 빠지게 된다. 따지고 보면 참 무서운 화법이다.

사소해 보이지만 중대한 일이 있고, 반대로 중요해 보이지만 사소한 일이 있다. 중대한 일을 그냥 지나치는 사회일수록 사소한 일에는 목숨을 건다. 중대한 문제는 어차피 서로 해결할 능력이 없다 보니 사소한 문제만 물고 늘어지기 때문이다. 작은 문제로만 다투니 싸움이 늘 쩨쩨하다.

왜 그럴까? 좌표를 잃었기 때문이다. 좌표를 잃다 보니 자신이 누군지 잊어버렸다. 자신이 누군지 모르니 자신감이 없다. 자신이 없으니 답도 안 나온다. 답은 있으나 모를 뿐이다.

꿈을 잃은 대한민국. 분노하는 대한민국. 대한민국으로는 답이 없다. 대한민국을 놔주는 길 밖에 없다. 누가? 여러분이. 그대가 놓아준다. 분노의 해법은 희망과 꿈, 대안이다. 시위로는 안 된다. 폭동으로도 안 된다. 혁명으로도 안 된다. 역사가 증명하지 않나. 오도된 꿈이 아닌 진정한 꿈, 남의 것이 아닌 내 꿈, 많은 사람이 힘을 모아 실천 가능한 구체적인 꿈, 그것만이 유일한 해결책이다. 대한민국을 놓아주어야 희망이 생긴다. 절벽에서 밧줄을 놓아라.

화생방 가스체험실

꿈을 잃은 대한민국의 슬픈 얼굴을 비추었다. 비추다 보니 덩달아 슬퍼진다. 대한민국이 어찌 그것뿐이겠나? 자랑스럽고 대견한 대한민국, 꿈을 머금은 대한민국이 얼마나 많은가? 어려운 가운데도 나라 발전을 위해 묵묵히 애쓰는 많은 분께는 참으로 송구스럽다. 고난을 견디며 굳건히 버텨주는 대한민국에도 미안함을 금할 수 없다. 대안을 찾기 위한 부득이한 전초작업으로 이해를 바랄뿐이다.

2012년 대한민국에 가장 적합한 낱말을 찾다보니 「화생방 가스체험실」이 떠오른다. 병역미필자는 잘 모르겠지만 훈련병 필수 코스에는 독가스 체험이 있다. 가스실에 방독면을 쓰고 들어간 후 방독면을 벗어야 한다. 매우 고통스럽다. 죽을 듯 숨이 막혀 뛰쳐나가고 싶다. 「가스체험실 대한민국」에 청년실업자와 '궁민'이 들어가 있다. 방독면도 안 쓴 상태다. 참기 어렵다. 어떻게 해야 하나. 두 가지 방법이 있다. 하나는 방독면을 착용하는 방법이다. 방독면은 각자 사정에 맞춰 구해야 한다. 어떤 사람에겐 고시합격, 어떤 사람에겐 대기업취업, 어떤 사람에겐 교대합격, 어떤 사람에겐 아파트 경비원 취업이 방독면이다. 다른 하나는 가스실을 박차고 나가는 방식이다. 훈련시스템 자체를 바꾸는 방식이다. 어떤 선택이든 좋다. 문제는 그대의 행복이다.

YOUR DREAM IS **REALITY**

YOUR DREAM IS REALITY _002

누구의 대한민국인가?

꿈을 잃은 대한민국을 얘기하다 보니 자연스레 지금 대한민국이 누구의 대한민국인가 하는 물음으로 이어진다. 충격적인 이야기가 있다.

"다시 태어난다면 한국 안 택할 것"

내 생각이 아니다. 고려대학생 생각이다. 그렇다, 바로 그 '민족' 고대다. 지난 2001년 「고대신문」이 창간 54주년을 기념해 고대생 259명과 중국(베이징대), 프랑스(파리대), 일본(쓰쿠바대), 러시아(상트페테르부르그대), 캐나다, 카자흐스탄 등 7개국 16개 학교 대학생 358명을 대상으로 한 설문조사 결과다(「문화일보」 보도 인용). 고대생 가운데 51%가 '다시 태어난다면 모국을 택하지 않겠다'는 생각을 가진 것으로 나타났다. 외국 대학생은 어떨까? 같은 항목에 대해 중국, 프랑스, 캐나다는 7%, 러시아 11%, 일본 23%만이 모국을 택하지 않겠다고 대답했다. 모국을 택하겠다는 비율은 한국(고대)이 30%에 그친데 비해 일본 49%, 중국 73%, 캐나다 76%, 러시아 79%, 프랑스 80%로 역시 큰 격차를 보였다. 한편 전쟁이 나면 나라를 위해 싸우겠다는 대답은 중국 79%, 프랑스 62%, 한국(고대) 45%, 러시아 40%, 캐나다 23%, 일본 9%로 한국이 중간 정도였다. 고대생이 한국을 택하지 않겠다는 이유 가운데 가장 중요한 것은 '정치적 타락'이었다. 일본은 '국가 정체성 부족'이 가장 큰 이유였다. 반면 외국 학생 중 모국을 택하겠다는 그룹의 가장 큰 이유는 '문화적 고급성'이었다.

10년이 지난 지금 고대생은 어떤 생각일지 궁금하다. 고대생만이 아니라 전 국민을 대상으로 조사해봄직 하다. 조금 다르지만 참고할만한 조사결과가 있다. 2011년 미국, 일본, 중국, 한국 4개국 연구기관이 공동실시한 '고교생 진로 및 유학 의식' 조사결과다. 한국측 주관기관인 한국청소년정책연구원에 따르면 '우리나라에서 사는 것에 만족한다'는 답변에서 한국 고등학생이 66%로 미국 92%, 일본 88%, 중국 75%에 비해 매우 낮았다. '우리나라가 자랑스럽다'는 답변에서도 한국은 75%로, 중국(90%), 미국(89%)에 크게 뒤지고 일본과는 비슷했다(「세계일보」, 2012. 1. 17).

대한민국은 과연 누구의 대한민국인가? 동계올림픽 유치 소식에 울컥하던 여자 앵커의 대한민국인가? '이번엔 혹시?'가 번번이 '역시…'가 되고 마는 국가대표팀 축구를 한숨 속에서도 끝까지 응원하는 착한 애국 축구팬의 대한민국인가? 촛불집회에 가스통 들고 나타나는 얼룩무늬 군복 노인의 대한민국인가? 대한민국을 누군가에 봉헌하려는 개신교 일부 성직자의 대한민국인가?

KBS는 2011년 9월 「대한민국을 움직인 사람들」 '초대대통령 이승만' 3부작을 방송했다. 6월에는 한국전쟁 특집 프로그램인 「전쟁과 군인」 2부작에서 한국전쟁 영웅 백선엽을 조명했다. 두 사람은 한국 보수 주류계층에서는 '국부(國父)'와 '구국영웅'으로, 진보진영에서는 '독립의 공을 탈취한 친일 · 친미사대주의 독재자'와 '독립운동을 토벌한 악랄한 친일파'로 양극단의 평가를 받는 인물이다. 이렇게 엇갈리는 이유는 무엇일까? 두 진영이 생각하는 '국가'가 서로 다르기 때문이다.

진보진영은 수천 년 배달민족의 역사를 계승한 국가로서 대한민국 국가를 인식하는 반면 보수진영은 광복 후 미군정을 거쳐 1948년 수립된 신생독립국을 대한민국으로 생각한다. 신생독립국은 새로 깔린 판이기 때문에 정통성도 새로 시작한다. 신생독립국 대한민국의 새로운 정체성을 심는 일이 보수진영의 사명이다. 새로운 정체성은 부대찌개 대한민국이다. 부대찌개로 섞어놓아야 과거가 구별되지 않는다. 웅혼한 민족정기나 호연지기는 새로운 정체성에 도움이 안 된다. 민족과 역사가 부각될수록 보수의 출신성분도 그만큼 뚜렷이 드러나 불편하다. 자신을 비추는 거울이 눈에 거슬린다. 적당히 버무려 부대찌개에 넣어야 서로 티가 안 나고 안전하다. 어차피 신생국 아닌가? 친일을 했든 항일독립운동을 했든 이제 와서 무슨 의미가 있나? 신생국 대한민국에서, 대한민국과 관계없던 시절의 친일행위를 문제 삼다니. 시대착오(?)다.

이승만은 이런 논리로 친일세력을 비호하고 중용했고, 친일파 백선엽은 그런 이승만에게 중용돼 신생국 대한민국에 걸맞는 새로운 문화 창달에 한 몫 했다. 대한민국 주류문화 3총사, 즉 기독교, 친일·친미, 반공·병영 문화 연합의 출범이다. 새로운 주류문화에 편승한 보수계층에서 보면 이승만과 백선엽을 비하 부정하는 일은 곧 대한민국의 정통성을 부정하는 일이다. 이들이 부정되면 보수계층 전체의 정당성도 훼손된다. 그러니 이들의 공적은 부풀리고 과거행적은 은폐, 축소, 미화해야 한다. 그러나, 신생국과는 무관한 과거 친일행위지만 그래도 백성은 예전의 그 백성이니 아예 대놓고 '그래 나 친일파였다. 어쩔래? 그게 지금 무슨 상관인데?' 할 순 없다. 수위 조절이 필요하다. 『친일인명사전』이나 『친일규명보고서』를 발간하는 일은 불필요한 일이지만 그렇다고 공식적으로 반대하기엔 백성 시선이 껄끄럽다.

KBS가 두 사람을 평가하면서 본인 회고록이나 지지 세력의 증언에 주로 의존한 것은 편파성 논란을 불러일으켰지만 보수정권의 입장에서는 고육지책이었을 터. 서울시 교육청 산하에는 21개 도서관이 있는데 이 가운데 『친일규명보고서』는 11개 도서관에 소장 중이고, 백선엽의 회고록인 『군과 나』 『내가 물러서면 나를 쏴라』는 18개 도서관이 소장하고 있다. 『친일규명보고서』는 정부공식자료고 회고록은 개인 자서전이다. 이 또한 고육지책의 흔적이다. 현대 한국이 누구의 대한민국인지 알려주려는 고육지책이다.

지역사회 저변의 지배구조를 보면 현대 한국이 누구의 대한민국인지 쉽게 알 수 있다. 지자체 산하 각종 자문·개발·선도위원회에 포진돼 보조금을 독식하고 영향력을 행세하는 수많은 관변단체가 지역사회, 곧 대한민국을 지배한다. 새마을운동협의회, 자유총연맹, 바르게살기협의회, 대한노인회, 보훈단체, 체육단체, 한국예총, 여협, 청년회는 기본이고 로타리, 라이온스 클럽, 상공회의소, 지방신문, 방송, 대학교수, 의사회, 약사회 등 다양한 집단과 직능단체가 실질적인 관변단체로 지역사회를 지배한다.

영어로 in this country라는 표현이 있다. 우리말로 하면 '이놈의 나라' 쯤 된다. in our country, 즉 '우리나라'와 대비되는 말이다. 이놈의 나라를 폴란드어로는 ten kraj라 한다. 우리나라는 nast kraj다. 포르투갈어로는 neste pais, 슬로바키아어로는 sleaze가 이놈의 나라다. 이놈의 나라라는 표현은 어느 나라든 있다. 백성은 어디서든 고달프기 때문이다. 그대에게 대한민국은 어떤 대한민국인가? nast kraj인가, 아니면 ten kraj인가? 아니, 질문을 바꿔보자. 그대는 어떤 대한민국을 원하는가?

그대의 대한민국이 '우리 대한민국'이라면 축하한다. 만일 '이놈의 대한민국'이면 이 책을 마저 읽어야 한다. 나라가 망한다는 말은 꼭 외적이 침입해서 무너지는 것만을 뜻하지 않는다. 외적이 침입하기 전에 이미 무너져있다. 외적이 쳐들어와 망하는 게 아니라 이미 무너진 나라를 외적이 접수할 뿐이다. 내가 원하지 않는 나라는 내겐 망한 나라와 다름없다. '이놈의 대한민국'은 망한 나라다. 이놈의 대한민국에서는 김용택의 시가 이렇게 들린다.

통치는 너그가 하고
국방은 우리가 하고

'우리 대한민국'을 만드는 첫 걸음은 무언가? 먼저 대한민국을 놓아주어야 한다. 대한민국의 현재 주인인 '누군가'가 지금보다 더 대한민국을 뜯어먹도록 놔두자. 대한민국이 아니면 죽는다는 생각을 잠시 버리고 대한민국의 밧줄을 놓아버리자. 아무리 불러도 대답 없는 대한민국을 그만 짝사랑하고 일단 포기하자. 그대가 대한민국보다 더 큰 사람이 되면 대한민국은 스스로 여러분 품에 안긴다. 그 대한민국이 비로소 '우리 대한민국' 이다.

비분강개하지 말라. 무리하게 고치려고 애쓰지 말라. '누군가' 가 힘들어진다. '누군가' 가 불행해진다. 누군가가 불행해지고 힘들어하길 바라는가? 남을 짓밟고 얻는 행복은 진정한 행복이 아니다. 남보다 더 행복해져서 남이 저절로 고개 숙이게 만드는 것이 진정한 행복이다. 그것이 군자의 행복이고 공존의 기술이다. 동이불화(同而不和)의 헤게모니는 화이부동(和而不同)으로만 극복 가능하다. 동이불화를 또 다른 동이불화로 극복할 순 없다. 싸움 끝에 공멸이다. 사실 대한민국도 힘들다. 대한민국인들 그러고 싶겠는가? 지배계층이 그러라고 하니 그럴 따름이다. 힘든 대한민국을 나무라면 안 된다. 놓아주어야 한다.

어차피 어려운 확률이라면 기왕이면 큰 꿈을 꾸는 것이 남는 장사다. 수 천대 일의 경쟁률을 뚫고 방송국 아나운서가 될 가능성과 20년 후 스스로 방송국을 설립하게 될 가능성은 어려움 면에서 별 차이가 없다. 둘 다 매우 어렵다. 어려운 일을 내가 만드느냐 아니면 어렵게 남의 선택을 기다리느냐의 차이다. 어떤 것이 정답인지는 모른다. 진정한 행복이라고 생각하는 바를 선택할 뿐이다. 이 책의 선택은 전자다. 이 방식으로 진정한 꿈을 찾고자 하는 사람은 일단 나와 함께 800년전 세계를 통치한 대몽골제국으로 떠나보자. 저 죽을지도 모르고 '아파트 수직증축' 이나 외쳐대는 구제불능의 '공구리' 왕국, 잔에 부정의 술이 가득 차 넘칠 지경인 신생독립국 대한민국을 9천년 전통의 웅족 나라로 회복시킬 희망 프로젝트를 가슴에 품고.

그동안 김어준과 「나는 꼼수다」가 고생 많았다. 덕분에 수많은 젊은이가 정치 무기력증을 떨치고 일어났다. 손바닥으로 하늘을 가릴 수도 있구나 하는 체념에서 벗어났다. 적극적인 분노로 업그레이드했다. 분노는 변화의 씨앗이다. 그러나 씨앗이 발아하려면 다른 차원의 대안이 필요하다. 깨부수는 분노만으로는 안 된다. 대한민국을 놓아주어야 한다. 그래도 다행이다. 그대가 대한민국을 놓아주는 동안 김어준의 '디테일'이 대한민국을 쓰러지지 않도록 버텨줄테니.

대한민국, 자아를 잃다 :

동이불화(同而不和) "혼자서는 못해요"

군자화이부동(君子和而不同)
소인동이불화(小人同而不和)

논어(論語) 자로(子路)

화이부동(和而不同)이란 생각이 다르고 추구하는 바는 달라도(不同) 다투지 않고 상대방을 인정하며 어울리는(和) 관계다. 부동은 저마다 고유한 자아가 있다는 뜻이다. 더불어 살되, 각자의 정체성과 성숙한 개성을 잃지 않는 상태다. 동이부화(同而不和)는 그 반대다. 생각이 비슷하고 추구하는 바도 같으나(同) 상대방을 인정하지 않고 다투는(不和) 관계다. 한데 모여 살면서도 각자 정체성이 없다 보니 서로 같은 이해관계로 싸우며 화합치 못하는 상태다. 여기서 군자란 한 개인이라기보다는 군자가 모여 살아가는 사회, 소인도 마찬가지로 소인이 어울려 살아가는 사회를 뜻한다.

여기서 가장 중요한 포인트는 자아, 곧 정체성이다. 개인이든 사회든 정체성을 갖느냐 못 갖느냐에 따라 품격이 달라진다. 정체성이란 자신이 누군지 아는 일이다. 더 나아가 남의 의견을 존중하고 경청하되 자신만의 세계관과 개성에 따라 사물을 판단할 수 있는 능력을 의미한다. 개성은 아집이나 완고함과는 다르다.

정체성을 갖는 사람이 바로 군자다. 군자가 주류를 이루는 사회는 당연히 정체성이 있다. 사회목표가 분명하고 건전하다. 공익이 앞서고 집단이기주의가 적다. 반대로 정체성이 없는 사람, 곧 소인배가 주류를 이루는 사회는 사회전체의 정체성도 희미하다. 정체성이 없는 소인은 문제가 생기면 홀로 판단치 못하고 항상 남의 눈치를 보고 남의 생각을 물어봐야 한다. 정체성 없는 사회도 마찬가지다. 사회문제에 대해 스스로 판단치 못하고 우왕좌왕 좌고우면(左顧右眄) 눈치만 본다. 사회목표가 분명치 않다 보니 쉽게 속악(俗惡)해진다. 공익보다는 개인 이익이 앞선다. 작은 이익이라도 걸리면 좀처럼 타협이 이루어지지 않고 사사건건 집단이기주의로 흐른다. '끼리끼리 모인다' 는 말이 동이불화 상태다. 정체성 없는 사회, 소인의 파당, 잡놈 떼거지다.

잡놈, 곧 정체성 없는 소인은 항상 떼로 몰려다니되 먹을 게 생기면 고루 나누지 않고 서로 많이 가지려고 다툰다. 떼거지로는 용감하지만 일대일로 맞붙으면 한없이 비겁하다. 혼자 할 일은 떼로 몰려가고 정작 다수가 힘을 모아야 할 때는 뿔뿔이 흩어진다. '도꼬다이' 는 별로 없고 '마당발' 만 넘친다. 책임져야 할 일엔 아무도 안 나서고 권리는 서로 주장한다. 밥은 같이 먹되 계산은 네가 먼저다. 지금 대한민국이다. 꿈을 잃었다는 뜻이 여기에 있다. 소인이 윗자리를 차지하는 승핍공화국이다. 동이불화다. 전통이 단절됐기 때문이다. 전통이 단절돼 자아를 잃었고 자아를 잃어 본말전도의 동이불화 사회가 됐다. 전통단절과 본말전도의 대한민국을 살펴보자.

전통단절, 새로운 전통이 파고들다 :
기독교, 친미 · 친일 사대, 반공 · 병영문화

대한민국이 정체성을 상실한 이유는 9천년 이상의 면면한 전통이 끊어졌기 때문이다. 『한단고기』에 따라 환국(桓國) 개국 년도인 기원 전 7197년부터 계산한 전통이다. 5천년도 근거 없는데 9천년이라니! 발끈할 필요는 없다.

역사란 단순히 사료나 유물이 아니라 삶과 기억과 상상과 이야기다. 상황과 시대에 따라 해석이 바뀌고 조작도 한다. 어차피 입증이 어려운 옛날 얘기이기 때문이다. 국가가 역사를 '편집' 하고 민족을 가공 생산하는 일은 바람직하진 않지만 그걸 부도덕이란 잣대로만 잴 일은 아니다. 무슨 공정이다 뭐다 해서 왜곡도 불사하는 마당에 나만 고고하게 실증의 자기검열에 갇혀있을 필요가 없다. 역사는 호방하게 해석해야 한다.

실증은 용기 부족의 다른 표현이다. 역사가 모두 실증될 순 없는 일. 오래된 역사일수록 실증이 어렵다. 실증 안되는 부분에 대해 개연성을 주장하는 일은 자신감의 영역이다. 실증의 틀에 갇힌 역사는 안전하고 편하지만 매우 좁다. 실증 너머의 가능성을 두고 주변 강국과 다투지 않아도 되기 때문에 안전하다. 실증의 진입장벽은 밥그릇 보장 기능도 담당한다.

역사가 왜 필요한지 생각해야 한다. 역사는 역사학자를 위해 존재하는 게 아니다. 모든 인문사회과학도 마찬가지다. 학문을 위해 학과나 제도를 만들어 놓고 거꾸로 학과나 제도의 틀에 학문을 맞춘다면 본말전도다. 왜곡은 부당하지만 과도한 실증은 몽매하다. 누가 실증하는가? 실증 자체도 주관적이다. 입증되는 것만 인정하기보다는 반증되지 않는 한 인정한다는 배짱이 있어야 한다. 숱한 전란으로 사료와 유물이 대거 소실된 대한민국으로선 남보다 더 배짱이 필요하다. 실전용 지혜(street-smart)는 학문에도 필요하다.

각설하고, 9천년까지가 아니고 1천 3백년 전으로만 거슬러 올라가 보자. 당시 발해는 옛 고구려 영토를 대부분 회복 계승하고 만주지역, 지금으로 말하면 중국 동북3성(요녕, 길림, 흑룡강성)과 러시아 연해주 지역을 230년간 통치했다. 찬란한 문화를 꽃피우고, 당대 아시아의 패권국이던 중국의 후기 당나라보다 강성했던 '해동성국'(海東盛國) 발해제국이다. 이 발해가 몇 안되는 유물만 남기고 흔적도 없이 사라졌다. 백두산 화산 폭발로 순식간에 잿더미에 파묻혔다는 설이 있다. 발해역사와 함께 발해 전통문화도 사라졌다. 발해의 전통은 곧 고구려의 전통이다. 고구려는 환국–단군조선(고조선)–기자조선에서 북부여로 이어진 웅족(단군족, 배달족)의 전통을 계승한 나라다.

민족의 순혈성이나 유구한 민족전통 류의 장엄한 민족사를 주장하려는 게 아니다. 순종 인류란 원래 없다. 순종 순혈의 기준 자체가 자의적일 수밖에 없다. 그렇다고 민족조작설에 동의하기도 어렵다. 국가가 민족을 만들어낸다는 민족조작설은, 무언가 선을 긋긴 어렵지만 분명히 존재하는 어떤 민족원형(ethnie)의 존재를 무시한다. 민족원형이란, 이를테면 고구려 부흥운동 집단, 임진왜란 때 왜적에 목숨을 던진 민초 의병, 항일 독립군으로 이어지는 유전자를 공유한 집단이다. 정의하자면 쉽지 않지만 분명히 '거기 있는' 무엇이다.

나는 민족을 실용(實用)의 관점에서 본다. 민족을 가능한 한 넓게 정의하자는 입장이다. 비슷한 요소를 공유하는 사람, 나아가 그렇다고 우기는 사람까지 모두 같은 민족으로 보자고 생각한다. 가능하면 민족범위를 확대하여 사회규모를 키우는 방식의 실용이다. 이를테면 현재 한반도에 사는 사람, 전 세계에 거주하는 한민족 동포는 물론이고 과거에 역사적 인종적 친연성을 공유한 집단의 후손까지도 한민족으로 정의하여 민족의 외연을 늘리는 방식이다. 역사와 민족이란 어차피 현재에서 거슬러 올라가며 발견하고 확인하는 작업이다.

발해 멸망 후 그 영역은 웅족 계열인 여진이 물려받았다. 그 후 고려를 거쳐 이씨 조선에 이르러서야 거의 5백년 만에 예전 발해영토의 일부나마 회복했다. 그러나 북방한계가 지금의 함경도 지방에 그치고 대부분은 명-청을 거쳐 현대 중국으로 편입됐다. 9천년 웅족의 역사와 전통은 영토적으로 대부분 중국국가에 귀속되고, 현대 한국은 자투리인 한반도 일부 영역, 즉 백제-신라-고려-조선으로 이어지는 좁은 지역에서만 그 전통을 이어받게 됐다.

그나마 제대로라도 계승됐다면 좋았으련만, 이씨 조선 말부터 50여년 동안 일본에 피침되고 동족상잔의 한국전쟁을 겪으면서 사료, 서적, 문화유산은 물론 생활문화와 사고방식까지 모두 잃어버리는 참화를 겪었다. 한민족 삶의 모든 영역에서 전통과 단절된 '신생독립국 대한민국' 으로 호적이 바뀐 것이다. 완벽한 '페이스 오프'(face off)다. 이 수난의 50년은 한민족 역사상 가장 어두운 시기다. 대야발(大野勃)의 『단기고사』(719)도 이 때 사라졌다. 대야발은 대발해국 개국황제 대조영의 아우다. 당나라가 없앤 단군조선 기록을 13년에 걸쳐 되살려낸 책인데 1300년 동안 보존되다가 일제 암흑기에 소실 또는 폐기됐다. 『단기고사』뿐이랴. 셀 수도 없는 한민족 역사 기록이 이 때 말살 유실됐다. 거꾸로 대한민국이 일본을 지배했다면 어땠을까? 크게 달랐을까? 국가란 그런 존재다.

거기까지도 좋다. 단절된 전통문화의 공백을 무엇이 채웠나? 기독교문화, 친일 · 친미사대문화, 반공 · 병영문화 세 가지다. 이 세 문화가 신생국 대한민국의 주류문화로 정착하면서 한민족의 정체성이 뒤죽박죽 돼버렸다. 거기에 바람직하지 않은 전통문화 잔재, 이를테면 과거시험, 감투, 신분 호칭, 붕당싸움, 기복신앙과 같은 봉건적 요소가 화학 반응하여 기묘한 혼종문화를 탄생시켰다. 음식으로 치면 부대찌개다.

기독교문화는 씩씩하다. 적극적이다. 자신감에 넘친다. 배타적이다. 집요하다. 저돌적이다. 믿으면 복을 주고 기도하면 응답이 오며 죽어서 구원 받으니 자신감이 넘칠 수밖에. 좋게 보면 긍정적이고 나쁘게 보면 공격적이다. 은밀한 내면의 기도마저 중인환시(衆人環視)리에 '발표'하는 초강력 외향성은 전래 기복신앙과 결합해 '저돌적인 구원기복'의 한국형 기독교로 재탄생했다.

기복신앙은 이기적이다. 어느 종교든 마찬가지다. '기말고사 전교 1등'처럼 순위 상승을 갈망하는 기복일수록 이기심이 커진다. 대형 교회와 대형 사찰은 집단 차원의 기복이다. 특히 배타적인 개신교의 집단 기복이 전통 붕당주의와 결합하면 세계 최대 신도 수를 거느린 초대형 교회왕국이 된다. 왕국은 절대왕정 시대의 통치방식으로 운영된다. 왕국의 일에 대해 외부에서 이러쿵저러쿵 하는 일은 내정간섭이다. 이 왕국의 몇 영주가 연합하여 아예 직접 대한민국을 다스리겠다고 나섰다. 기독당이란 정당이다.

친일 · 친미 사대문화는 일제 강점기와 미군정, 산업화-군사독재 시기를 거치며 주류문화로 발전했다. 광복 후 미군정 기간을 통해 한반도에 상륙한 친미문화는 미국 유학파인 이승만이 대한민국 초대 대통령이 되면서 강력한 주류문화로 자리 잡았다. 한국전쟁 후 미국의 원조를 받아 전후 복구사업이 진행되고, 1960년대 이후에는 박정희 정권이 미국의 냉전 핵우산 아래 미국시장을 겨냥한 수출드라이브를 걸면서 친미문화가 한국 현대문화의 최대주주가 됐다. 1964년 월남전 파병은 정치 경제적으로 친미문화의 헤게모니를 확인시켜준 사건이었다. 1980년대 전두환, 노태우의 군사정권도 정권유지를 위해 친미 드라이브를 걸 수밖에 없었고 그 결과 친미문화는 특히 정치 분야에서 한국의 지배주주 지위로 올라섰다.

친일문화는 미군정에 이어 이승만 정권이 일제 강점기의 친일행위에 면죄부를 주고 친일파를 대거 정부요직에 발탁하면서 날개를 달았다. 1945년 광복 후 납작 엎드려 눈치 보던 친일파는 이승만의 큐-사인을 받고 당당하게 양지로 나왔다. 이들은 일제 치하에서 축적한 자본을 바탕으로 신생 대한민국 초기의 혼란한 경제를 장악하면서 순식간에 현대 한국의 최대 기득권층으로 자리 잡았다. 게다가 김일성 정권 수립으로 인해 설 자리를 잃은 친일파가 대거 남쪽으로 내려와 이승만의 친미 친일행보에 힘을 보태며 자유당 정권의 후견세력이 됐다. 이들은 반공 · 병영문화의 강력한 수호자이기도 하다.

친일문화의 확산 계기는 1964년 동경올림픽과 1965년 한일협정이다. 삼성, 현대 등 재벌기업은 초기에 일본 기술이나 제품을 한국에 수입하는 방식으로 자본을 축적했다. 일본 기술과 자본에 실려 오는 일본 생활문화는 친일세력의 라이프스타일을 넘어 사회전체로 확산됐다. 여기에는 재일동포의 역할도 한 몫 했다.

친미 · 친일문화의 특징은 사대주의다. 외교, 문화, 경제 등 모든 국제관계에서 강대국의 눈치를 본다. 알아서 긴다. 예를 들면 남북한 간에 자주적으로 풀어야 할 남북문제를 한-미, 한-일 동맹의 우산 아래로, 따라서 미국이나 일본의 입김이 작용할 수밖에 없는 방식으로 몰고 간다. 예컨대 김정일보다는 오바마의 생각이 더 중요하고 더 눈치봐야 한다. 냉전구도는 세계에서 사라진 지 20년이 지났으나 대한민국에서는 여전히 반공 · 병영문화계층의 생존방식으로 건재하다. 반공 · 병영문화 계열에서는 남북 직접대화가 친미동맹에 실례일 뿐 아니라 한미동맹을 와해시키는 이적행위로까지 본다. 형님에 대한 결례다. 자기검열이다.

친미 · 친일 사대주의는 서구에 대한 열등감으로 확대된다. 우리보다 잘 사는 선진국 문화를 무분별 따라가는 정체성 상실이다. 사대주의는 강대국에 약한 한편 우리보다 못한 나라는 멸시한다. 사대주의와 우월주의는 동전의 양면이다. '자전거 타기'와 같다. 자전거 탈 때 고개는 숙이고 발은 열심히 페달을 밟는다. 강자에겐 굽실거리고 약자는 밟아버리는 모습의 비유다.

친미 · 친일 사대주의문화는 최근 20대 이하, 특히 10대 청소년의 등장으로 힘을 잃기 시작했다. 대한민국 10대, 20대는 부모세대와 달리 지레 주눅들거나 스스로 한 수 접고 시작하지 않는다. 2002년 월드컵 4강으로 배짱이 생겼고 동년배인 박태환과 김연아의 세계 제패로 자신감이 생겼다. 세계 어느 나라와 붙어도 해볼만하다고 자신한다. 부모세대처럼 싸워보지도 않고 꼬리 내리는 법은 없다. 지더라도 한 번 싸워보자는 강단이 있다. 발해 멸망 1100년 만에 처음 등장한 당찬 웅족의 모습이다. 우리에겐 무엇과도 바꿀 수 없는 보물이다. 이 보물이 실업자로 전락하지 않게 하는 일이 대한민국의 최우선 과제다. 주머니가 가벼우면 아무래도 기상이 약해진다.

반공 · 병영문화는 이승만 정권이 깔아 놓은 멍석 위에서 박정희 정권이 펼친 마당굿이다. 반공은 공산주의에 대한 반대지만 실제로는 공산주의 독재 국가 북한에 대한 적대감의 의미가 더 크다. 북한 김일성 정권에 밀려서 월남한 집단이 특히 적대감이 컸다. 이들의 적대감은 이승만-박정희 정권의 반공문화 창달에 가장 큰 힘이 됐다.

문제는 반공이 독재의 구실로 악용된 점이다. 휴전선 비무장지대(DMZ)를 사이에 두고 남북의 독재정권이 상대방의 위협을 볼모로 자국민을 길들인 결과물이 북쪽은 세습독재, 남쪽은 반공 · 병영문화다. 반공 · 병영문화는 전성기인 박정희 · 전두환 · 노태우 군사정권 31년간 뿐 아니라 김영삼-김대중-노무현 민간정권 15년에도 끗끗이 살아남아 여전히 대한민국의 주류 이념으로 행세한다. 이명박 정부 들어서는 민간정권 15년간 주춤했던 반공 · 병영문화가 전열을 재정비하여 '종북론'과 같은 새로운 트렌드로 진화했다. 반공 · 병영문화의 주 소비자는 중 · 노년층이다. 현 노년층의 자연감소가 반공 · 병영문화의 앞날에 어떤 영향을 미칠지 궁금하다.

지금은 핸드폰 하나로 댐을 폭파시키고 세계 금융시스템도 마비시킬 수 있는 세상이다. 북한이 마음만 먹으면 무장공비를 보내지 않고도 대한민국 금융망, 통신망, 발전, 수도, 산업시설을 일거에 무력화할 수 있다. 한국에 거주하는 외국인, 동포, 새터민 백여만 명 가운데 얼마나 많은 북한 특수요원이 있는지도 모른다. 2012년 대한민국은 북한이 아니라 누구라도 마음만 먹으면 순식간에 혼란에 빠뜨릴 수 있는 취약한 개방사회다. 20세기형 반공 · 병영문화가 21세기 대한민국의 안보에 어떤 지혜를 줄 수 있을까 궁금하다.

대한민국 전통단절의 틈새를 파고 든 현대 한국문화 삼총사—기독교, 친미 · 친일, 반공 · 병영문화—는 서로 손잡고 현대 한국사회를 잡탕문화로 이끌었다. 혼성(퓨전)문화, 문화용광로란 표현은 과분하다. 잡탕문화의 단면을 살펴보자.

첫째, 패거리 현상이 심해졌다. 현대 한국인은 혼자서 뭘 못한다. 반공 · 병영문화의 집단주의, 전체주의가 사회 구석구석 스며들었다. 이씨조선의 붕당싸움 전통이 반공 · 병영문화에 융합돼 패거리 현상이 한층 업그레이드 됐다. 패거리는 잘쓰면 신명이 되지만 자칫하면 동이불화로 흐른다. 모여서 할 일이 있고 혼자 할 일이 있다. 혼자 할 일에 떼로 몰려가도 문제고 여럿이 힘을 모아야 할 때 개인으로 흩어지는 것도 문제다.

요즘 TV는 패거리 전성시대다. 가수도 떼거지인데다 백댄서까지 가세하면 무대가 늘 만원이다. 현대판 강강술래다. 알리처럼 '단기필마'로는 무대를 못 채운다. TV 오락프로그램은 더하다. 프로그램을 처음 보는 사람은 누가 사회자인지 파악이 안 된다. 토크쇼라는 것도 사회자 하나로는 안 되고 보조사회자가 추임새를 넣어줘야만 돌아간다. 사람이 많으니 항상 왁자지껄하다. 여기저기서 한 마디씩 끼어들고 낄낄거리다 보면 그렇지 않아도 자질구레한 주제마저 뒷전으로 밀리고 낄낄거림 자체가 주제가 돼버린다. 본말전도다. '전 국민의 사소화 시시콜콜화'가 오락프로그램의 목표다. 이해는 된다. 사소하므로 떼거지가 필요하다. 일대일로 붙으면 사소해지기 어렵기 때문이다. 오락프로그램 수준이 대한민국 패거리 수준이다.

패거리로 건진 것이 K-POP이다. K-POP은 패거리 문화의 장점을 극대화한 세계 최고 수준의 쇼다. 현대 대한민국 최고 자산이다. 웅족 문화가 다른 문화의 스승 역할을 한 게 얼마만인가. 발해 이후 처음이다. 전통과 단절된 부대찌개 잡탕문화 속에서 세계 최고의 컨텐트가 탄생했다. 역설적이지만 엄연한 현실이다. 꿩 잡는 게 매라고, 어찌 됐든 일단 세계 최고를 만들어냈으니 놓치지 말아야 할 터.

둘째, 민족감성과 정서가 변형됐다. 일제 강점기에 금압(禁壓)된 전통문화예술과 생활문화는 '신생독립국' 대한민국에서 부활했어야 정상인데 오히려 말살됐다. 자진 말살이다. 일제 35년 동안 얼이 빠졌던 터라 회복하려면 시간이 필요했으나 시간을 주지 않았다. 일제 못지않게 적극적이고 더 근대지향적인 기독교 문화, 냉전 속에서 주도권을 장악하기 시작한 친일·친미 사대문화, 반공-병영문화 3총사는 합동작전이라도 하듯 한민족 전통문화를 초토화시켰다. 합동 작전의 백미는 박정희 정권의 새마을운동이다. '새' 마을이란 무엇인가? 구식 한민족 문화전통은 쓸만한 게 하나도 없다. 전부 새것으로 바꿔야 한다. 초가집이든 풍물놀이든 옛 것은 모두 쓰레기다. 잘 사는데 방해가 된다. 잘 살기만 하면 된다. 정신세계는 중요치 않다. 국민총화로 일치단결하여 산업화를 이루자.

전 국민이 새벽에 일어나 개미처럼 일하자. 그런 정신만이 가치 있는 유일한 정신, '새' 정신이다. 이게 새마을 운동이다. 새마을 운동이라고 모두 나쁘기야 하겠냐만, 문제는 '전 국민이' 병사처럼 모두 한 목표를 향해 '돌격, 앞으로' 진군하는 전체주의, 곧 변형된 군국주의에 있었다.

병사가 된 국민, 감성과 정서를 잃어버린 민족에 의해 최근 50년 동안 만들어 진 산물이 바로 현대 한국문화다. 정체불명이 된 결혼식과 장례식은 축하나 애도는 실종되고 부조금만 거래되는 봉투문화의 장터로 타락했다. 흥겨웠던 잔치와 의례는 무미건조한 겉치레로 형해(形骸)화했다. 전통가락과 장단이 사라진 자리를 원전불명의 뽕짝과 관광버스 춤이 점령했다. 전 국민이 노래방 가수가 됐으나 정작 소리 한 마디 읊을 수 있는 사람은 없다. 모두 남의 옷을 입고 있다. 오래 입다 보니 내 옷 같기도 하다.

셋째, 모든 일을 등수로만 판단한다. 초등학교부터 사법연수원까지 몇 등이냐가 인생을 결정한다. 올림픽에서도 중요한 것은 예술을 능가하는 운동능력이나 역경을 이긴 투혼의 감동스토리가 아니다. 메달 수가 중요하다. 금메달 순위가 중요하다. 허드레 종목이라도 좋다. 금메달 수에 보탬이 된다면. 금메달 10개로 세계 8위 안에 드느냐가 중요하다.

평창동계올림픽 유치가 중요한 까닭은 세계 최고의 경기수준을 직접 평창에서 볼 수 있다는 데 있지 않다. 한국이 '세계 스포츠 대회 유치 사상 최초로 그랜드슬램' 을 달성했다는 것이 중요하다. 그랜드슬램은 동 · 하계올림픽, 월드컵축구, 세계육상선수권 등 4개 대회 개최를 의미한다는데, 이번에 처음 들어본 말이다. 한국 언론은 이럴 때만 상상력이 넘친다. 대회는 부도가 나도 괜찮다. 그랜드슬램 아닌가. 유치 자체가 중요하다. 유치했으니 성공이다. 미국 LPGA 대회에서 한국여자골퍼가 통산 99승을 합작하고 나자 한국 언론은 약속이나 한 듯 99승 이후 '통산 100승 달성'에 대한 간절한 염원을 쏟아내기 시작했다. 99승 이후 번번이 우승을 못하자 '아쉽지만 100승 달성은 다음 대회에서 기대'라는 논조를 3개월 동안 반복했다. 최나연이 마지막 대회에서 시즌 첫 승을 올리며 '드디어' 100승을 달성하자 언론은 온 국민의 염원이 이루어진 듯 '태극낭자 LPGA 통산 100승 해냈다'며 법석을 떨었다. 개인 경기인 골프에서 국가 전체 선수의 승수를 합해 계산하는 일도 우스꽝스럽지만, 미국 국적인 펄 신, 미셸 위, 크리스티나 김까지 한국선수에 포함해 국가적 성취로 밀어붙이는 애국 언론에는 실소를 금할 수 없다. 아무도 못 말리는 점수집착 등수집착이다.

'세계에서 두 번째', '동양 최대', '아시아에서 처음'이냐가 중요하다. 내용과 과정은 중요치 않다. 정체성에 자신 없어 나타나는 현상이다. 자신이 없다 보면 숫자와 외형에 목매게 된다. 제주도 '세계 7대 자연경관' 선정도 마찬가지다. 정체불명의 주관 단체면 어떻고 그것이 엄청난 ARS 수익을 가져가면 어떤가. '세계 7대'라는 타이틀만 가질 수 있다면 상관없다. 자연경관에 순위를 매긴다는 발상도 가소롭지만, 무한정 반복투표가 가능한 집계방식으로 정한 순위가 도대체 무슨 의미가 있는지, 한 번 생각해보지도 않는다. 숫자, 점수, 크기, 등수는 속이 허한 자에게만 필요한 장식품이다. 순위, 성적은 옛 과거시험 전통과도 통한다. 일상생활의 중요한 부분을 필기시험으로 판단한다. 시험점수만 좋으면 된다. 등수만 높으면 된다. 취직도 승진도 점수로 결정한다. 정치마저도 수험생 마인드로 한다. 마음으로 느끼지 않고 자료로 외운다. 민생현장은 백성의 아픔을 확인하는 자리가 아니라 홍보용 사진을 촬영하는 스튜디오다. 실은 민생현장이 어딘지도 모른다. 재래시장이나 포장마차 아주머니만이 민생현장이다. 식상하다. 자료만 암기하면 서울시장직도 대통령직도 얼마든 가능하다. 대한민국 암기의 최정상은 사법시험이다. 대한민국 암기력의 최고수 두 명이 지난 서울시장 보궐선거에서 맞붙었다. 걸어온 족적은 다르나 모두 사법시험을 합격한 필기시험 9단이다.

넷째, 인격보다는 서열과 호칭이 앞선다. 서열은 병영문화의 핵심이다. 대한민국에서 호칭은 일상생활에서 서열을 확인하고 기억하는 장치다. 서열의 원조는 옛 왕조의 벼슬품계와 신분계급이다. 왕조의 서열문화가 병영문화에서 한 차원 발전했다. 이름만으로 개인을 부르면 예에 어긋남은 물론이고 모욕이 된다. 박호성씨, 혹은 호성 해도 문제가 없어야 하는데 박호성 박사, 박호성 교수라 해야 서로 안심이 된다. 나부터 이 문제에 자유롭지 않다. 초면의 상대방과 만날 때는 그 사람 직책과 직급을 미리 알아야 결례를 면한다. 김팀장, 정대리, 최기자, 한기사, 송의원, 방작가, 윤피디, 이프로, 서변호사까지는 그렇다 치자. 셰프권, 강샵마(샵마스터), 민코디는 무엇이며 유해진 배우님은 도대체 무엇인가. 2011년 10월 열린 제 48회 대종상영화제 시상식 자리다. 유해진은 유해진이면 되지, 유해진 '배우'를 넘어 유해진 '배우님'이라니. 이러다간 조만간 백수도 백수님이라 부르게 되진 않을지 모르겠다. 스포츠 중계를 보면 손흥민 '선수', 양용은 '선수', 최진수 '선수'로 매번 이름 뒤에 '-선수'를 붙여 부른다. 심지어 NBA 농구나 UFC를 중계할 때도 존 존스 '선수' 다. 경기하는 선수 가운데 선수 아닌 사람이라도 있나? 모두 선수 아닌가? 대한민국 호칭문화는 직함 없는 사람에게도 호칭을 부여하는 미

덕을 발휘한다. 식당여종업원은 언니, 이모, 남종업원은 삼촌, 나이 지긋한 남성은 아버님, 여성은 어머님, 노인은 할아버지, 할머니다. 사소해 보이지만 중요한 문제 가운데 하나가 대한민국 호칭문화다. 보직이 인간 자체보다 앞선다. 이름 석자로는 자신이 없다. 동이불화의 또 다른 단면이다.

본말전도 : 중요한 일과 사소한 일의 우선순위가 바뀜

본말전도가 일어나는 까닭은 근본적으로 중요한 문제를 해결하는 원칙과 능력이 없기 때문이다. 그 연원은 신생국 대한민국의 주도세력에 의한 역사적 정체성 물타기 작업에서 비롯됐다. 역사적 정체성이나 정통성과 같은 본질적 문제를 덮어두고 가려다 보니 사소한 문제를 헤드라인으로 올려야 하는 본말전도가 횡행할 수밖에 없다.

중요한 사안은 어차피 해결이 안 되다 보니 한두 번 뒤로 밀리다가 차츰 기억에서 사라지고 중요함 자체가 잊혀진다. 오랫동안 중요한 문제를 잊고 사소한 문제에 매달리다 보면 사소한 문제가 중요한 문제가 되고 그렇게 '중요한 문제로 승격한 사소한 문제'는 똑같은 이유로 다시 밀려난다. 시간이 지나면서 그보다 더 사소한 일이 상위로 승격되고 또 잊혀지면서 사회 전체가 연속적인 사소화의 굴레에 빠지게 된다. TV토론도 '1만원 미만 신용카드 결제 제한은 타당한가' 같은 다루기 쉽고 위험하지 않은 사소한 의제에만 맴돈다.

'한미FTA 끝장토론' 처럼 비교적 중대한 의제는 토론의 성립 자체가 쉽지 않다. 사소한 절차나 조건으로 다투다가 토론이 무산되기 일쑤다. 어려운 문제에 대해선 진정한 토론을 할 엄두가 안나기 때문에, 또 합리성보다는 개인적 이해관계를 앞세우다 보니 사소한 절차로 샅바싸움만 하다가 약속이라도 한 듯 슬그머니 털어버리고 만다. 여기서도 사소한 절차(末)가 토론자체(本)보다 앞선다. 무수히 발생하는 다른 사소한 문제에 묻혀 곧 잊혀지므로 시간만 끌면 된다. 서로 다툴 염려가 없는 주제만 놓고 벌이는 토론이 무슨 토론인가? 토론이란 견해가 일치하지 않는 안건에 대해 이견을 좁히고 결론을 도출하는 일이 아닌가?

대한민국 중등교육은 본말전도의 대표 사례다. 아이를 건전한 시민, 건강한 교양인, 자생력 있는 경제인으로 키워야 하는 본래 목적은 사라지고, 상급학교 진학을 위한 시험공부가 교육의 목적이 돼버렸다. 대학교육마저 다음 단계(취업)로 가기 위한 단계로 전락 중이다. 진학과 입시가 교육의 목표가 되다보니 온갖 시험기교와 입시편법이 학교교육의 본좌(本座)를 차지하게 된다. 무얼 배우느냐(本)가 아니라 어느 학교에 진학하느냐(末)가 우선이다.

교육과학기술부도 대한민국 교육의 본말전도에 동참한다. 2012년 대입 수능시험이 쉽게 출제돼 고액 논술과외가 기승을 부릴 터이므로 '불법 고액논술학원을 엄중 단속하겠다' 고 단호한 의지를 피력했다. 설마 그렇겠느냐만, 쉽게 출제해서 '불법' 의 틈을 만들고 그 불법을 단속함으로써 존재 이유를 찾는 게 아닌가 하는 착각마저 든다. 문제를 방치, 조장하여 '문제 해결기관' 의 존재 명분을 확보하는 것은 전형적인 본말전도다.

본말전도의 또 다른 예가 사법체계다. 사소한 위법에 대해서는 엄정한 처벌이 가해지지만 정작 큰 범죄에는 너그럽다. 무엇이 큰 범죄인가? 가장 큰 범죄는 국민 사기를 저하하는 행위다. 양극화를 조장하는 정책, 통치자의 비겁한 행위, 아무도 책임지지 않는 인재(人災), 사학비리를 조장하는 교육정책, 중소기업을 고사시키는 재벌기업의 내부거래, 글로벌 경쟁력을 저하시키는 족벌세습경영과 지배권 편법승계, 대형교회 비리와 목사 세습 등이 국민 사기 저하 행위다. 이런 중요 범죄에 관한 법 조항은 대부분 추상적이고 포괄적이거나 아예 존재하지 않는다. 처벌할 수 없는 경우가 많고 처벌하더라도 조항이 모호해서 재량(정상참작)의 여지가 많다. 그물이 너무 성기다. 유전무죄, 무전유죄가 이 지점에서 발생한다.

반대로 신호위반이나 심야 학원강습, 불법 논술과외 같은 사소한 위법은 시행령이나 시행규칙과 같이 세세하고 명확한 처벌조건이 적용돼 가차 없이 법의 심판을 받는다. 그물이 아주 촘촘하다. 잔고기가 많이 잡히게 돼 있다. 자잘하지만 위법 건수가 많으므로 단속실적도 좋고 전시효과도 크다. 대한민국에서 '엄정한 사회질서'란 중요한 위법행위의 차단이 아니라 사소한 위법행위에 대한 엄정한 법 집행을 의미한다. 새벽 세시에 텅 빈 교차로에서 신호등을 준수하느라 서 있는 자동차는 그런 엄정한 사회질서의 웃지못할 단면이다. 본(本), 즉 '왜 법을 지켜야 하는지'는 사라졌다.

2부에서 살펴볼 몽골의 야삭 법전은 이와 대조된다. 비겁죄를 중형에 처했다. 살인죄보다 질이 나쁘다고 봤다. 무조건 사형에 처했다. 국민 사기를 떨어뜨리는 행위가 가장 죄질이 나쁜 범죄라고 본 것이다. 대한민국에서 비겁은 도덕문제로, 살인은 법 문제로 다루지만 야삭에서는 반대였다. 비겁이 법의 대상이었고 살인은 도덕문제로 다루었다. 어느 법이 정당한가를 떠나, 법이 왜 존재하는지 생각케 한다.

본말전도는 사회를 멸사봉공(滅私奉公)이 아닌 멸공봉사(滅公奉私)의 질곡으로 끌고 간다. 정책의 기준이 국민 전체 이익이 아니라 집권자 일가의 개인적 축재에 맞춰진다. 제 집 수돗물은 벌벌 떨며 아끼지만 공중목욕탕에서는 수도꼭지를 틀어 놓고 때를 벗긴다. 계급장을 떼야 할 때는 서열로 밀어붙이고 신분구분이 필요할 때는 계급장을 떼자고 덤빈다. 식당종업원(公)이 서비스는 제대로 하지 않고 손님과 대등한 개인(私)으로서 인격만 앞세우는 일도 멸공봉사, 본말전도다. 식당과 손님이 종업원을 위해 존재한다는 착각이 시작되는 지점이다.

YOUR DREAM IS REALITY

1030세대 세상 바꾸기

그대의 꿈이 현실이다

[PART 2]

어디서 꿈을 찾나 : 유라시아 비전

YOUR DREAM IS REALITY

몽골은 이미 8백년 전에
세계를 경영했다.
생각의 판을 키우면 우리도 가능하다.

징기스칸은 무서웠으나 후계자들이 열어간
팍스몽골리카는 부드러웠으며 지극히 평화로웠다

YOUR DREAM IS REALITY _001

8백년 전에 세계를 경영한 몽골인 : 팍스몽골리카 (Pax Mongolica)

지금부터 8백여년 전, 고려 왕조 중기. 문벌 귀족사회가 동요하고 무신정권이 들어서던 치열한 정쟁의 시대. 수도 개경(개성)에서 북서로 2천 킬로미터 떨어진 바이칼호 남쪽 척박한 고원에서는 징기스칸(成吉思汗, 太祖)의 몽골족이 다섯 부족을 통일하기 위해 사투를 벌이고 있었다. 불과 이십여 년 후 징기스칸은 해 뜨는 곳에서 해 지는 곳까지, 동서 3천 킬로미터, 남북 1천 5백 킬로미터 북유라시아 초원의 지배자, 대칸(황제)이 됐다. 그의 네 아들과 손자는 유럽에서 동아시아에 이르는 동서 1만 2천 킬로미터 남북 2천 5백 킬로미터의 세계제국을 만들었다. 글자 그대로 파죽지세(破竹之勢)다. 한민족이 좁은 한반도 귀퉁이에서 권력다툼을 하고 있는 동안 저 너머 거친 대륙에서는 한민족 사촌뻘인 유목부족 몽골이 세계를 건 큰 싸움판을 벌이고 있었으니, 생각하는 판의 차이로 인해 후손의 운명이 엇갈리는 역사의 순간이었다.

몽골이 경영한 세계, 몽골제국이 관리한 평화로운 세상, 이름하여 팍스몽골리카(Pax Mongolica)다. Pax는 평화를 의미한다. 특히 강력한 대제국이 세계경찰 역할을 함으로써 유지되는 세계질서를 일컫는다. Pax- 칭호는 군사, 경제, 문화를 모두 지배하는 힘을 갖춘 경우에만 부여된다. 역사상 로마제국(Pax Romana), 대몽골제국(Pax Mongolica), 대영제국(Pax Britannica), 미제국(Pax Americana) 등 넷만이 팍스-로 불린다. 이 중 세계경찰 미국이 관리하는 팍스아메리카나는 현재 우리가 살고 있는 세계다. 인종적, 문화적으로 팍스브리타니카를 계승한 팍스아메리카나에 의해 인류는 지난 200여 년간 영-미 헤게모니라는 공기를 마시며 살아가고 있다. 팍스아메리카나의 계승자로 한때 일본(Pax Japonica), 중국(Pax Sinica)이 거론되기도 했으나, 향후 세계질서는 한 강대국이나 제국이 지배하는 세계(unipolar world)보다는 다극적 세계(multipolar world)로 나아가리라는 예상이 우세하다.

인류 역사상 최초로 세계 제국을 이룩한 대몽골제국. 신출귀몰의 기마전술과 피비린내 나는 잔인무도한 살육으로 세계를 무릎 꿇린 후 전대미문의 평화와 번영을 가져다 준 몽골. 우리에게도 굴욕과 실리를 동시에 안겨준 몽골인. 대한민국의 지독한 반도(半島) 지향성, 치유불능의 좁은 판때기 싸움을 안쓰럽게 지켜볼 8백년전의 팍스몽골리카로 떠나보자. 어떤 꿈을 꾸어야 할지, 교훈을 찾아보자.

3천만㎢

몽골제국이 통치하던 면적이다. 제국의 힘을 땅덩이 크기로만 판단할 순 없다. 그러나 인류역사상 단일 제국의 통치영역이 이 정도 규모에 이른 경우는 몽골제국이 유일하다. 그보다 1천 5백년전 헬레니즘 제국을 건설한 정복군주 알렉산더의 마케도니아 영토가 약 1천만㎢정도였다. 대영제국이 한때 3천 6백만㎢를 지배했다고 하나 그 전체가 하나의 질서로 움직인 세계였다고 보긴 어렵다.

아래 지도를 보라. 3천만㎢는 지구전체 육지면적의 20%, 북반구 육지면적의 30%에 해당한다. 아프리카 대륙만한 크기다. 북아메리카와 중남미를 모두 합한 면적보다 약간 작다. 현재 남북한을 합한 한반도 면

[그림 2.1] 1200년대 말 대몽골제국 영역

적(22만㎢)의 약 150배, 중국면적(960만㎢)의 약 3배에 달한다. 그 옛날 교통, 통신 수준을 감안하면 몽골제국의 영토는 그 크기 자체만으로도 경이(驚異)다. 지도에서 한반도가 보이는가? 그 안에서도 남쪽 한 귀퉁이에서 영남이다, 호남이다, 키재기하는 스케일로는 상상조차 힘든 면적이다.

무릇 공간이 넓으면 시간도 그만큼 많다. 반대로 좁은 땅덩이 안에서 복닥거리고 바장이다 보면 괜히 바빠지고 생활의 호흡이 짧아진다. 지하철 통로로 이동할 때 한 사람이 뛰기 시작하면 모두 따라 뛴다. 특별히 바빠서도 아니다. 좁은 판에서는 짧은 호흡이 순식간에 전염돼 모두 헉헉거린다. 옆에서 헐떡거리면 호흡 긴 사람도 괜히 뒤지는 느낌이 든다. 덩달아 숨이 가빠진다. 운동도 유장함보다는 에어로빅 류의 빠른 동작이 선호된다. 옆집 아이가 학원가면 내 아이는 인터넷 강의라도 들어야 안심이 되는 교육불안증후군도 좁은 공간에서 비롯한다. 불안도 빨리 전파되고 웃음도 빨리 전파된다. 추문도 급속히 퍼지고 잊는 것도 순식간이다. 생활의 맥박이 점점 빨라진다. 한 뼘 대한민국에게 대몽골제국의 3천만 ㎢는 경이를 넘어 전율이다.

30개국, 30억명 이상

당시 몽골제국이 통치하던 영토에 지금 살고 있는 국가와 인구수다. 현 세계 인구의 거의 절반에 해당한다.

100만명 대 1억명

징기스칸이 몽골초원을 넘어 중국북부(금나라), 호라즘(현 우즈베키스탄, 아프가니스탄, 이란 일대), 유럽(남러시아, 동부유럽)을 차례로 정복할 당시 몽골 자체인구는 100만명, 군사로는 10만명 규모였다. 반면 피정복지 인구는 1억-1억 5,000만명이었다. 일당백이란 표현이 이보다 정확히 적용된 사례가 역사상 또 있을까? 인간이 도달 가능한 최대의 효율성과 생산성이다. 징기스칸이 죽은 후 셋째 아들 우구데이가 남러시아와 오스트리아-헝가리 정복을 완성했는데, 그때도 몽골 군사력은 15만명에 지나지 않았다. 지금 삼성전자 임직원 수보다 적다. 물론 정복지 원주민을 자체 병력으로 흡수 편입하거나 용병으로 활용하여 실제 가동병력은 훨씬 많았다. 그 편입방식 자체도 경이다. 경이로움이 전설로 승화됐다.

150-500년 이상

대몽골제국은 통치면적 뿐만 아니라 통치기간으로도 역사상 다른 제국이 근접조차 못 할 위업을 이뤘다. 징기스칸이 몽골초원 일대를 통합하고 대칸에 오른 1206년부터 계산하면, 중국판 몽골제국인 원나라 붕괴까지만 해도 150년 이상 거대제국이 존속했다. 중국 이외의 몽골제국, 곧 러시아 · 동유럽 · 카프카즈일대(킵차크한국), 터키 · 이라크 · 이란 · 아프가니스탄 · 파키스탄 일대(일한국), 카자흐스탄 · 우즈베키스탄 일대(차가타이한국) 지역은 원나라 멸망 이후도 길게는 300년 가까이 지역별로 소제국으로 남아 존속했다. 18세기 영국에 지배권을 넘겨준 인도 무굴제국까지 고려하면 몽골제국의 시간 지평은 500년을 훌쩍 넘는다. 알렉산더의 고대제국은 50년 남짓이었다. 그처럼 광대한 영토가 그렇게 오랫동안 한 제국 시스템으로 존속했다니 놀라운 일이다. 로마제국은 훨씬 오래 존속했지만 규모는 몽골제국의 4분의 1에 불과했다. 서로마제국

700년, 동로마제국 포함하면 1,700년이다.

자 이제 대몽골제국과 팍스몽골리카, 즉 몽골제국이 실현한 세계평화의 모습을 좀 더 들여다보자.

팍스몽골리카

팍스몽골리카는 불세출의 영웅 징기스칸이 창업하고 그 손자들이 완성하여 경영한 세계다. 창업자 징기스칸은 1162년 몽골초원 부족장 후예로 태어났다. 당시 몽골초원은 부족 간 목숨을 건 생존경쟁이 치열했다. 땅이 척박하고 황량하니 양과 말을 기르고 짐승을 사냥하여 먹고 살아야했다. 말 그대로 생사가 걸린 싸움이었다. 모자라면 남의 것을 빼앗아야 했다. 사냥-교역-목축-약탈(전투)이 일상으로 한데 묶여 돌아갔다. 몽골 유목사회에서 전투란 약탈을 의미한다. 약탈을 통해 전투력이 길러졌고 사냥을 하며 전술을 가다듬었다. 전투가 생활의 한 부분인 사회였다.

징기스칸은 이런 극한 생존경쟁의 틈바구니에서 살아남았다. 12세 무렵 다른 부족(타이치우드)의 노예가 돼 목숨이 경각에 처하기도 했지만 질긴 생명력으로 많은 위기를 넘기고 살아남았다. 34세 때 전체 몽골부족의 칸(왕)이 되고 44세 때인 1206년 몽골 이외 부족까지 포함한 전 몽골고원의 통일왕국—몽골제국(예케 몽골 울루스)—의 대칸(황제)인 징기스칸, 곧 지고(至高)의 칸으로 등극한다. 이 시기는 우리로 보면 고려 중기 무신정권

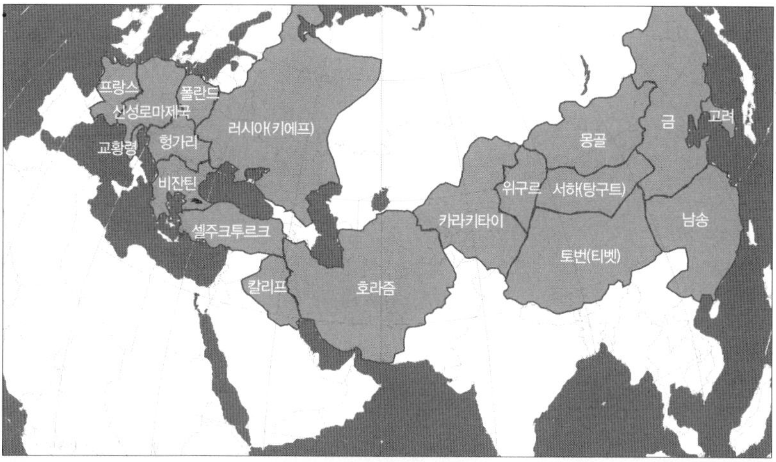

[그림 2.2] 징기스칸이 몽골고원을 통일한 1200년대 초 세계

시절이고, 중국은 금나라(여진족)와 남송이 각각 북쪽과 남쪽을 나눠 가진 채 할거 중이었으며, 유럽은 교황권이 쇠락하면서 신성로마제국(독일-오스트리아)과 비잔틴제국(동로마제국) 및 여러 봉건 왕국으로 분할된 상태로 십자군 운동이 맹위를 떨칠 때였다.

역사는 승자의 기록이다. 부끄러운 중간 과정은 은폐되고 영광스런 승리만 남는다. 역사 기록이 희소할수록 왜곡의 틈도 넓어진다. 후대 사람은 그 편파에 유의해야 한다. 징기스칸과 몽골제국은 제국 붕괴 후 찬란한 승자에서 패자로 운명이 급전했다. 자신이 지배했던 유럽과 중국에 의해 부당하게 역사의 뒤안길로 밀려났다. 영문도 모른 채 자신을 공포로 얼어붙게 만들었던 '미개한' 몽골제국에 대해 유럽과 중국이 어떤 심경이었을지 짐작이 된다. 그런 맥락에서 보면 아래에서 살펴 볼 팍스몽골리카의 모습은 실제의 일부분에 지나지 않을 수도 있다.

몽골제국을 창업한 징기스칸은 1227년 사망시까지 20년간 글자 그대로 거침없이 세계를 접수하게 된다. 징기스칸의 성공요인에 대해서는 많은 분석이 있다. 특히 성공, 출세, 전략을 다루는 실용서나 경영, 군사, 전쟁관련 분야에서 많은 설명과 영감이 도출됐다. 성공학 교과서의 최상 모델이 징기스칸이다.

내가 주목하는 대목은 징기스칸의 법치주의다. 징기스칸이 보여주고 실천한 '100% 법치주의'야말로 팍스몽골리카의 상징이었다고 생각한다. 8백년전에 100% 법치주의라니, 상상이 되는가? 오늘날 재벌기업이 치외법권을 누리는 대한민국은 말할 것도 없고 서구 선진국에서도 100% 법치는 꿈의 영역이다.

1203년 징기스칸이 반포한 대법령 「야삭(대자삭 : bilig, 지혜라는 뜻)」은 전투, 재산, 집단생활, 관습 등에 관한 사항을 포괄적으로 담았다. 이 법령에서 가장 주목할 부분은 거짓, 간통, 얌체짓, 절도, 위증, 엿보기, 모반, 불화, 저주, 장물취득 같은 범죄는 사형에 처한 반면 살인죄는 오히려 벌금형으로 다스린 점이다. 비겁한 범죄를 인명살상보다 가혹하게 처벌했다. 현행 한국 사법체계와는 사뭇 다르다. 그토록 복잡 방대하고 온갖 시행령과 규칙 및 조례로 삶의 구석구석을 규정하면서도 정작 많은 사람이 분개하는 경제범죄, 사회기강 와해 행위, 정책 잘못으로 인한 재정낭비와 국부손실 등 '비겁, 무책임 범죄'에 대해서는 속수무책이지 않은가. 색소 고춧가루나 불량 김치, 가짜 고추장을 만드는 자, 노인을 속여 가짜 약을 파는 자는 몽골제국에서라면 100% 사형이다.

이를테면 이런 식이다. 대몽골제국 킵차크한국의 수도에서 야간경비를 서던 병사 한 명이 잠이 들었다. 그는 깨어난 뒤 자신이 깜빡 잠든 사실을 경비대장에게 자백했다. 대장은 병사의 정직함을 칭찬하면서 사형에 처했다. 그 광경을 몽골제국 수도로 가던 로마 교황의 사신이 목격하여 여행기에 기록했다. 이 사신이 그 병사에게 물었다. 당신이 잠든 사실을 아무도 모르는데 구태여 자백해서 죽을 필요가 있느냐고. 병사의 대답은 이랬다. "만일 내가 잠든 사이 적이 침입했다면 우리 왕(바투칸=징기스칸 장손)이 위험했을지 모른다. 용서받을 수 없다."(김종래의 『밀레니엄맨 징기스칸』에서 인용)

황제가 정한 법은 누가 보든 안 보든, 황제 자신부터 100% 지킨다는 태도가 말단 병사에까지 각인됐다. 양심적 자백을 칭찬하면서 사형에 처하는 '규정대로 100% 법집행' 은 지금 우리 현실에 비추어보면 동화 속 얘기로 들린다. 법 집행 자체도 중요하지만 그 법을 왜 만들었는지에 대해 백성 한 사람 한 사람이 모두 이해했다는 사실이 경탄스럽다. 대제국도 한 순간 방심하는 틈새로 무너질 수 있다, 따라서 잠깐 잠든 일은 결코 사소한 위반이 아니다, 이런 사실을 모든 병사가 알고 있었다. 이것이 100% 법치사회, 팍스몽골리카의 힘이었다.

사소한 법규위반, 사회에 별로 위험을 끼치지 않는 작은 위법은 엄정히 처벌하면서 정작 사회 근간을 흔드는 경제범죄나 관료의 정책 실패에는 관대한 한국 사회와 비교된다. 예전에 「양심냉장고」란 TV 프로그램이 있었다. 새벽 서너 시쯤 차량 통행이 거의 없는 교차로에 몰래카메라를 설치해놓고 신호등 잘 지키는 차를 양심적인 운전자로 선정해 냉장고를 상품으로 주던 프로그램이다. 이것이 한국 법치주의 수준이다. 새벽 세시의 양심 자체를 나무랄 일은 아니다. 문제는 지배계층의 큰 양심 엔 소홀히 지나치면서 새벽 세시의 양심만 주시하는 본말전도의 현실이다. 큰 것은 못지키니 작은 것이라도 지켜야 하는 뒤틀린 법치주의다. 뉴욕

맨하탄에서는 빨간 신호등에도 보행자가 횡단보도를 건넌다. 파리나 런던도 마찬가지다. 신호등은 안전하기 위해 만들었다. 안전을 위해 지키는 것이지 신호등이라서 지키는 게 아니다. 안전한데도 오로지 신호등이 있어서 지킬 필요는 없다. 이것이 선진사회 방식이다. 신호등을 안 지키는 미국이나 프랑스가 한국보다 법치주의가 뒤졌나? 그 반대다. 달을 가리키는 손가락만 보고 정작 달은 보지 않는 방식이 후진국 방식이다.

백성과 병사의 충성심은 본질에 충실한 법치 속에서 극대화한다. 내가 정당하게 살면 국가가 100% 나를 보호해주고 억울한 일을 당하지 않는다는 믿음이 있는데 무엇이 두렵겠나? 대몽골제국의 모든 백성은 자신이 속한 친족이나 부족이 크든 작든 항상 징기스칸이 보호해준다는 강력한 믿음을 가졌다. 그에 따라 죽음을 불사하는 충성심이 불붙었다. 충성스런 백성이 있으니 통치권도 공고했다. 징기스칸 손자인 쿠빌라이(忽必烈, 원나라 世祖) 치세 때는 추곡수매정책을 시행하여 비축한 곡식을 흉년이나 비상시에 백성에게 무상으로 나눠주고 빈곤 가정에는 정기적으로 쌀을 배급했다. 오늘날 기준으로 봐도 뒤지지 않는 복지사회다. 내부가 든든하지 않을 수 없는 팍스몽골리카 시스템이다. 내부가 허술하면 바깥을 생각할 겨를이 없다. 허술한 내부를 두고 밖을 넘보면 외부가 아니라 내부 적에게 먼저 무너진다. 징기스칸과 몽골제국의 파천황(破天荒)적 세계지배는 단단한 내부통합의 산물이고, 그것을 지탱해 준 바탕이 징기스칸의 야삭이다. 내부가 단단히 통합된 상태에서 외부 적을 정복하고 정복한 외부 영토를 다시 내부로 통합함으로써 세계초유의 동서양 통합제국을 건설했다.

대몽골제국은 내가 원하는 방식으로, 내가 싸우고 싶을 때, 내가 싸우고자 하는 곳에서만 전쟁을 함으로써 백전백승했다. 이는 맹수가 싸우는 방식, 사냥하는 방식이다. 반면 당시 중국이나 유럽 등 기존 문명권의 전투는 성이나 주둔지역을 거점으로 눈에 보이는 작은 영역을 지키고 뺏는 개념이었다. 가축이 우리를 두고 싸우는 방식이다. 그러나 몽골의 전투는 내가 규칙을 만들고 적이 그에 따라 싸우게 하니 항상 완전한 승리가 보장됐다.

대몽골제국은 교통정책에 최우선을 두었다. 더욱 완전한 승리를 위해 고도의 심리전과 정보전이 필요했기 때문이다. 전대(前代) 중국의 운하를 대대적으로 보수, 완성했고 그 유명한 역참 시스템을 운영했다. 역참은 대략 30~40km마다 하나씩 설치했다. 한 역참에는 전담병력 25호(戶)가 배속돼 군사 연락망, 기동 정찰망을 지원했고 나중에는 장거리 교역상인에게 안전한 숙소와 물자를 보충하는 거점으로 발전했다. 역참을 따라 통치자의 칙령과 군사정보가 당시로서는 상상할 수도 없이 빠른 속도로 1만km가 넘는 제국의 동서횡단루트를 오갔다. 군사 · 정보 · 교역의 고속도로다. 신의주-부산 거리에서 24시간 이내에 통신이 이루어지는 속도였으니 고속도로라 해도 과언이 아니다. 지금부터 7, 8백년전 얘기다. 당시 기술수준으로 보면 거의 광속급이다. 1300년대 마르코 폴로나 주엥빌, 아불가지 같은 여행가들이 활동할 수 있던 것도 이 역참루트 덕분이었다. 야삭과 역참은 대몽골제국의 골조를 이루는 양대 소프트웨어인 셈이다. 이 양대 소프트웨어를 통해 인류사상 최초로 육 · 해로가 모두 완전히 개방된 세계스케일의 동서교역로가 가동됐다.

몽골군의 전설적인 전투전술도 이 소프트웨어가 있어 가능했다. 전격기습과 후퇴, 교란 및 신속집산을 반복하는 번개작전, 질주진군, 10호단위 부대가 덤불처럼 기동하여 재빨리 치고 빠지는 덤불전술, 한 줄씩 공격한 후 맨 뒤로 빠졌다가 다시 차례에 맞춰 공격하는 파도전술, 전위는 얇게 후위는 두텁게 배치하여 끌 모양으로 적진을 쪼개는 끌전술 등을 자유자재로 조합하여 적을 혼비백산케 했다. 전장(戰場)의 개념이 모호한 전술이다. 진격하는지 후퇴하는지 구분도 안 되고 어디가 주력군인지도 알 길 없는 전무후무한 전술이다. 이런 전술이 가능하려면 통신망, 정보력, 내부충성심이 한 치의 오차도 없이 맞물려 가동돼야 한다. 적 주변 마을을 도륙한 후 생존자를 일부러 적 도읍(성)에 보내 혼란과 공포를 유발, 싸우지 않고도 항복을 받아내는 고도의 심리전도 역참 네트워크를 통해 정보-통신을 장악했기에 수행 가능한 공포전술이다. 몽골로서는 글자 그대로 병사 한 명이 백 명의 적병을 상대해야 하는 절박한 상황이었으니 병력손실을 최소화하기 위해 정보전, 심리전에 심혈을 기울이지 않을 수 없었으리라. "하늘이 무너지듯 나타났다가 번개처럼 사라지는" 신출귀몰의 몽골군 용병법은 적의 공포를 극대화하려는 심리전이었다. 전투는 대부분 몽골군의 압승과 적군의 전멸로 끝났다. 승리가 워낙 완벽하다 보니 패배한 적군도 아무런 미련이 없을 정도였다. 몰살당한 적군은 물리적으로 미련을 가질 틈이 없었고, 살아남은 적군은 지체 없이 몽골제국의 병사로 편입됐다.

몽골제국의 또 다른 소프트웨어 중 주목할 것이 바로 융합능력이다. 자신의 발명품이 아닌 것을 모아 완전히 새로운 제품을 만들어내는 능력, 곧 기획능력이다. 21세기 글로벌 기업의 기술개발 키워드도 융합이다. 애플 아이팟이나 아이폰도 융합의 산물이다. 융합이란 새삼스런 말이 아니다. 따지고 보면 인류 발명가운데 독창적인 것은 거의 없다. 누군가의 발명에 자신의 아이디어를 살짝 입힐 뿐이다. 발명은 본질적으로 융합이다. 몽골제국의 융합능력을 보여주는 군사기술 가운데 하나가 박격포다. 중국의 화약, 아랍의 화염방사기, 유럽의 주조기술을 융합해 만들었다.

몽골은 원래 가진 것이 거의 없었다. 가진 게 없고 영토 개념도 없었기에 오히려 모든 것을 가질 수 있었고 모든 땅을 지배할 수 있었다. 오로지 기획능력, 융합능력으로 세계의 주인이 됐다. 여러 문화를 차례로 정복하면서, 정복한 곳의 문화를 또 다른 정복지에 전달하는 과정을 통해 융합의 폭과 깊이를 계속 확대했다. 세계의 모든 문을 열어 사상과 문물이 흐르게 하고 세계의 모든 곳간에 있는 물품을 서로 결합하여 신상품을 만들었다. 만세력, 인쇄술, 화기, 나침반, 주판 등 과학기술이 몽골을 통해 유럽으로 전수됐다. 팍스몽골리카를 통한 미증유의 개방, 교류, 공존은 상상을 초월할 정도로 넓고 길고 깊었다.

몽골을 통해 '세계'가 발명됐다. 팍스몽골리카의 가장 큰 의미는 바로 세계라는 개념을 만든 데 있다. 손에 쥔 것이 아무것도 없었던 우리 사촌 웅족이 세계를 만들고 주인이 됐다. 문화적, 경제적, 군사적으로 지금의 미국과 서유럽이 합작하여 펼쳐놓은 세계화보다 결코 뒤지지 않는 수준의 세계화, 세계제국이다. 그것도 지금부터 8백년전에.

동서양을 망라하여 인류 최초로 '세계'라는 스케일을 일깨우고 실현했던 몽골제국은 세계의 척추였다. 세계의 척추인 몽골과 유라시아가 골절되자 세계는 다시 몽골 이전의 지역문명권으로 제각기 회귀했다. 팍스몽골리카의 혁신과 융합도 서서히 역사에서 사라졌다.

팍스몽골리카는 어떻게 세계를 만들었나

징기스칸과 몽골제국이 상상을 초월하는 정복과 제국운영으로 인류사 최초로 '세계'를 실현할 수 있었던 요인과 동력은 다음과 같다.

① 영토에 연연치 않음

한 곳에 웅거하기보다, 즉 어떤 영역자체를 취하기보다, 영역을 통해 얻을 수 있는 실리(기능)를 추구했다. 우리가 어떤 지역이나 공간을 접근할 때는 무의식적으로 기능과 영역 가운데 하나를 선택하게 된다. 편리한 교통, 수준 높은 교육, 싼 집값, 맑은 공기, 비옥한 토양 등은 '기능'에 해당한다. '영역'에는 국가영토, 지방행정구역, 경제권, 생활권 등이 있다. 수많은 기능(과 흐름)이 쌓여 영역이 되고, 영역이 확립되면 다시 새로운 기능이 유입돼 영역의 성격과 범위를 변화시킨다.

일반적으로 유목민족은 기능에 집착하는 반면 정주 농경민족은 영역에 집착한다. 징기스칸(몽골)은 유목민족 특유의 기질대로 어떤 영역을 움켜쥐지 않고 정주욕심을 버림으로써 훨씬 광대한 영역을 통치하게 됐다. 장자(莊子)가 말한 "以天下爲之籠 則雀無所逃"(천하를 새장으로 삼으면 새가 달아날 곳이 없다)의 스케일과 상통한다.

② 엄정한 사법체계

징기스칸이 제정하고 그 후손이 대몽골제국을 운영하면서 보완 발전하여 완성된 야삭은 처음에는 몽골군과 몽골인에 대해서만 적용했다. 정복이 진행됨에 따라 피정복지 주민을 포함한 제국 백성 누구에게도 차별없이 지위 상하를 막론하고 공평하게 적용했다.

공정한 법 적용으로 군대는 엄정한 군율과 고양된 사기를 유지했고 피정복지 백성은 빠른 시간 안에 충성심을 갖고 복속함으로써 사회가 단단히 통합됐다. 야삭 앞의 평등은 황제인 대칸은 물론 인종과 종교와 민족에 관계없이 명실 공히 만민에 적용된 결과 저절로 다문화주의, 국제주의가 포용됐고 누구든 능력과 성과에 따라 대우받는 능력사회(meritocracy)가 구현됐다. 대몽골제국은 야삭을 통해 군사지배와 정치사회 통치를 완벽히 통합 연계했다. 누구든 충성하고 법을 지키기만 하면 100% 안전이 보장되고 능력에 따라 대우받는 사회. 8백년 전 이야기다. 800년이 지난 지금 세계는 과연 그보다 발전했는지, 아니면 퇴보했는지 독자 여러분이 평가해보라.

③ 효율적인 네트워크를 활용한 문물공유 및 통치

대몽골제국의 팍스몽골리카는 광대한 영역을 통치했지만 그 방식은 영토에 대한 절대지배가 아니라 네트워크를 통한 지배방식이었다. 네트워크의 마디(nodes) 역할을 한 것이 역참이다. 역참은 오늘날 개념으로 보면 온라인 정보고속도로와 오프라인 물류거점 역할을 겸한 팍스몽골리카의 중추신경이다. 이 역참을 매개로 지폐, 인쇄술, 센서스, 알파벳, 만세력, 지도, 세계사, 초등의무교육 같은 고도의 문명과 제도가 대몽골제국 전체에 흘러 공유됐고 인류역사 초유의 다민족 다문화 공존번영 시스템인 팍스몽골리카가 가동됐다.

여러 문물제도 가운데 거대제국을 단일 화폐경제권으로 통합한 지폐는 특별한 중요성이 있다. 지폐는 1170년 남송(南宋)이 처음 발행했는데 약 100년 뒤 팍스몽골리카의 수장인 쿠빌라이에 의해 광대한 제국에 통용돼 세계 단일경제권을 이루었다. 단일 화폐에 의한 세계경제권은 역사상 전무후무한 일이다. 오늘날 미국 달러를 기축통화로 하는 세계경제권과 비교해도 결코 뒤지지 않는다. 이에 비하면 EU의 유로존은 아직 한참 멀었다. 원나라 중앙은행인 교초제거사(交鈔提擧司)가 발행한 지폐 지원통행보초(至元通行寶鈔)는 100% 실물(금, 은, 동) 태환이 가능했기에 이 지폐만으로 제국 내 모든 경제활동이 이루어졌다.

세금을 지폐로 징수하면서 예산수립과정이 표준화돼 통치효율성도 크게 높아졌다. 지폐를 매개로 제국 내 여러 지역의 다양한 생산요소와 생산수단이 활발히 이동됨으로써 전체 생산성이 극대화됐다. 이와 함께 각종 지식과 사상도 교류, 공유돼 지식 생산성도 획기적으로 높아졌다. 특히 새로운 지식과 사고방식을 추구하는 태도가 확산됐다. 그 영향을 가장 크게 받은 것이 유럽 르네상스다.

몽골은 본시 화폐의 개념조차 몰랐지만 화폐에 눈을 뜨는 순간 그것이 축적보다는 유통, 영토보다는 기능, 곧 실질적 지배를 중시한 유목문명의 기질과 100% 호환됨을 본능적으로 느꼈으리라.

몽골은 무자비한 군사력으로 세계를 통일한 후 세계경제 관리자로서 세계시장을 창설하고 당시 3~4억 세계인구의 절반을 차지하는 광대한 지역에 유례없는 평화와 풍요를 안겨 주었다. 무자비한 정벌 과정과 관대하고 평화스런 통치 결과, 팍스몽골리카의 두 얼굴 중 어디를 바라볼지는 독자 여러분의 몫이다.

④ 100% 실력사회 : book-smart(책상물림 지식)보다는 street-smart(실전용 지혜) 중시

대몽골제국 헌법인 야삭은 서얼을 철폐하고 출생이나 혈통에 의한 차별을 금지했다. 이는 유목 몽골문화와 관련된다. 사냥과 약탈에 생사가 걸린 초원의 생존경쟁에서는 열 마디 말씀보다 한 마리 토끼라도 제대로 잡는 실력이 더 중요하기 때문이다. 몽골제국에서는 유학자(선비)가 9등급 신분이었다. 10등급인 거지를 제외하고 최하위다. 매춘부는 8등급이었다. 반면 상인은 2등급으로, 1등급인 통치계급 바로 아래다. 성직자나 전문직보다도 상인 지위가 높았다. 글 읽고 공자왈 맹자왈 하는 선비가 창녀보다도 사회발전에 기여를 못한다고 봤다.

생존은 책에서 읽고 배우는 일이 아니다. 현장에서 체험으로 부딪쳐 배우는 과정이다. 몽골제국의 계급서열은 고도의 실용주의를 반영한다. 진정한 실용주의다. 재벌기업만 배불리는 기업프렌들리 실용주의와는 질적으로 다르다.

실용주의의 반대편에 현학이 있다. 현학이란 지식을 위한 지식이다.

삶의 지침이 되고 삶을 풍요롭게 만드는 지식이 아니라 습득 자체가 목적이 되는 지식이다. 생존 현장과 동떨어질 수밖에 없다. 대한민국은 현학 사회다.

현학이 생존현장과 동떨어져 그들만의 좌판을 펼치는 사이에 삶의 현장에서는 현학의 별종인 단답형 퀴즈 지식이 가이드 역할을 떠맡는다. 퀴즈 강자가 영웅으로 대접받는다. 토막 지식이 사회를 지배한다.

현학이든 토막 지식이든 book-smart인 점에서는 똑같다. 사랑하는 법, 키스하는 법, 행복하기 위한 방법도 책으로 배우는 일이 book-smart다. 고전이나 소설도 직접 읽지 않고 '해설판'을 통해 등장인물과 줄거리를 암기한다. 작품의 의미보다는 개요 암기에 치중한다. 점수 따는데 유리하기 때문이다.

아무리 많이 배워도 book-smart로는 삶에 기여하지 못한다. 진정한 배움이 아닌 '헛똑똑이'만 만들어낸다. 퀴즈영웅만 양산한다. 퀴즈영웅 가운데 선발된 퀴즈 왕중왕이 대통령, 장관, 고위 공무원, 판검사, 국회의원, 교사가 돼 다시 사회를 퀴즈방식으로 이끌고 간다. 아이가 걷기도 전에 글부터 가르치는 한국의 교육풍토도 이와 관련된다. 퀴즈 실력, 곧 필기시험 점수만으로 한 세상 살 수 있도록 사회가 조직돼있기 때문이다. 자녀의 삶에 가장 중요한 체력, 건강, 위기극복능력, 용기 같은 교육항목은 뒤로 밀리고 읽기, 쓰기, 셈하기 조기교육에 진을 빼는 본말전도로 인해 다시 book-smart 퀴즈 사회가 점점 강화되는 악순환으로 빠져든다.

팍스몽골리카의 실력주의는 street-smart를 중시하는 실용주의의 산물이다. 김종래의 '수평사회'와 상통한다. 김종래는 『밀레니엄맨 징기스칸』에서 수평사회와 수직사회를 구분했다. 수평사회는 기회가 항상 열려있는 개방사회다. 살기 위해서는 위(상관)가 아닌 옆(동료)을 보고 수평으로 움직여야 한다. 제자리에 머물면 도태되므로 끊임없이 움직이고 혁신해야 한다. 윗사람에 잘 보인다고 출세가 보장되지 않으며 윗사람이 되려면 동료로부터 철저한 검증을 받아야 한다. 윗사람은 군림하는 통치자가 아니라 실력으로 리드하는 진정한 지도자다.

수직사회는 이와 완전 반대다. 사람과 사람 사이 수평관계를 차단하는 온갖 계급, 계층, 계보, 족보가 피라미드 수직구조로 얽히고 설켜있어, 위로 올라가려면 동료가 아닌 윗사람에게 잘 보여야 한다. 동료는 동지가 아니라 밟고 올라가야 할 적이다. 능력이 있어도 자리(감투)가 없으면 아무 소용없고 반대로 자리만 있으면 실력이 없어도 잘 살 수 있으므로 무슨 수를 써서라도 인맥을 잡아 윗자리로 가야 한다. 당연히 실력보다 배경, 소위 '빽'이 필요하다. 감투가 실력보다 우선이다. 부끄러운 짓이나 무리를 해서라도 일단 자리를 움켜쥐면 모든 과정은 용서된다. 그러니 혈연 · 지연 · 학연의 썩은 줄이라도 항상 평소에 챙겨 놓아야 한다. 인맥은 삶의 중요한 부분이지만 모든 일이 인맥만으로 이루어짐도 본말전도다. 그런 구조에서는 윗사람은 지도자가 아니라 '빽'을 무기로 아랫사람에 군림하고 착취하는 자이므로 자연스럽게 부정부패가 횡행한다. 그 윗사람도 똑 같은 방식으로 수직이동하여 그 자리에 올랐기 때문이다. 본전을 뽑아야 하기 때문이다.

수평사회는 내부가 수평적(동지애)으로 결속되므로 시선이 항상 외부로 향하고 외부의 적과 경쟁하는 반면 수직사회는 시선이 항상 내부로 향하고 동료를 내부의 적으로 삼아 안에서 치고받고 싸우느라 외부 적이 침

수직 정착사회 대한민국의 자화상

탈(脫)세종시 신드롬 : 중앙부처서 지자체로 자발적 이동. 공무원 이동 절반 "세종시 안가려고…"

세종시 입주를 앞두고 진풍경이 벌어지고 있다. 서울에 머무는 정부부처에 대한 공무원들 관심이 폭증하는가 하면 이전하는 부처들은 인력 이탈을 막고자 안간힘을 쓰고 있다.

세종시로 이전하는 공무원 중 가족은 두고 가겠다는 '나홀로족' 이 압도적으로 많아 세종시 첫마을 공무원 특별분양 경쟁률은 2대1에 못 미쳤다. 반면 충청도민 관심은 뜨거워 일반분양 경쟁률은 5대1을 넘었다.

수도권 거주 공무원을 중심으로 세종시 이전을 반대하는 '세종시 기피 신드롬' 이 만연한 가운데 일부 지자체 공무원들은 오히려 세종시를 선망하는 '세종시 신드롬' 마저 일고 있다. 15일 행정안전부에 따르면 올해 들어 지난 8일까지 공무원 인적 교류 사이트인 '나라일터' 를 통해 근무지를 양자 교환이나 3자 교류 방식으로 맞바꾼 공무원은 총 345명에 달했다. 이 중 세종시 이전 대상 공무원과 그렇지 않은 공무원 간 자리를 교환한 인원은 166명이었다. 전체 인력 교류 인원 중 절반에 가까운 48.1%가 세종시 문제로 부처를 옮긴 것이다. 나라일터는 공무원 간 인적교류 장으로 전출 희망자가 전입 희망자를 홈페이지에서 직접 모집해 양자방식이나 3자 교류 방식 등으로 근무지를 맞바꾸는 시스템이다. 166명 중 절반인 83명은 세종시를 벗어났고 절반은 오히려 세종시로 둥지를 옮겼다는 애기다. 특히 세종시를 벗어난 일부 공무원들은 중앙부처에서 서울시 등 지방자치단체로 이전한 것으로 확인됐다.

「매일경제」 2011. 8. 15. 기사 발췌

입하면 허무하게 무너지고 만다. 수평사회는 진취적이고 혁신적인 사고와 지식이 발달하지만 수직사회는 과거지향적이고 기억력 위주의 지식이 발달한다. 요컨대 street-smart한 사회가 수평사회, book-smart 사회가 수직사회다. 완전한 수평사회였던 몽골은 자신이 만든 팍스몽골리카 시스템 전체에도 그대로 수평사회를 구현했다. 그러나 제국 중심부인 원나라가 수평사회에서 수직사회로 변질되면서 팍스몽골리카도 쇠락의 길로 들어섰다.

수직사회에서는 큰 인물이 잘 안 나온다. 큰 인물이 높은 자리에 오르기 어렵기 때문이다. 큰 놈을 끌어내려 작은 놈과 비슷하게 만들어야 맘이 놓인다. 큰인물이나 제대로 된 지도자가 없다보니 당연히 사회 전반의 생산성이 떨어진다. 미국의 노동생산성이 100이면 일본은 78, 한국은 45라고 한다. 미국의 생산성이 높은 이유는 똑똑한 직원을 말단에 남겨두지 않고 능력이 확인되면 즉시 윗자리로 발탁하기 때문이다. 말단 직원의 수준만을 비교하면 미국은 한국에 한참 뒤진다. 한국에서는 유능한 말단 직원이 계속 말단에 남기 때문이다. '말단직원이 그리 똑똑하지 않아서 미국의 생산성이 높다' 는 역설이 여기서 나온다. 미국 슈퍼마켓에서 흔히 마주치는 '띨빵한' 점원이야말로 미국의 힘을 보여주는 대표적인 존재인 셈이다.

앞의 참고기사는 수직 정착사회 대한민국의 단면을 보여준다. 정부부처 세종시 이전을 앞두고 벌어지는 '진풍경' 을 보도했다. '진풍경' 은 보기 드문 광경이란 뜻이다. 중앙부처 가운데 세종시로 이전하는 부처의 공무원 일부가 서울을 떠나지 않기 위해 해당 중앙부처를 그만두고 과천 등 서울 인접지역의 지방자치단체로 옮긴다는 기사 내용이다. 중앙부처가 지방자치단체보다 상위에 있는 수직사회 대한민국에서는 분명 진풍경이다. 그러나 중앙부처와 지방부처라는 '기능적' 수직관계보다 더 중요한 것이 서울과 지방간 '지역적' 수직관계다. 대한민국 모든 지방의 최상위에 있는 서울은 도저히 포기할 수 없는 기득권이다. 지방에 사는 중앙공무원보다는, 지방공무원이 되더라도 서울을 떠나지 않는 것이 낫다고 생각하는 초강력 정착 마인드다. 그런 시각에서 보면 기사 내용은 진풍경이 아니다. 오히려 수직 정착사회 대한민국의 평균적인 자화상이다.

팍스몽골리카는 왜 쇠퇴했나

대몽골제국과 팍스몽골리카는 내부요인으로 붕괴하고 쇠락의 길을 걸었다. 역사가 그들을 넘어 나아갔다. 역사를 넘어 나아가던 몽골인은 정체성을 잃는 순간 역사의 쓰나미에 휩쓸려 수장(水葬)됐다. 이는 모든 문명의 운명이기도 하다. 몽골이 아시아북부 초원에서 세계대제국으로 거침없이 나아갈 때 유목문화와 수평사회 정신이 주춧돌이 됐듯이, 반대로 그것을 상실하는 과정이 곧 제국과 팍스몽골리카의 몰락 원인이고 과정이었다. 설상가상으로 페스트(흑사병)가 창궐하여 중국남부에서 유럽에 이르는 팍스몽골리카의 신경망, 곧 역참을 따라 대몽골제국과 유럽을 휩쓰는 대변고가 발생했다. 몽골군의 빠른 기동력을 따라 페스트도 빨리 퍼졌다. 당시 세계 인구의 절반 이상을 몰살시킨 이 재앙으로 유럽도 참담한 피해를 입었으나 최대 피해자는 몽골이었다. 페스트 여파로 교역이

마비되자 팍스몽골리카의 중추신경인 역참망이 힘을 잃고 대제국이 4한국 등 소제국으로 단절, 분열했다. 팍스몽골리카의 쇠퇴 요인을 정리해 본다.

① 유목민족의 강인한 생명력 상실

특히 팍스몽골리카의 사령탑인 중국 원나라에서 가장 두드러졌다. 원나라 수도인 대도(大都, 북경)는 세월이 지나면서 정착 농경문화의 본부로 변했다. 징기스칸 손자인 쿠빌라이 까지만 해도 유목민족의 강인한 문화를 바탕으로 정착 농경민족의 세련된 문화를 접목하는 균형을 유지했으나 쿠빌라이 후계자인 테무르(成宗, 6대 대칸이자 원나라 2대 황제) 이후 황제들은 나약한 이류 통치자로 사치와 쾌락에 굴복했고 송나라(정착 한족) 전통의 문약(文弱)과 환락에 빠져 결국 침몰에 이르렀다. 당차고 거친 몽골 문화가 중국이라는 국가로 녹아 들어가 사라졌다. 지리멸렬 유지되던 원 왕조는 결국 1368년 주원장의 명나라에 의해 공식적으로 인공호흡기를 떼이는 운명을 맞았다.

② 왕궁의 부패와 정쟁

이 또한 모든 왕조나 문명의 몰락에 결정타를 날리는 전형적 요소다. 정쟁은 언제 어디나 존재한다. 몽골문화도 마찬가지다. 징키스칸이라고 정쟁을 통하지 않고 최고통치자가 됐나? 쿠빌라이 형이며 대몽골제국 4대 대칸(황제)인 뭉케(몽케, 憲宗)는 즉위 후 사촌형제 등 정적을 77명이나 죽였다. 이들은 바로 위 삼촌이자, 할아버지 징기스칸의 셋째 아들인 우구데이(오고타이, 太宗) 가문 후손과 측근이다. 문제는 정쟁의 질이다.

한국 TV사극은 대개 이씨 조선의 궁중이 무대다. 왕의 여인이 벌이는 암투, 그 치맛폭 싸움에 기생하거나 암투를 기획, 조장해 권력을 챙기려는 무리간에 처절한 사투가 펼쳐진다. 시청자는 「용의 눈물」이나 「여인천하」같은 사극에서 현 정치상황에 대한 시사나 카타르시스를 발견하며 드라마틱한 줄거리에 빠져든다. 사극의 묘미는 지나간 과거에 대한 줄거리라는 점에 있다. 왕이든 왕비든 영의정이든, 아니면 수양대군이든 사육신이든 이미 죽어 없어진 사람끼리의 싸움이다. 호태왕(광개토대왕) 이라 해도 지금 살아서 드라마를 보는 나를 이기지 못한다. 장희빈도 지금 살아있는 나보다 예쁠 순 없다. 또 하나의 묘미는 좁은 판때기의 권력다툼이다. 자질구레하나 보는 재미는 있다. 팍스몽골리카 대제국의 궁중도 사극의 줄거리를 따라 치맛폭 싸움으로 박살이 났다.

궁중이 대제국을 통치하는 사령탑이라 하지만 물리적 공간은 그저 궁궐의 크기에 지나지 않는다. 초기 황제는 한정된 궁궐안에서도 항상 제국전체를 조망하는 외향적 시선을 유지했다. 쿠빌라이 손자 테무르까지만해도 그랬다. 그러나 이후 황제들은 시선이 안으로만 향하여 좁은 궁중에 갇히고 말았다.

공짜로 상속 받은 부귀는 낭비하고 남용하기 십상이다. 쿠빌라이까지만 해도 징기스칸의 유산을 물려받는데 그치지 않고 직접 확장 작업에 참여해 나름대로 창업자 자격이 있었다. 그러나 그 이후로는 그저 선대로부터 물려받은 풍요에 치이고 취해 환락과 사치의 급류 속으로 휘말려 들었다. 주색탐닉으로 동태 눈알이 된 황제는 충신이 아니라 총신(寵臣)과 애첩, 관료의 혓바닥에 놀아나 더욱 환락중독에 빠지고 본인도 모르는 인의 장막에 갇힌 채 자잘한 음모에 희생돼 요절하기 일쑤였다. 그 결과 테무르 이후 멸망 시까지 황제 9명 평균 재위기간이 8년에 불과했다. 경천동지의 기세로 세계를 경략한 대몽골제국마저도 인간사회 조직사회의 숙명은 비켜가지 못했다.

좁은 판때기에서 싸우면 큰 놈이 작은 놈을 이길 수가 없다. 스케이팅 황제 에릭 하인즈도 숏트랙에서는 잽싼 한국선수를 못 이긴다. 아무리 위대한 장군이나 큰 인물도 좁은 궁궐 안에서는 황제 곁에 그림자처럼 붙어있는 내시를 이길 도리가 없다. 싸움판이 내시용으로 만들어졌기 때문이다. 내시는 그 작은 싸움판이 인생의 전부이므로 목숨 걸고 총력전을 펼친다. 정치판에서만 그런 게 아니다. 현대판 소제국인 한국재벌기업도 예외가 아니다. 거대한 기업제국을 통치하는 좁은 궁궐-현대명칭으로 비서실 혹은 구조본-안에서 현대판 내시인 총수 가신(家臣)이 펼치는 인의 장막과 좁은 판때기 싸움은 사극의 정쟁과 다르지 않다. 창업자로부터 공짜로 상속 받은 부는 공짜로 상속 받은 권력과 같은 운명이다. 양날의 칼이다. 내시(가신)의 관심은 공짜인 그 부를 함께 울궈먹는 데 있다. 제국(그룹)의 장기적 발전은 그 다음 일이다. 황제(총수)가 내시(가신)의 장막에 갇히는 순간 칼날은 자신을 겨누게 되고 제국(그룹)은 붕괴(피인수)한다. 평화와 번영은 나름대로 문제의 씨앗을 배태하는 법이다.

③ 다민족 공존과 보편원리 상실

팍스몽골리카는 정복으로 시작했으나 피정복지의 문화(언어와 종교)를 그대로 존중 보존했다. 역법, 수학, 인쇄술 등 동서양 지식의 융합을 통해 문명을 발전시키고, 보편적인 언어체계(알파벳)와 지폐를 고안하는 등, 어떤 한 문명의 취향이나 편견을 넘어 명실 공히 인류 스케일의 보편주의를 지향하고 실천했던 세계체제였다.

징기스칸이 세계제국을 건설하고 통치하는 과정에서 가장 중시한 다민족 공존과 보편원리는 원칙이기도 했고 가장 독특한 특징이기도 했다. 피정복지는 원주민에게 그대로 통치권을 줘야 더 효율적 통치가 가능하고 그럼으로써 오히려 더 큰 영역으로 나아갈 수 있었다. 따지고 보면 1백만명으로 1억 5천만명을, 정복은 가능할지 몰라도 수백 년간 통치하는 일은 매우 어렵다. 이를 간파한 징기스칸으로서는 불가피한 선택이었을지도 모르겠다. 그런 계산을 인정하더라도 징기스칸과 몽골제국의 공존, 보편원리는 현재 기준에 비춰도 매우 앞선 문화다원주의를 보여주었다.

다원주의, 공존, 보편 원리의 출발점은 관용이다. 관용이란 나와 다른 존재, 나와 다른 문화의 존재 의미와 가치를 100% 인정하는 일이다. 화이부동에서 화(和)가 곧 관용의 경지다. 말로는 쉬우나 현실에서 실행하긴 매우 어렵다. 민주주의가 고도로 발달한 미국이나 유럽에서도 문화적 관용은 채 50년이 안 된 최근 현상이다. 그마저 요즘은 극우 민족주의 등쌀에 밀려 힘을 잃고 있다. 우리나라도 외국인 거주자가 1백만명을 넘게 되면서 다문화 공존이 중요한 사회과제로 등장했다. 그렇지 않아도 관용이 부족한 동이불화의 대한민국이 외국인이라는 새로운 '타인'을 품고 다문화 공존으로 나아가는 일은 쉽지 않아 보인다. 다문화를 위한 다문화, 다시 말하면 논문 소재용이나 지원단체 설립용 다문화의 창궐도 우려된다. 21세기 한국의 다문화주의가 13세기 몽골제국의 문화공존에서 무얼 배워야 할지 생각해볼 때다.

팍스몽골리카의 문화공존은 다양한 여러 민족과 문화집단이 자신의 개성을 유지하며 큰 통합을 유지하는 소위 샐러드볼(Salad Bowl) 형이다. 이와 달리 대한민국의 다문화는 한국에 들어와 거주하는 외국문화를 한국문화로 흡수 통합하는 부대찌개(Melting Pot) 형이다. 외국문화 자체에는 관심 없다. 내 입장에서만 남을 보기 때문이다. 시선은 고정돼있고 시야는 한정돼 있다. 폐쇄적이다. 다른 문화를 받아들이는 일이 국가와 민족의 외연을 확대하는 일이란 생각에는 이르지 못한다. 한국형 부대찌개 다문화는 우리가 비판하는 중국의 자국중심주의, 우월주의인 중화주의와 다르지 않다. 아류중화주의, 소중화주의다.

팍스몽골리카의 다민족 공존 및 보편원리가 상실된 까닭은 앞의 두 가지 쇠퇴 요인, 즉 유목민족의 강인함 상실과 궁정암투에도 있지만 결정적 영향을 미친 요인은 천재지변이었다. 바로 1300년대 중세 세계를 초토화시킨 페스트다. 페스트는 중국 남부 농경문화의 곡식창고에서 발생했다고 알려졌다. 멀쩡하던 사람이 갑자기 열이 펄펄 끓고 으슬으슬 춥다가 구토, 설사, 피부출혈로 검게 변해 며칠 만에 급사하는 괴질이다. 전염성이 강한 이 병으로 1 년 남짓한 기간에 당시 세계인구 절반이 사망했다. 지역에 따라서는 인구의 90%가 전멸하기도 했다. 몽골제국의 뛰어난 역참망은 페스트에도 매우 효율적인 전파통로가 됐다. 너무 많은 사람이 일시에 죽다 보니 장례도 못 지내고 짐승이나 가축 먹이로 던져지는 경우도 많았다.

페스트는 몽골제국 뿐 아니라 당시 세계문명 전체를 일거에 파괴한 대재앙이었지만 특히 몽골제국 쇠락에 결정적 역할을 했다. 몽골제국 통치의 근간이자 교역망이던 역참제가 무너지자 제국 내 여러 지역이 고립되면서, 제국 네트워크의 정점에 있던 원 나라부터 견디지 못하고 무너지기 시작했다. 이동성과 네트워크 위에 성립한 제국인지라, 이동성과 네트워크가 무너지자 중심(원나라)부터 무너지고 소제국(차가타이, 일, 킵차크, 오고타이 한국)으로 분열 잔존하게 된다. 징기스칸의 보편원리는 사라지고 지역마다 하나의 특정 종교가 지배하여 관용이 소멸된 배타적 문화로 회귀했다. 흐름의 대제국이 사라졌다.

팍스몽골리카가 세계에 끼친 영향과 교훈

대몽골제국 몰락 이후 유라시아 지역도 오래 동안 역사의 잊혀진 공간으로 밀려났다. 서유럽 쪽이야 그렇다 치더라도, 아시아 쪽에서 그런 경향을 심화시킨 점이 못내 아쉽다. 특히 몽골(원제국)로부터 중국대륙 지배권을 인계 받은 명(明) 왕조는 지나친 반(反) 몽골 폐쇄주의로 움츠러들었다. 북방 유목민족이 중원을 지배한데 대한 신경질적 반작용으로 보인다. 특히 지폐를 폐지하고 인종-문화다양성을 부인하는 배타적 중화주의로 회귀했다. 그로 인해 동양과 서양 간 힘의 균형이 서양 쪽으로 기울기 시작했다. 우리 이씨 조선도 그런 명나라 그늘에서 문약(文弱)과 정치 싸움(당쟁)에 빠져 갈수록 국력이 위축됐다.

반면, 서유럽은 전화위복(轉禍爲福)이 됐다. 1241년 징기스칸 셋째 아들인 우구데이에게 정복되기 직전까지 몰렸으나 우구데이가 갑자기 사망하고 몽골군이 독일전선에서 전격 철수함에 따라 풍전등화의 위기를 넘겼다. 서유럽은 당시 정복을 예상하고 거의 포기한 상태였다. 이후 200여년간 서유럽은 몽골제국의 서쪽 끝인 킵차크-일한국, 곧 지금의 동유럽-터키 일원을 경계로 몽골제국과 불안하게 대치 공존하는 과정에서 자신의 정체성을 재발견하고 잠재력을 키웠다. 정체를 알 수 없는 공포스런 적을 통해 자신을 자각하고 업그레이드했다. 14~15세기 르네상스가 바로 그 산물이다. 몽골제국의 보편원리와 세계문명을 적극적으로 받아들인 결과다. 그를 토대로 15세기 신대륙발견, 16세기 종교개혁, 17세기 주식회사, 상업은행 시스템 발전, 18세기 산업혁명으로 이어지는 일련의 혁신을 이룩함으로써 18세기 이후 세계를 지배하게 됐다. 서유럽은 몽골제국의 칼날을 운 좋게 비켜 갔을 뿐 아니라 당대 최고 문명을 수용할 수 있었으니 팍스몽골리카의 가장 큰 축복을 받은 셈이다.

유럽이 몽골을 배움으로써 일류로 올라서는 동안 정작 대몽골제국의 고향인 아시아는 반 몽골 회귀를 통해 이류로 전락했다. 아시아와 유럽의 위상이 역전됐다. 팍스몽골리카 붕괴의 최대 피해자는 좁은 의미의 유라시아인 중앙아시아다. 현재 중앙아시아의 위상은 세계지도책에 잘 나타난다. 중앙아시아가 온전히 나오는 지도책은 찾기 어렵다. 독립된 지면을 차지하지 못하고 유럽의 동쪽 변경이나 아시아의 서쪽 변경으로 밀려나 지면과 지면 사이에 잘린다.

국가영토 측면에서만 보면 지금 중국이 팍스몽골리카로부터 가장 많은 상속을 받았다. 현 중국 국토의 3분의 1에 달하는 티벳(서장자치구), 위구르(신장위구르자치구)를 원나라로부터 물려받았기 때문이다. 덕분에 현재 중국영토는 중국역사상 최대 규모가 됐다. 그러나 중국은 팍스몽골리카의 보편정신을 배척했다. 지난 150여년간 서구 문명이 아시아 및 다른 문명을 지배하는 방식으로 전개된 세계화도 거기에서 비롯했다. 최근 급성장하는 경제 군사력으로 G2 반열에 올라선 현대 중국, 세계를 시야에 두고 움직이기 시작한 중국이 힘에 걸 맞는 보편정신을 가질 수 있을지 두고 볼 일이다.

팍스몽골리카 붕괴 이후 700년이 지났지만 세계는 아직도 문명간 공존의 해법을 못 찾고 있다. 문명, 종교, 인종, 국가, 지역 간 다툼으로 매일 수백 명 수천 명이 죽어간다. 세계를 정복과 착취대상으로만 접근했던 앵글로-아메리카 제국주의의 유산이다. 평화롭지 못한 세계를 초래한 서유럽과 미국의 책임감이 필요하다. 팍스몽골리카식 '세계'의 원상복구도 주된 책임자인 서구와 미국이 나서서 풀어야 할 숙제다. 유럽연합(EU)도 유럽이라는 소통합에 그치지 말고 유라시아, 세계의 큰 그릇을 빚는 과정으로 접근해야 한다. 이런 생각을 하는 유럽인이 얼마나 있을지 궁금하다.

여기서 러시아의 역할이 주목된다. 러시아는 서양적이고 동양적임과 동시에 유럽적이고 아시아적이다. 지리적으로나 문명적으로 팍스몽골리카류 '세계' 원상복구의 주역이 될 잠재력이 있다. 그러나 현실은 실망스럽다. 아직도 구소련 전체주의 체질을 벗어나지 못하고, 한 국가로서 정체성을 유지하는데도 벅찬 실정이다. 진정한 세계화를 위해 러시아의 분발이 필요하다.

돌이켜보면 대몽골제국의 세계체제는 1600년대까지만 해도 서유럽의 찬탄 대상이었다. 그러나 서유럽이 1700년대 중반 이후 산업혁명으로 기술문명에서 앞서가면서부터 분위기가 반전되기 시작했다. 특히 계몽주의자가 앞장서서 동양(아시아)에 대한 적대와 경멸 여론을 확산했다. 서구문명과 유럽인종 우월주의가 이때부터 시작했다. 여태까지 한 수 위로 인정했던 팍스몽골리카를 비하하는 방식으로 자신의 우수성을 반증하는 서구 중심주의 깃발이 높이 올랐다. 팍스몽골리카의 다원적 보편주의와 같은 우월한 요소는 애써 무시하고, 잔인한 파괴자, 살육자, 야만인 이미지만 부각하여, 팍스몽골리카로 대표되는 모든 아시아적인 것에 대해 '전근대적' 이란 낙인을 찍기 시작했다.

드디어 아시아보다 잘 살게 됐다는 자신감이 생기자, 유럽은 내친김에 자신이 '진보' 고 나머지 세계는 '후진' 이라는 이분법을 만들어냈다. '근대' 와 진보의 발명자를 자처하면서 자연스레 '전근대' 와 후진을 가르치고 길들여야 한다는 논리로 나아갔다. '공간적 착시(錯時)(time-space translation)' 라는 말이 있다. 지리학자 존 애그뉴(John Agnew)의 표현이다. 예를 들면 '아시아는 유럽의 과거' 라는 식이다. 서구우월주의와 같은 맥락이다. 아시아가 열심히 노력하면 미래엔 지금 유럽 수준에 도달 가능하다. 그러나 그 때가 되면 유럽은 더 앞으로 가있다. 아시아는 영원히 유럽을 못 따라 잡는다. 시간의 선후는 뒤집지 못하기 때문이다. 공포의 숙명론이다. 팍스몽골리카는 달랐다. 당시 못살던 서구문명을 몽골의 과거로 매도하지 않았다. 팍스몽골리카의 최대 수혜자인 서구가 아시아를 자신의 과거로 폄훼하는 일은 미필적 고의나 의도된 실수다.

마르코 폴로, 콜롬부스, 캐세이퍼시픽 항공 (Cathay Pacific Airways)

영국계인 홍콩의 캐세이퍼시픽은 1946년 설립돼 아시아 지역 최초로 국제선 운항을 시작한 항공사다. 캐세이퍼시픽 항공 로고에는

캐세이퍼시픽 항공사가 운행하는 보잉 777-300 ER. 한번 주유로 13,427km 운행 가능하다.
(출처 : 캐세이퍼시픽 항공사 홈페이지)

『동방견문록(세계의 기술)』으로 유명한 마르코 폴로 이름이 큰 글씨로 새겨있다. '캐세이'는 카타이, 곧 거란(契丹)을 뜻한다. 마르코 폴로에 심취한 콜롬부스는 카타이(몽골제국)에 가기 위해 항해에 나섰고 그 과정에서 우연히 '신대륙'을 발견했다. 그런데 콜롬부스가 항해에 나선 때는 원나라가 망한 후 100년 이상 지난 시점이었다. 당시 유럽 관점에서 본 카타이는 좁은 의미의 거란족이나 거란국이 아니라 몽골, 여진, 중국을 포함한 북 아시아 전체를 포괄적으로 지칭하는 용어다. 콜롬부스는 동쪽, 곧 무슬림 지역을 거치지 않고 서쪽으로 돌아서 카타이를 가려고 대서양을 건너다 아메리카 대륙을 '발견'하게 됐다. 아메리카 대륙의 존재를 몰랐던 그는 쿠바를 대몽골대제국(과거 원나라) 남쪽에 있는 인도라고 생각했고 좀 더 북쪽으로 가면 카타이 곧 몽골에 이를 수 있다고 생각했다. 잘 알려진 것처럼 인디언이란 명명이 여기에서 유래했다.

서구우월주의의 산물이 최근 150년간 제국주의와 신자유주의 세계화다. 유럽은 팍스몽골리카의 야만적 정복과 살육을 비하했지만 정작 자신은 그것을 그대로 모방하여 세계를 난도질했으니 아이러니다. 「기생적 정복자모방주의」란 말이 있다. 식민지 하수인이 자신의 어두운 과거, 즉 지배당한 과거를 숨기기 위해 시혜자(정복자)를 해치는 행태를 말한다. 19세기 서구열강이 아시아를 침탈한 일은 과거 시혜자인 대몽골제국(아시아)을 해쳐 자신의 열등한 과거를 은폐하려는 서구의 정복자모방주의 산물이다. 그런 침탈과 정복으로 인해 정작 대부분의 선량한 서구인도 '공범의 피해자'가 되고 말았다.

팍스몽골리카의 부정적 요소만 벤치마킹한 또 하나의 국가가 일본이다. 일본이 서구열강에 맞서 아시아주의를 내걸었을 때 도용한 것이 '범몽골주의' 개념이다. 그러면서 정작 자신은 탈아(脫亞)적 입장에서 여타 아시아를 침략정복의 대상으로 삼았다. 오늘날 세계는 아직도 서구 제국주의와 일본의 소제국주의가 빚어낸 세계의 그늘을 벗어나지 못하고 있다. 팍스몽골리카의 다원주의, 보편주의가 사라진 후유증이다.

서구중심주의는 기후변화, 생태계 파괴와 같은 인류생존 문제의 주범이기도 하다. 자신이 보편적이 아닌데도 보편적이라 착각한 서구가 세계를 지배하면서 지구생태계도 정복대상으로 삼았기 때문이다. 역사상 대부분의 제국은 정복지에 자신의 문명을 강요했다. 로마는 밀농사에 적합치 않은 지방에도 밀농사를 강요했다. 그러나 몽골은 달랐다. 외래 작물의 경작을 강요하지도 않았고 생활방식을 바꾸라고 요구하지도 않았다. 몽골 정복 이전에는 중국지역 전체에서 대부분 똑같은 작물을 재배했다. 몽골은 현지 농민이 자기 땅의 기후, 토양, 배수 방식에 가장 적합한 작물을 심으라고 장려했다. 그 결과 한 지역에서 다양한 작물이 나오고 생산성도 높아졌다. 오늘날 자유무역 이데올로기로 인해 글로벌 스케일의 단일작물경작(monoculture) 상업농업이 극을 향해 치닫고 있다. 종(種)다양성이 급격히 줄어들면서 인류생존의 생태적 기반까지 위협받는다. 팍스몽골리카가 왜 지구환경에도 우월한 대안인지 알 수 있는 대목이다. 팍스몽골리카는 문명공존 뿐 아니라 지구환경과 생명체 보존을 위해서도 재발견, 회복해야 할 자산이다.

팍스몽골리카는 단순한 복고 향수가 아니다. 인류생존과 발전의 매뉴얼로 다시 읽어볼 충분한 가치가 있다. 800년 전 몽골발(發) 세계화가 오늘날 세계화 문제에 최선의 대안은 아닐 수 있다. 다만, 지금 같은 무자비한 세계화를 어떤 선의의 조정자를 통해 관리해야 한다면, 다문화 보편주의 기치 아래 세계를 관리했던 팍스몽골리카 방식이 단연 유력한 후보다. 현 관리자인 팍스아메리카나는 모든 제국의 관리시스템, 특히 로마제국 모델을 벤치마킹하면서 정작 최우선 참고해야할 팍스몽골리카 방식만 제외했다. 기왕 pax-라는 게 필요하다면 피지배자의 동의가 수반된 진정한 헤게모니, 팍스몽골리카 방식 질서가 덜 해로운 대안이다. 팍스몽골리카에서 지배적 야만적 폭력적 요소를 제거하고 다문명적 공존과 번영의 네트워크 마인드를 추출하여 만든 시스템은 팍스아메리카나의 훌륭한 대안이 될 것이다.

팍스몽골리카의 교훈이 중요한 만큼 그 지리적 토대인 유라시아도 중요한 의미를 갖는다. 단순한 공간적 친밀성, 즉 우연히 과거 팍스몽골리카의 지리적 기반을 현재 점유한다는 사실 때문이 아니다. 문명간 포용과 지구환경 보존이라는 인류사적 의미가 유라시아에 담겨있기 때문이다. 그대가 유라시아를 상상한다면 바로 이런 맥락에서 해야 한다. '무주공산(無主空山)' 에 대한 탐욕이나 지전략적(地戰略的) 계산만 따지는 국가패권 추구의 대상으로 유라시아를 접근하면 곤란하다. 유라시아를 통해 팍스몽골리카의 세계정신을 재발견할 때, 나아가 대한민국이 주도하여 팍스코리아나의 배를 띄울 때 가장 유의할 대목이 바로 이것이다.

YOUR DREAM IS REALITY
_002

우리도 못할 까닭이 없다. 팍스코리아나를 상상해보자

우리라고 못할 게 뭔가?

몽골사람과 한국사람은 친근감을 느낀다. 생김새가 똑같아 섞여 있으면 구별이 안된다. 북방유목 민족의 뿌리를 공유하는데다 고려 왕실과 원 황실은 혼인으로 연결된 인연도 있다.

징기스칸이 죽고 50년이 지난 1279년 손자 쿠빌라이가 공식적으로 남송을 무너뜨리고 대원국(원나라)을 세웠다. 팍스몽골리카의 총사령부다. 당시 한반도는 고려 원종이 무인정권을 몰락시키고 왕정을 복고하는 과정이었다. 이 과정에서 쿠빌라이에 신세를 많이 진 원종은 원 황실과 혼인 관계를 맺었고 고려는 자연스레 원나라 제후국으로 편입됐다. 원종의

맏아들인 충렬왕이 쿠빌라이 사위가 된 이후 고려왕은 공민왕에 이르기까지 7대에 걸쳐 원나라 황실의 사위가 됐다. 나라가 제국의 속국이 되는 댓가로 세계제국 사위국가의 호사(?)를 누린 셈이다. 수모와 실리의 맞교환이다. 소설 『징기스칸』을 쓴 이재운에 따르면 고려 왕실은 원 황실의 사위 국가로 상당한 실리를 챙겼다. 팍스몽골리카 총본부인 대원제국 조정에서 황제 즉위식이나 축연이 열릴 때는 제국 황제의 부마국 대표로 황제 바로 아래, 다른 제후보다 높은 상석을 차지했다. 연회에서 좌석 위치는 제국 내 제후국의 서열을 말해준다. 고려는 비록 남이 깔아 놓은 멍석이지만 팍스몽골리카의 중앙정치판에서 간접적으로 세계경영에 참여할 기회를 얻은 셈이다. 전후좌우야 어떻든 '우리라고 못할 일이 있냐'는 역사적 근거다. 다만 과연 '지금' 우리가 그런 유산을 물려받은 후손으로서 자격이 있느냐는 문제가 있다.

특히 지도자 수준이 문제다. 불세출의 지도자 징기스칸과 비교하면 더욱 자신이 없어진다. 잠시 징기스칸에 대한 묘사를 보자. 팍스몽골리카를 다른 말로 팍스징기스카나(Pax Jinggis-Kana)라고 하는 까닭을 알게 된다. 대한민국 지도자와 비교해보면 재미있다.

> "강인하고 지혜롭고 정이 많고 의롭고 약속을 지켰고 자비롭고 명예로웠다."(초서)
>
> "올바르고 현명하며 탁월한 법과 정의를 실현"(마르코 폴로)
>
> "완벽한 안전을 제공하여 사람들이 평화를 구가케 했다."(주엥빌)
>
> "질서와 선정(善政)에 대한 타고난 감각, 잔혹한 야만감정과 결합된 고결함과 고상함, 사려 깊은 심성과 건전한 상식, 놀랍도록 균형 잡힌 사람,

남의 말도 잘 경청하며, 우정을 굳게 지켰으며, 매우 엄격하면서도 관대하고 자애로운, 영혼 속 깊이 군주" (르네 그루세)

"사치를 경멸하고 소박함과 절제를 유지했으며 겸손하여 자연스런 위엄과 숭고한 예의를 갖추었다."(잭 웨더포드)

재미 삼아 이를 그대로 뒤집어 표현해보자. 우리가 늘 접하는 지도층과 놀랍게 일치하지 않는가?

"나약하고(병역미필) 우매하고 매정하고 삿되고 약속을 안 지키며, 무자비하고 던적스럽다(비겁하다)."

"비뚤어지고 어리석으며 법을 우롱하고 불의를 만연케 함"

"일부 기득권층만 보호하고 대다수 사람은 불안에 떨게 한다."

"혼란과 악정(惡政)에 대한 타고난 재능, 나약함과 결합된 비루함과 비열함, 천박한 심성과 뒤틀린 상식, 놀랍도록 편협한 사람, 남의 말은 듣지 않으며, 배신을 밥 먹듯 하며, 남에겐 매우 엄격하면서도 자신에겐 관대하고 자애로운, 뼛속 깊이 소인배"

"사치를 좋아하고 방탕했으며 오만하여 억지 존경을 강요하는 권위주의와 저속한 습관에 빠졌다."

징기스칸은 몽골입장에서는 위대한 통치자였으나 정복당하는 쪽에서 보면 잔인무도한 살륙자였다. 징기스칸과 몽골의 잔혹 이미지를 18세기 유럽 계몽주의가 과장, 비하한 것이 사실이지만 무참한 살륙은 역사적 사실이다. 다만, 대량살륙은 정복대상지의 지도계층에만 국한했다. 백성은 죽이지 않고 지배계층만 교체했다. 백성 입장에선 갑자기 벼락치듯 들이닥쳐 통치자를 창졸간에 도륙하고 새로운 통치자가 된 몽골인을 어떻게 받아들였을까? 새로운 문화를 강요당하지 않고 종교를 바꾸지 않아도 되고 말과 모든 풍습도 하던 대로 하면 되는, 오로지 통치자만 바뀐 상황이다. 게다가 살림살이까지 좋아졌다면? 그것이 바로 팍스몽골리카의 리더십이었다. '법을 지키는 모든 사람에게는 지극히 평화로웠다'는 표현 그대로.

어느 사회든 내부구성은 다양하고 복잡한 이해관계가 얽혀있다. 지도자(통치자)와 구성원(백성)의 이익과 입장은 특히 크게 다르다. 지도자가 생각하는 국가와 백성이 생각하는 국가는 아주 다르다. 안전, 풍요, 명예, 전통문화를 보장해준다면 통치자가 외계인인들 어떠랴. 백성의 풍요와 안전에는 관심 없고 백성을 착취하는 데만 열심인 동족 통치계급과 그 반대의 이민족 통치자, 그대라면 어느 쪽을 택하겠는가? 몽골에 정복당한 중국, 중앙아시아, 아랍, 유럽의 백성은 처음에는 가공할 정복자에 맞서 통치자와 함께 국가를 사수하기 위해 싸웠으나 막상 정복당하고 보니 동족 통치자보다 몇 배나 더 공평하고 안전한 몽골통치가 아닌가. 바로 팍스몽골리카다.

이 논리를 일제 한국강점에 적용하면 어떨까? 소위 식민지근대화론이 이와 유사하다. 일본이 통치해서 근대화가 앞당겨졌다는 논리다. 그러나 일제 강점의 통치계층 교체와 팍스몽골리카의 통치계층 교체는 질적으로 달랐다. 일제는 몽골과 달리 정복대상인 조선의 문화와 전통을 말살하여 강제로 일본제국 신민을 만들려 했다. 팍스몽골리카의 샐러드 볼 방식이 아니라 지금 한국의 다문화정책처럼 부대찌개 방식으로 상대방을 녹여 없애 자신의 일부로 만들려 했다. 아무리 좋은 것이라도, 살림살이가 좋아진다고 해도 백성이 마음으로 받아들일 수 없고 행복하지 않은 방식이라면 소용없다. 가렴주구(苛斂誅求) 정권의 교체에 불과하다. 일제의 대동아공영권(大東亞共榮圈), 즉 아시아인이 민족을 초월하여 단결하면 서구열강을 이길 수 있다는 논리는 그 자체로는 문제가 없다. 안중근 의사의 동양평화론도 이와 다르지 않다. 그러나 일본의 통치논리는 자신을 제외한 나머지 아시아인을 성전(聖戰) 소모품이나 착취대상으로 삼음으로써 저급한 수준에 머물고 말았다.

만일 일제가 팍스몽골리카 수준의 문화공존 통치를 폈다면 지금 대한민국은 어디쯤 와 있을까 궁금하다. 아니, 이렇게 생각해보자. 지금 중국이나 일본, 아니면 러시아나 미국의 속국이 돼서 백성이 훨씬 풍요롭고 자유롭고 평화롭고 우리 문화를 그대로 향유하며 살 수 있다면, 즉 대한민국의 통치계급만 외국세력으로 교체—혹은 채용(?)—한다면 백성 입장에선 어떨까? 현 지도계층의 격을 떠올리며 해본 생각이다. 이씨 조선시대 양반 집에서 머슴 하던 사람이 새 통치계층인 일제에 빌붙어 호의호식한 친일과 주인인 양반이 새 통치계층에 빌붙어 호사하는 친일, 어떤 차이가 있을까? 누가 더 나쁜 친일파일까?

사회를 지도자와 백성으로 나눠 생각하는 일, 덕목 없는 지도자를 외부 세력이 대체하는 일, 이런 문제는 스케일(scale) 개념에 비춰 봐야 합리적인 결론이 나온다. 스케일은 '계층과 인간조직의 크기에 대한 다양한 생각, 관점'이다. 덕목 없는 지도층을 그대로 두고선 다른 어떤 대안도 백약이 무효다. 가차 없이 바꾸는 수밖에 없다. 물론 쉽지 않다. 투표 외엔 사실상 방법이 없다. 덕목 없는 지도자를 바꿀 수 없다면 좀 더 획기적인 방법을 기획해야 한다. 물론 그대가 덕목을 갖춰 지도층이 되는 방법이 가장 좋다. 그림 2.3에 나타난 「도산의 말씀」을 음미해보라. 이 책을 읽으면서 그 단서를 찾는다면 좋겠다. 어느 경우든 시간이 필요하다.

▼ [그림 2.3] 서울 강남구 신사동 도산공원 ▲ 도산공원 안에 있는 도산 안창호 어록 비문

팍스코리아나를 상상해보자 : 융합의 성공, 한류의 의미

"모든 나라는 누구도 누구한테서도 어떠한 폭행도 당하지 않은 채 황금 쟁반을 머리에 이고 해 뜨는 땅에서 해 지는 땅까지 여행할 수 있을 만큼 평화를 누렸다."(아불 가지)

"대상들의 안전에 관심 있고 모든 종파에 관용적인 왕자들 밑에서 엄격한 야삭으로 통제되는 하나의 거대한 제국으로의 통일은 고대 말부터 폐쇄된 세상의 길을 바다로 육지로 다시 열었다." (잭 웨더포드)

"세계에서 가장 위대한 도시 항주, 그렇게 다양한 인종이 한 권력의 통제 아래 평화롭게 살 수 있다는 사실이 세상의 가장 위대한 경이 가운데 하나다."(오도리코 다 포르데노네)

지도자 덕목 문제는 단시일 내에 해결되지 않는다. 특히 대한민국과 같이 전통단절로 부대찌개가 된 판에서는 설혹 덕목을 갖춘 지도자가 있다 해도 유권자에게 선택받을 기회조차 갖지 못한다. '비밀번호(암호) 연상낱말' 의 모순이다. 인터넷 회원 가입 신청을 하려면 암호를 지정해야 한다. 암호를 잊을 경우 생각나게 하도록 암호 연상낱말을 고르는 난이 있다. 그런데 그 연상낱말은 거의 '내가 태어난 곳은?' 처럼 암호 기억에 별 도움이 되지 않는 것들이다. 유권자는 암호 기억에 도움이 안 되는 연상낱말을 마지못해 고르는 심정으로 맘에 들지 않는 지도자 후보 가운데 하나를 골라 투표해야 한다. 그나마 인터넷 암호 연상낱말은 '직접입력'

난이라도 있으나 투표에선 후보자 외에 다른 선택의 여지를 주지 않는다. 그렇다고 실망할 필요는 없다. 실망할 시간에 그대가 덕목을 키워 지도자로 나서면 된다. 그 동안에는 기존 후보자 가운데 그래도 나은 자를 뽑는 수밖에 없다. 성에 안 차더라도 일단은 투표라도 제대로 하자.

위에서 나는 '지금' 우리가 21세기 팍스몽골리카, 혹은 팍스코리아나를 만들 자격이 있는지가 문제라고 했다. 자격이 있다. 대중문화 한류가 그 증거다.

한류라는 표현은 1990년대 후반 「사랑이 뭐길래」 같은 TV드라마가 중국에서 폭발적 인기를 끌면서 불기 시작한 한국대중문화 열풍을 지칭하여 중국 언론이 만들었다. 일본에서는 2004년 중년여성을 매료시킨 감상적 멜로드라마 「겨울연가」로 시작했다. 2000년대 이후에는 대중문화뿐 아니라 한국산 제품과 한국식 문화스타일에 대한 열풍으로 이어졌고 지역도 중국, 일본, 아시아를 넘어 아랍권, 동유럽, 남미, 아프리카, 나아가 최근엔 서유럽과 미국, 멕시코로 확산하여 가히 글로벌 문화현상으로 발전했다. 팍스코리아나의 가능성을 보여주는 한류, 그 의미에 대해 생각해보자.

2011년 6월 10일-11일 프랑스 파리에서 열린 K-POP 공연은 대한민국 역사에 획을 그을만한 대사건이다. SM기획 소속 가수로 구성된 「SM 타운 라이브 월드투어 인 파리」는 6,300석 규모의 제니스 드 파리 컨서트홀을 15분만에 전좌석 매진시켰다. 이에 앞서 5월에는 300여명의 팬이 파리 루브르 박물관 유리피라미드 앞에서 추가 공연을 요구하는 플래시몹 시위를 벌여 공연을 하루 더 연장케 한 바 있다. 출연진 중 동방신기와 샤이니, f(x)가 입국하던 6월 8일에는 1500여명의 팬이 샤를 드골

[그림 2.4] 2011년 6월 파리에서 열린 SM타운 공연(우)과 5월에 열린 공연요구 댄스시위(좌)

국제공항에 운집하여 공항경찰 20여명과 무장경찰팀까지 출동하는 초유의 사태가 발생했다. 몰려든 팬은 프랑스인뿐만이 아니었다. 영국, 스페인, 독일, 포르투갈, 네덜란드, 체코, 스웨덴, 스위스, 이탈리아, 폴란드, 오스트리아, 그리스, 세르비아 등 유럽 각국에서 온 팬이 저마다 제 나라 국기를 흔들었다. 주로 소녀지만 60대 중년층까지도 망라한 전 연령층이 K-POP 팬이다. 벨기에의 릴라(21)는 "우리나라에서도 한 달 전쯤 공연을 열어달라는 청원운동이 벌어졌다"고 전했고 미국의 지니(23)는 '나는 자랑스러운 미국의 엘프(슈퍼주니어 팬클럽)인이다' 는 글씨가 쓰인 플래카드를 들고 있었다. 한 페루 여성은 '페루로 와주세요' 라고 쓰인 페루 국기를 흔들었다.

가히 대폭발이라 해도 지나치지 않을 이 공연은 이전 한류와는 세가지 면에서 근본적으로 다르다. 첫째, 공급자(공연주최 측)에 의한 기획공연이 아니라 소비자(케이팝 팬)의 요구로 공연이 이뤄졌다. 둘째, 한류문화 소비의 주요 통로가 소셜미디어다. 셋째, 한류문화 소비지역이 아시아권을 넘어 전 세계로 확대했다. 전 세계 K-POP팬은 먼저 유튜브로 한국가수

(주로 아이돌그룹) 뮤직비디오를 본 뒤 Allkpop.com에서 K-POP 상세정보를 수집하여 트위터로 교환하며 '나만의' 커버댄스를 모방 생산하여 유통, 확산시키는 방식으로 한류의 폭을 급격히 확대시킨다. 21세기 문화소비 방식이 혁명적으로 바뀌는 실험을 K-POP이 주도하는 중이다. 세계의 이목도 집중될 수 밖에 없다.

스마트폰을 중심으로 한 소셜미디어는 이집트, 튀니지, 리비아 정권을 무너뜨리는 파괴력을 보여줬다. 시리아도 비슷한 수순을 밟고 있다. 영국에서는 사상초유의 청년폭동에 불씨를 당기는 역할을 했다. 전용선 인터넷이 촛불 시위라면 모바일 인터넷은 무력쿠데타다. 소셜미디어를 통해 한류 컨텐트를 공유하는 소비자가 요구하고 시위를 벌여 공연이 이루어진다! 새로운 패러다임이다. 상향적 문화전파다. 작게 보면 한류, 크게 보면 팍스코리아나의 향배에도 시사점이 크다.

SM 소속가수들은 파리 대폭발에 이어 2011년 9월 2일~4일에는 도쿄돔에서 'SMTOWN LIVE in TOKYO SPECIAL EDITION' 이란 타이틀로 케이팝의 새 역사를 썼다. 일본 가수에게도 꿈의 무대인 도쿄돔에서 15만명 관객을 동원하며 매진돌풍을 기록했다. 관람을 신청한 나머지 45만명은 입장도 못했다. 10년 전 맨땅에 헤딩 식으로 일본 무대에 데뷔했던 보아, 현재 최정상의 인기를 구가하는 동방신기, 신한류 열풍의 주역 소녀시대, 슈퍼주니어, 샤이니, 2012년 일본 데뷔예정인 f(x) 등 36명의 가수가 4시간 동안 56곡을 부르는 동안 10대부터 60대 할머니까지 각종 플래카드, 수건, 야광봉을 들고 열광하는 모습은 일본 내 K-POP의 위상을 보여준 대사건이다. '문화적 종교' 라는 언론 표현이 결코 과장이 아니다.

그런데 8월 21일 낮, 도쿄 오다이바에 있는 후지TV 앞에서 많은 젊은이가 "우리는 한국 드라마를 더 이상 보고 싶지 않다" "후지TV는 한류를 억지로 강요하지 말라" "후지TV는 한류 붐을 날조하지 말라"는 플래카드를 들고 집단 항의 시위를 벌였다. 이어 '힘내라 일본! 전국실행위원회'와 '일본문화채널 사쿠라'가 주도한 항의 시위대가 한류 드라마와 K-POP을 집중 방영하는 후지TV를 '하지(수치)TV' '우지(구더기)TV' '김치TV'라고 매도하면서 "바퀴벌레 소녀시대와 카라를 일본에서 몰아내자"고 외쳤다.

반한류 단체의 주장에 따르면 후지TV는 매일 오후 3시간씩 주 40시간 한국 드라마를 방영한다. 이에 비해 TBS는 20시간, TV도쿄는 12시간, NHK는 4시간에 불과하고 TV아사히와 일본TV는 전무하다. 이들은 자국 드라마 비율을 40% 이상으로 끌어올리려는 타이완의 예를 들면서 일본에서도 한류 드라마 방영 시간을 규제해야 한다고 주장한다. 일본판 스크린쿼터 운동인 셈이다. 일본에서 한국드라마 방영시간을 줄이기 위해 스크린쿼터 운동이 벌어지다니 금석지감을 느끼게 하는 문화역류 현상이다.

후지TV는 왜 한국드라마를 방영할까? 시청률 때문이다. 구입비용도 적다. 민영방송에게 돈 되는 일을 하지 말라고 항의하니 얼마나 답답하겠나?

이번 반한류 시위에는 극우 인사가 다수 참여했다. 후지TV 공격은 한국에 대한 공격이라는 주장이 나오는 것도 이 때문이다. 반한류를 빌미로 독도문제 같은 반한시위를 정당화하려는 의도가 짐작된다. 하지만 정작 대다수 일본인은 언제 그런 반한류 시위가 있었는지도 모른다. 문화의 힘을 시위로 막으려는 발상이 안쓰럽다.

반한류 시위는 과거 일류(日流)의 주인공으로서 느끼는 당혹감을 반영한 것일 수도 있다. 한류가 일본 대중문화의 산업적 속성, 즉 혼종문화(hybrid culture)의 성격을 벤치마킹하면서도 한 차원 높은 기획력으로 세계를 흔들게 된데 대한 당혹감이다. 이와부치 코이치에 따르면 일본 대중문화는 1990년대 들어 외국(서구) 문화를 흡수하는 내향적인 단계에서 탈피하여 다른 아시아 사회에 맞게 혼종문화를 발전시키는 외향적인 단계로 변화했다. '문화변전소' 역할로 바뀐 것이다. 그 역할을 한국에 내줬다는 공황감이 크게 작용했으리라.

신한류의 의아한 점은 경박한데 잘 팔린다는 놀라움, '어벙벙한 즐거움' 이다. 대중문화가 심오할 필요는 없지만 초지일관 얄팍한 솜사탕 감성을 맴도는 신한류 컨텐트는 미덥지 않은 구석이 많다. 좋게 말하면 융합과 혼종, 나쁘게 보면 정체불명 문화다. 사춘기 사랑고백과 학예회 군무의 어린이 과자종합선물세트다. 도대체 무엇이 그들을 매료하는지, 분석은 하지만 이해가 안 된다.

그 비밀은 한국 젊은 세대에 있다. 1988년 이후 출생한 세대의 행운과 힘이다. 성장과정에서 먹고 사는 문제로 고민할 일이 없었고 한국인이라는 이유로 핸디캡을 갖지 않은 세대다. 이들의 대한민국은 부모세대의 대한민국과 다르다. 부모세대가 숫자와 통계와 외국 언론의 평가에 의해 조심스레 대한민국의 위상을 확인할 때 이들은 일상생활 속에서 위대한 대한민국을 향유한다. 아버지 할아버지가 주눅 든 채 피땀 흘려 쌓아 올린 긍정의 힘(Positive Energy)을 통째로 상속 받았다. 이 상속 재산으로 세계의 같은 또래를 리드하는데 주저함이 없다. 경박한 10대 취향이지만, 같은 경박한 10대를 상대하는 데는 세계최강이다.

이들이 구가하는 최강의 대중문화는 최강의 한국제품을 견인하고 지탱하는 중요한 기반이 된다. 한국산임을 애써 나타내려 하지 않았던 삼성, LG 제품이 한류를 타면서 오히려 한국산임을 내세우게 됐다. 21세기 제품의 가장 중요한 포인트는 감성이다. 명품이 가격의 상식을 뛰어넘는 것은 감성 때문이다. 한류의 감성에 물든 세계 젊은 세대는 한국산 명품의 감동에도 빠질 가능성이 높다. 대중문화 한류와 경제 한류의 물결 위에 팍스코리아나의 배를 띄우는 일이 가시적 현실로 다가왔다. 발해 이후 천년 만에 찾아온 기회다. 그 동력을 잃지 말아야 한다. 문화와 비즈니스를 결합한 팍스코리아나 패키지, 감성과 돈이 함께 가는 팍스코리아나의 선물 보따리를 세계에 전파하는 일, 그것이 10대, 20대인 그대의 몫이요 고유한 권리다. 그대는 잘 태어났다. 팍스몽골리카의 유력한 후계자, 그대는 행복한 세대다.

팍스코리아나, 시대착오적 국수주의나 민족주의는 안 된다

근원을 따지자면 팍스몽골리카는 한민족의 오랜 역사, 곧 상고사의 인종적, 역사적 배경 위에서 핀 꽃이다. 단재 신채호 선생은 고대 아시아 동부 지역 인종을 우랄어족과 지나어족으로 나누었다. 우랄어족엔 조선족과 흉노족 등이, 지나어족엔 한족(漢族), 묘족(苗族), 요족(搖族) 등이 속한

[그림 2.5] 시대착오적 국수주의 표출 현장. 2011년 9월 27일 전주월드컵경기장에서 열린 전북 현대와 일본 세레소 오사카 경기에서 전북 팬이 내건 일본지진 축하 현수막.

다고 봤다. 조선족이 분화하여 조선, 선비, 여진, 몽골, 퉁구스 등이 되고 흉노족이 분화하여 돌궐(위구르), 헝가리, 터키, 핀란드인 등이 됐다고 주장한다. 한편 박용숙은 오늘날 한국인, 중국인, 일본인, 몽골인, 터키인, 헝가리인, 그리스인, 남러시아인, 중앙아시아인으로 퍼져있는 사람들을 우랄알타이 인종으로 분류하며 이들이 모두 머리와 눈동자가 검다는 특징을 들어 웅족(熊族)이라 칭했다. 한민족 기원은 이론의 여지가 많지만 대체로 중국(漢族)보다는 북방의 몽골인종과 뿌리가 같다는 데는 일치한다.

아시아의 역사를 가장 단순하게 보면 한족과 북방민족(좁은 의미의 웅족), 다시 말하면 정착 농경민족과 유목민족간 경쟁의 역사다. 다만 정착 농경민족도 처음에는 수렵 유목민족이었을 터라, 시간 스케일을 어떻게 잡느냐에 따라 다르다. 단군조선(부여조선) 건국 년도인 BC 2333년을 기준으로 보면 한족을 정착민족, 웅족을 유목민족으로 구분함은 무리가 없어 보인다. 다만 아시아 고대사의 무대가 현재 동 · 북아시아가 아니라 서 · 중앙아시아였을 가능성이 문제를 약간 복잡하게 만든다. 시간 스케일 문제와 함께 이런 공간스케일 문제로 인해 고대사에 관한 사실 획정이 어려워진다.

어쨌든, 몽골족은 지금부터 약 5천년 전 이래 우리 선조—혹은 우리가 그렇게 믿는 사람들—가 경영하던 고대 동북아시아제국(조선)에 속한 부족으로서 수천 년 간 몽골고원 일대에 흩어져 살았다. 고대 동북아시아 제국의 계보는 환국-단군조선-기자조선 · 북부여-고구려 · 백제 · 신라-발해 · 고려-이씨조선으로 이어진다. 이 긴 시간 동안 조선은 중국, 곧 은-주-춘추전국-진-한-삼국-남북조-수-당-송으로 이어진 한족 제국과 끊임없는 생존경쟁을 펼쳤다.

이 과정에서 사촌간이라 할 조선, 몽골, 여진, 거란인은 때론 일치단결하여 한족제국과 대항하기도 하고 때론 사촌을 배반하고 한족제국과 연합하기도 했다. 이런 구도는 신라가 한족 제국인 당나라와 연합하여 조선의 분열을 초래한 후 고려라는 작은 왕국으로 이어지고, 이후 조선의 마지막 계승자라 할 발해 제국이 무너지면서 본류는 사라지고 지류만 남게 됐다. 조선이 분열, 쇠퇴하여 한족 제국과의 대결구도가 무너지자 조선 구성원이며 한민족의 사촌인 거란, 여진, 몽골, 여진족이 차례로 일어나 한족제국(중국)을 정복하고, 나아가 사촌이자 예전의 상전인 조선의 후예 고려-조선왕조까지 속국으로 거느리게 됐다. 우리 집에 세 들어 살던 친척이 성공하여 동네 전체를 사 들이자 우리 집도 거꾸로 그 친척 집에 세를 살게 된 셈이다. 친척인 몽골은 아예 세계 전체의 주인이 됐다.

물론 이것은 아주 단순화한 인종 · 민족 이야기다. 한 문명권이나 지역 안에는 다양한 인종이 섞여 산다. 현재 중국 영토 안에도 한족 뿐 아니라 웅족을 포함해 56개 이상의 다양한 민족이 있다. 지금 한국이나 일본도 마찬가지다. 현재의 국경이나 국가 구분을 근거로 과거를 재단하는 일은 항상 어렵고 위험하다. 중국의 동북공정 서북공정이 위험한 까닭도 여기에 있다. 현재의 국경이나 영토는 긴 인류역사에서 지극히 일시적이란 사실을 깨달아야 한다. 영원한 국가도 없고 영속적인 국경도 없다.

그런데도 국가·민족·역사 이야기를 하는 까닭은 채무감 때문이다. 어쩌면 우리가 했을지도 모를 세계 경략을 몽골이란 이름의 사촌이, 마치 숲속에서 갑자기 뛰쳐나온 호랑이가 들판의 소떼를 덮치듯이, 대신했던 데 대한 채무감이다. 할아버지네 행랑채 살던 일가가 황제가 돼서 태평성대를 만드는 동안, 정작 종손인 나는 그저 할아버지 집만 물려받아 근근히 살아가는 모양이니 시원하지가 않다. 이제라도 분발해야 하지 않겠나? 우리가 잃어버린 고대 동북아시아 제국의 힘을 사촌인 몽골이 대신 발휘했으니 이젠 우리가 다시 그 힘을 계승하여 빚을 갚아야 하지 않겠나?

이것이 팍스코리아나의 역사적 시대적 명분이다. 그 전범(典範)이 팍스몽골리카다. 그러나 국수주의나 민족주의에 물든 장엄한 정복주의 서사(敍事)에 젖으면 안 된다. 알렉산더와 마케도니아제국, 로마제국(팍스로마나), 한나라, 당나라, 명나라, 나폴레옹과 프랑스, 대영제국(팍스브리타니카), 히틀러와 제3제국, 일본의 대동아공영권, 미국제국(팍스아메리카나)에 이르기까지 모든 국수주의 정복주의는 인류에 평화보다는 시련을 가져다주었다.

국수주의 혹은 민족주의에 기울지 않으려면 무엇보다도 어떤 국가든 민족이든 균일한 단일체가 아니라는 점을 깨달아야 한다. 한-일전 축구는 한국과 일본이 싸우는 게 아니라 한국대표선수와 일본대표선수가 싸우는 일이다. 한국은 내부가 얼마나 다양하며 일본은 또한 얼마나 복잡다단한가? 대한민국을 생각해보라. 누구의 대한민국인가? 국민 수만큼 다양한 각자의 대한민국이 있다. 단일한 대한민국이 아니다. 일제 때 독립운동가를 잡아들였던 자의 후손이 독도 수호에 광분하며 애국을 독점하는 대한민국이다. 지금 애국을 독점하는 사람의 국가와 그 할아버지가 사력을 다해 독립을 막고자 방해했던 국가는 같은 국가인가? '우리 대한민국'을 외치려면 이런 맥락을 생각하고 외쳐야 한다.

국가를 복합체가 아닌 단일한 개체로 생각하는 것이 바로 국가주의다. 국가주의는 통치계층에 가장 도움을 준다. 국민이 애국심에 불타 적국을 증오하게 만들려면 국가주의가 없으면 안 된다. 적국의 통치자도 마찬가지다. 우리나라든 적국이든 국가 안에 존재하는 다양한 계층과 집단이 애국의 단일 깃발 아래 모여 오로지 깃발이 다르다는 이유만으로 다른 깃발의 사람과 사투를 벌이는 일은, 주인 싸움에 동원된 머슴이 아무런 원한관계도 없는 상대편 머슴의 목을 따려고 덤비는 일과 다르지 않다. 세계 모든 국가의 국민이 국가주의에 빠지면 어찌 될까? 사실, 대부분 그렇다. 그것이 바로 홉스가 말한 만인(모든 국가)에 대한 만인(모든 국가)의 투쟁이다. 그런 상황에서는 다시 국가가 신성시 되고, '국가를 지키기 위한' 행위는 무엇이든 정당화된다. 만인에 대한 만인의 투쟁이 국내에 적용되면 독재 논리가 힘을 얻는다. 투쟁은 혼란을 유발하고, 혼란스러우니 독재로라도 안정시켜야 한다는 논리가 도출된다. 북방 4도를 두고 일본도 제 땅이라고 우기고 러시아도 제 땅이라고 우기는 상황에서는 전쟁 말고는 아무런 해결방법이 없다. 국가중심주의로는 한 치의 땅에 대해서도 해결책이 안 나온다. 그 잘난 인류가 서로 잘나서 발생하는 서글픈 현실이다.

팍스코리아나를 만들려면 국가를 넘어서야 한다. 대한민국을 놓아주어야 한다. 여건은 충분하다. 한류가 항로를 열었다. 융합의 유전자다. 디지털 유목의 유전자다. 한류에 싣고 갈 물품도 넉넉하다. 홍익인간, 다물, 한글만으로도 배가 넘친다. 유라시아 고려인과 조선족의 닻도 있다. 역사적 명분도 있다. 사고의 틀만 바꾸면 된다. 위기 속에서 배운 임기응변과 스피드를 장기적 안목과 결합하면 된다. 국가주의 망령을 버리고 근시안경을 벗으면 된다. 고토회복(故土回復)류의 감상적 국수주의나 민족주의에 사로잡히면 위험한 소제국주의 군사모험주의를 부르짖는 누군가의 하수인이 된다. 그 누군가는 대개 병역 미필자다. 싸워 보지 않은 사람일수록 싸움 무서운 줄 모른다. 싸움도 책을 통해서 배우는 사람이다. 그런 사람일수록 제 자식은 싸움터에 내보내지 않는다.

판을 키워 나눠먹자 : 모든 유라시아인 나눠먹기

도박판에서 돈을 따는 놈은 판을 만드는 놈, 곧 하우스장(architect)과 큰 판을 먹는 놈이다. 미국이 국가적으로는 무역적자 재정적자로 돈을 많이 잃는 듯 보이지만 기업으로 보면 아주 다르다. 표 2.1을 보라. 미국 주요 기업의 매출액은 웬만한 국가의 GDP보다 많다. 미국 기업은 세계경제의 도박판에서 판을 만드는 하우스장 역할로 돈을 번다. 큰 판을 만들어 판돈을 챙겨간다.

세계경제에서 판을 만드는 방식은 다양하지만 가장 대표적인 경우가 표준을 만드는 일이다. 마이크로소프트의 PC용 OS(Windows), 애플과 구글의 스마트폰용 OS(i-OS, 안드로이드)같은 기술 표준도 있지만 더 큰 판은 전쟁과 복구 작업의 표준이다. 이 표준은 미국이라는 국가의 기획 아래 이루어지며 미국 기업만이 누리는 정치적 특혜다. 전쟁을 일으켜 록히드 마틴이나 보잉의 매출을 늘리고, 전쟁으로 폐허가 된 이라크나 리비아를 '재건' 하는 프로젝트에 막대한 돈을 빌려준다. 복구 재건공사를 누가 하는가? 백텔 같은 미국 기업이다. 다른 나라 기업은 백텔의 하청업체로 들어가야 한다. 당연히 푼돈만 먹는다. 미국기업이 복구공사를 독식케 하여 모든 판돈이 미국기업으로 쏠리게 만드는 은밀한 표준, 이름하여 코포라토크라시(corporatocracy) 시스템이다. 미국기업이 거대한 부를 축적하는 가장 중요한 방식이 바로 이렇게 겉으로 드러나지 않는 방식으로 표준을 주도하는 작업이다. IMF, World Bank, G7, NATO, WTO 같은 국제기구나 협의체를 통해 세계경제와 금융, 나아가 전쟁의 표준을 만드는 힘, '판때기' 를 만드는 힘이 미

순위	국가	기업 GDP/매출액(달러)
1	미국	14조 5,266억
2	중국	5조 9,878억
3	일본	5조 4,588억
4	독일	3조 2,865억
5	프랑스	2조 5,627억
6	영국	2조 2,502억
7	브라질	2조 903억
8	이탈리아	2조 551억
9	인도	1조 6,320억
10	캐나다	1조 5,770억
15	한국	1조 145억
24	대만	4,298억
미국	월마트	4,218억
25	노르웨이	4,130억
27	오스트리아	3,774억
미국	엑손모빌	3,701억
28	아르헨티나	3,700억
42	아일랜드	2,207억
미국	셰브론	2,049억
43	칠레	2,033억
45	필리핀	1,996억
미국	코노코필립스	1,987억
46	체코	1,920억
49	알제리	1,578억
미국	페니메이	1,543억
50	페루	1,538억
미국	GE	1,502억
51	카자흐스탄	1,480억
53	우크라이나	1,379억
미국	버크셔해더웨이	1,362억
한국	삼성전자	1,358억
미국	제네럴모터스	1,356억
54	쿠웨이트	1,326억
55	헝가리	1,304억
미국	포드자동차	1,290억
56	카타르	1,273억
미국	HP	1,260억
미국	카길	1,195억
미국	애플	1,082억
57	방글라데시	1,056억
58	베트남	1,036억

국 제국을 지탱하는 원천이다.

미국	IBM	999억
한국	현대자동차	989억
59	모로코	911억
60	슬로바키아	875억
미국	P&G	826억
61	앙골라	825억
63	리비아	713억
미국	마이크로소프트	699억
64	수단+남수단	654억
100	볼리비아	198억
110	적도기니	145억
120	그루지아	116억
130	차드	86억
140	타지키스탄	56억
150	수리남	37억
183	투발루	0.3억

[표 2.1] 2010년 국가별 GDP순위와 미국 주요기업매출액 비교
출처 : Wikipedia(국가별 GDP는 IMF통계)

우리는 미국처럼 거대한 표준을 만들 힘이 없다. 몇 가지 기술 표준이라면 가능할지 모르겠으나 그 또한 원천기술 투자에 인색하고 핵심 소프트웨어를 공짜로 쓰는 데 익숙한 한국 대기업 마인드를 감안하면 쉽지 않아 보인다. 하여 유라시아 판을 만들어야 한다. 유라시아에서 팍스코리아나의 표준을 만들어야 한다. 미국식 코포라토크라시가 아니라 유라시아 모든 사람에게 풍요를 안기는 홍익인간 방식의 표준이다. 유라시아가 아니라도 좋다. 그대 방식대로 각자의 '판때기'를 만들어라. 아프리카든 시베리아든 북극이든 그대만의 표준을 지금부터 구상해보라.

유라시아는 큰 판이다. 유라시아를 가장 좁은 의미로 보면 중앙아시아 지역인데, 중앙아시아만 해도 자원, 교통, 유라시아 공동체 등 하나 하나가 방대한 규모다. 그대가 유라시아 판의 기획자가 돼라. 기획자가 곧 하우스장이다. 그러나 여러분만 돈을 따는 판은 안 된다. 그런 방식은 팍스몽골리카, 팍스코리아나 정신과 어울리지 않을 뿐더러, 남들이 그렇게 돈을 먹게 놔두지 않는다. 유라시아 판은 하우스장인 그대뿐 아니라 그대의 파트너, 누구보다도 유라시아 주민이 번영하고 행복한 방식으로 만들어야 한다. 큰 판에는 큰 컨텐트가 필요하다. 시비가 엇갈리고 논란의

여지가 많지만 황우석류의 거대 컨텐트가 필요하다. 큰 판에서 작은 도덕성으로 다투는 것처럼 어리석은 일은 없다. 작은 박수에 취해 큰 판을 잃음은 군자의 방식이 아니다.

팍스코리아나 철학

팍스코리아나는 21세기 유라시아를 팍스몽골리카의 유산 속에서 재발견하는 일이다. 이 일은 인류 역사에서 세계 문명을 주도해온 동양헤게모니(正)→서양헤게모니(反)의 대립 경쟁적, 상호 침략적 관계를 넘어서 진정한 문명공존의 평화와 번영(合)으로 나아가는 중요한 과정이다. 팍스몽골리카의 재발견을 동양 헤게모니(正)의 탈환 · 복귀나 서양 헤게모니(反) 유지를 위한 정복술의 재조명으로 보지 말아야 할 이유가 여기에 있다.

지리공간적 유라시아를 생각할 때도, 아시아(몽골) 세력권(正)→유럽(러시아+독일/영국/프랑스/미국) 세력권(反)의 경쟁구도에 빠지지 말아야 한다. 즉 동양세력권의 부활이나 서양세력권의 유지 혹은 '해양세력과 대륙세력간 각축의 장' 과 같은 장기판식 거대한 대결(Great Game)의 경합공간이 되지 않도록 기획해야 한다. 아래 그림 2.6을 참조하기 바란다.

팍스코리아나는 팍스몽골리카를 재발견하면서 유럽의 르네상스가 '유럽인' 의 재발견을 '인간' 의 재발견으로 오해했던 오류를 되풀이해선 안 된다. 세계주의와 제국주의는 동전의 양면이다. 헤르메스의 지팡이에 들러붙어있는 두 마리 뱀처럼 신기술이라는 지팡이에 서로 얽힐 수 있기 때문이다. 우리가 팍스코리아나를 통해 찾는 것은 제국주의의 과오와 국제주의의 한계를 넘어서는 진정한 세계주의 이상(理想)이다. 그 과정에서 돈은 저절로 따라온다. 거대한 부를 움켜쥐면서 동시에 멋진 철학을 실천하는 일, 이것이 팍스코리아나 꿈이다. 꿈을 잃은 대한민국을 놓아주고 유라시아 대륙에서 미래를 캐는 꿈이다. 그대가 나서라. 자, 이제 팍스코리아나의 미래를 가슴에 안고 옛 팍스몽골리카의 땅, 유라시아 대륙으로 가보자.

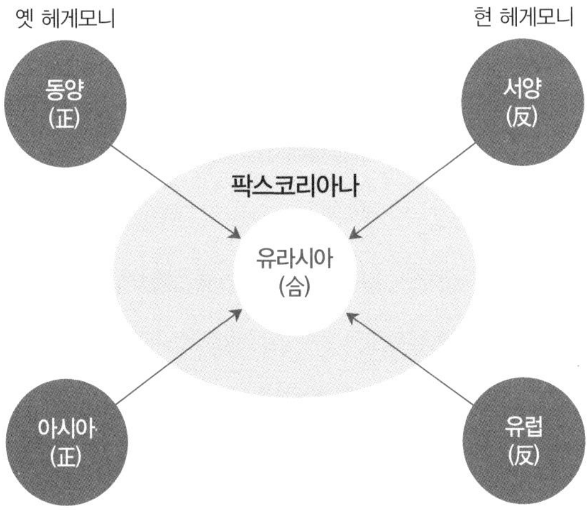

[그림 2.6] 팍스코리아나 철학 개념도

YOUR DREAM IS REALITY
_002

유라시아 대륙 재발견 : 대륙을 거쳐 미래로 나아가기

"과거를 국가주의나 민족주의자의 틀에서 벗어나게 하는 일, 이는 곧 현재를 미래로 열어놓는 것"

최갑수

유라시아가 미래인 까닭

지난 200년간 세계를 경영한 영 · 미 헤게모니, 곧 팍스브리타니카와 팍스아메리카나는 '해양세력'의 헤게모니다. 해양세력은 '대륙세력'의 반사적 개념이다. 대륙세력이 있기 때문에 해양세력이 존재한다는 뜻이다. 다시 말하면 해양세력은 해양을 기반으로 한다는 뜻이라기보다는 '대륙세력에 대항하는 모든 비(非) 대륙세력'의 의미를 갖는다. 세계 질서를 해양세력과 대륙세력 간 대결구도로 파악한 것은 약 100년전 부터다. 100년전은 저물어가는 영국 헤게모니(팍스브리타니카) 너머로 미국 헤게모니(팍스아메리카나)의 동이 트던 때다. 당시 영국은 생존전략 차원에서 신흥 산업국인 독일과 러시아를 견제하기 위해 이들을 대륙세력으로 규정했다.

대륙세력의 기반인 '대륙'이 바로 유라시아 대륙이다. 유라시아 대륙에서 통합세력이 나오지 않도록 견제하고 봉쇄하는 일, 이것이 곧 해양세력의 중요한 임무였다. 그 임무는 성공적이었다. 덕분에, 팍스몽골리카 붕괴 이후 역사의 변방으로 밀려났던 유라시아 대륙은 지난 100년간에도 여전히 세계 질서의 중심에서 벗어나 '잃어버린 대륙'으로 남게 됐다.

잃어버렸다 함은 첫째로 대륙, 곧 유라시아 중심부가 팍스몽골리카의 중심이었으나 몽골이 쇠락한 이후 칠백 년 가까이 세계사의 변방으로 후퇴했다는 사실, 둘째로 중국 명나라 이후 팍스몽골리카 교역망이 차단와해되면서 대륙이 동서교역로 연결의 중추기능을 상실한 일, 마지막으로 그나마 중국을 통해 간접적으로나마 대륙과 육로로 연결되던 한반도가 분단되면서 한반도 남쪽이 섬 아닌 섬이 돼 대륙과 단절되고 대륙을 잃어버린 일을 의미한다.

해양세력과 대륙세력의 이분론적 대결을 넘어서야만 잃어버린 유라시아 대륙을 재발견하고 '복구'할 수 있다. 유라시아 대륙, 유라시아 통합의 주적은 해양세력이 아니다. 해양세력과 대륙세력을 나누고 그들 간에 선악 대결을 연출하는 이분법 자체가 적이다. 해양세력, 대륙세력이란 신화에 불과하다. 해양만이 중요하다거나, 반대로 대륙만이 중요하다거나 하는 주장 자체가 타당치 않다. 대륙 내부는 얼마나 다양하며 해양 또한 얼마나 복잡다단한가? 내가 주장하는 대륙은 해양과 대립하는 개체가 아니라 그릇된 해양-대륙의 이분법을 넘어 통합과 공존으로 나아가는 대륙이다. 땅 따먹기에서 땅 나눠 쓰기로 나아가기 위한 대륙, 대결의 지정학에서 공존의 지정학으로 나아가는 대륙이다. 잃어버린 대륙을 복구한다는 뜻이 여기에 있다.

대륙을 중앙아시아로 좁혀 생각하면 우리에게 대륙은 처녀지다. 대륙에 사는 사람에게 처녀지라는 명명은 불쾌할지 모른다. 그러나 처녀지는 콜롬부스가 신대륙을 찾아 나설 때 가졌던 신천지나 정복대상의 처녀지란 뜻이 아니다. 빼먹을 게 많아서 처녀지도 아니다. 발전 가능성 면에서 처녀지다. 발전 가능성이란 세계중심의 위상을 회복할 잠재력을 말한다.

최근 몇백 년간 세계를 지배하고 착취한 이른바 해양세력의 경제시스템은 낡고 늙은 레드오션(red ocean)이다. 2007~2008년 세계경제를 강타한 미국 서브프라임 모기지 사태는 해양세력과 그 시스템의 퇴조 서막을 알린 사건이다. 이들이 고안한 금융시스템과 기상천외의 금융파생상품을 거래하던 투자은행은 직격탄을 맞고 연쇄 도산하거나 정부에 인수됐으며 수십만명의 직원이 직장을 잃고 거리에 나 앉는 등 단기간에 회복이 불가능한 상태가 돼 버렸다. 미국과 영국, 사실은 미국과 영국의 국가시스템 배후에서 세계경제를 주물러 온 금융세력은 경제호황과 불황의 냉온탕 사이클을 연출하고 그 속에서 부를 창출했다. 그러나 사이클이 자체 논리로 돌아가면서 연출자의 통제권을 벗어나고 급기야는 그들마저 자기가 만든 사이클에 맞춰 살아남아야 하는 상황이 됐다.

2011년 10월 현재 미국정부는 2007~2008년 위기 때 1조달러 이상을 쏟아 부은데 이어 3년 만에 또 다시 4000억달러 규모의 공적자금(곧 세금)으로 경기 부양에 나서고 있으나 더블딥(double dip. 경기침체 후 정상회복하지 못하고 다시 침체국면으로 빠져 듦) 탈피가 쉽지 않아 보이고 유럽연합(유로존)은 그리스 구제금융을 둘러싸고 회원국 간에 이견과 마찰이 심해, 설사 구제금융이 이루어진다 해도 유로존의 앞날은 매우 부정적이다. 이탈리아와 스페인도 그리스 못지않게 국가 부도 위험을 안고 있기 때문에 문제가 더 어렵다. 2011년 12월 초 열린 유럽연합(EU) 27개국 정상회의에서는 독일, 프랑스가 공조하여 유로존의 협력과 통합을 강화키로 한 반면 영국은 27개 참가국 중 유일하게 서명에 반대하여 논란이 일었다. 어떻게 하더라도 세계 경제가 단기간에 좋아지긴 어려우며 설사 호전되더라도 미국과 서구가 지난 60여년간 누렸던 지배적 지위는 더 이상 유지하지 못할 것이다.

이런 지배 공백을 중국이 메꾸리라는 예상과 기대가 난무한다. 여러 지표로 볼 때 그 예상은 맞다. 그리스는 물론이고 독일과 프랑스 정부마저 중국이 그리스 지원에 나서달라고 요청하는 형국이다. 그러나 중국의 소위 신중화주의가 걸림돌이다. 중화사상은 배타적 자국중심주의다. 자신을 세계의 빛나는 중심(중화)이라고 생각함은 나무랄 일이 아니다. 그러나 자신을 제외한 나머지를 변방, 곧 오랑캐라고 생각한다면 문제다. 유럽중심주의, 영 · 미 패권주의와 다를 바 없다. 기존의 영 · 미 패권주의가 중국의 새로운 패권주의로 대체되기도 어렵지만 대체된다 하더라도 오래 가지 못한다. 리더십은 돈이나 인해전술로 밀어붙일 수 없다. 팍스몽골리카는 보편주의 헤게모니로, 팍스브리타니카와 팍스아메리카나는 표준과 호환성 헤게모니로 세계를 경영했다. 헤게모니는 피지배자가 지배를 어느 정도라도 인정한다는 동의가 있어야 가능하다.

향후 세계정치경제는 어떤 한 나라 혹은 한 문명의 헤게모니가 지배하는 Pax- 류가 아니라 다원적 혹은 다극적인 체제가 될 가능성이 크다. 다원적이란 뜻은 의사결정 권한이 회원(즉 헤게모니를 구성하는 다수의 나라) 간에 고르게 나뉘어 있어 회원 간 합의나 투표와 같은 방식으로 의사결정이 이뤄지는 상태를 의미한다. 다극적이란 몇 개의 지배국가(예컨대 미국, 영국, 중국, 러시아 등)가 각자 일정한 영향권을 형성하며 마치 유엔 안전보장이사회 상임이사국과 같은 지위를 갖고 그들만의 협의를 통해 세계정치경제의 주요 의사결정을 내리는 형태다.

아울러 다국적 기업, NGO, 국제 시민연대 같은 국가 이외의 다양한 주체가 발언권과 대표성을 높여 국가 간 시스템과 대등한 영향력을 행사할 것이다. 글로벌 기업이나 금융집단의 힘은 국가를 도구로 활용할 정도로 성장했다. 한 나라 국민이라는 정체성보다 세계기업의 직원, 버츄얼 네이션(virtual nation)의 시민, 세계 시민네트워크 회원이라는 복수(다중) 정체성(multiple identity)이 더 강한 시대가 도래하고 있다. 신중세주의(New Medievalism)의 도래다. 유럽 중세에는 한 사람이 제국 신민, 가톨릭교회 신도, 공국의 백성, 도시국가의 시민을 겸했다. 한 국가의 독점적 주권이 배타적으로 행사되지 않고 여러 가지 다른 종류의 주권이 거의 대등한 입장에서 중복, 경쟁하는 시스템이다. 복수주권(multiple sovereignty) 시스템이다. 오늘날 '여러 주권'에는 EU같은 초국가연합, 캐나다 몬트리얼 같은 지방, 다국적 기업 등이 포함된다. 그대가 대한민국 여권, 유라시아 여권, 삼성 여권, SM 네이션 여권을 동시에 갖고 필요에 따라 다른 여권으로 세계를 여행할 수 있다고 생각하면 된다. 유라시아 대륙의 중요한 의미가 여기에 있다. 유라시아 대륙은 해양이란 기치 아래 횡행했던 국가중심주의와 국가 간 시스템, 특히 국제기구라는 위장막 속에서 이루어지는 패권국가의 세계지배 구조를 탈피하여 복수 주권을 지향하는 의지의 상징이다. 유라시아주식회사 여권으로 세계를 여행하는 상상이다.

현재 유라시아 대륙의 국가로는 러시아, 몽골, 카자흐스탄, 우즈베키스탄, 키르기즈스탄, 타지크스탄, 투르크메니스탄 등 7개국이 있다(그림 2.7.b). 여기에 대륙의 외곽이라 할 동유럽의 우크라이나, 벨라루스, 몰도바와 코카서스의 그루지아, 아르메니아, 아제르바이잔 등을 포함하면 13개국이다(그림 2.7.c). 중국은 대륙에서 제외했다. 중국을 넣게 되면 대륙의 인구와 면적이 수치상 과장될 우려가 있기 때문이다. 물론 편의상 현 국경만을 근거로 한 구분이다. 국가 내부에는 다양한 민족, 인종과 문화집단이 포함돼있기 때문에 실제 대륙의 모습을 현 시점의 국경지도만으로 보면 안 된다. 러시아 극동 시베리아에는 야쿠트, 사하 등 자치공화국은 물론 유태인자치구 등 다양한 소단위 민족자치체가 포함돼있다. 중국은 지배 민족인 한족 이외에 55개 민족으로 구성됐고 신장 · 위구르(동투르키스탄), 서장(티벳), 영하회족, 내몽골, 광서장족 등 자치구는 역사적으로 독립국이었다. 연변 조선족 자치주는 항일전쟁과 중국공산당의 국가수립과정에서 공로를 인정받아 자치구가 됐으나 이후 자치주로 격하됐다.

[그림 2.7.a] 유라시아대륙 1 : 중앙아시아 5개국

[그림 2.7.b] 유라시아 대륙 2 : 중앙아시아 5개국+몽골, 러시아

[그림 2.7.c] 유라시아 대륙 3 : 중앙아시아 5개국 +러시아, 몽골+동유럽 · 코카서스 6개국

[그림 2.7.d] 유라시아 대륙 4 : 유라시안 아일랜드 (섬을 제외한 유럽+아시아)

대륙의 의미, 대륙의 잠재력을 살펴보자.

자연·환경 가치

대륙 7개국의 인구는 2억여 명으로 세계인구의 약 3% 내외다. 반면 면적은 2,270만㎢로 세계 육지면적의 16%나 된다. 달리 말하면 대륙의 인구밀도가 세계평균의 5분의 1밖에 안 된다는 얘기다. 러시아 시베리아와 북극해연안의 광활한 면적이 동토에 가까운 거주불가능 지역인데다 중앙아시아 초원지대가 정착농업보다는 유목초원에 적합한 지형적 특성 때문이다. 몽골 남부의 고비사막도 낮은 인구밀도에 기여한다. 다만, 그런 점을 감안하더라도 경작면적 비율이 전 세계대비 10%로, 1인당 경작면적에서 세계 전체 평균의 3배라는 점이 주목된다. 낮은 인구밀도는 역으로 향후 활용여지가 큼을 의미한다. 북극권의 기온이 상승하면 동토 지역이 거주지역으로 바뀔 수 있고 북극항로가 가동할 경우 북극해연안의 작은 마을은 얼음의 포구에서 새로운 해운 거점으로 바뀔 가능성이 있다. 물론 앞으로 100년 이상 뒤 얘기다.

대륙의 자연·환경적 잠재력 가운데 가장 주목할 부분은 자원이다. 철강, 석탄, 원유는 전 세계 생산량(및 매장량)의 10% 이상, 천연가스는 30% 이상을 점한다. 그 밖에 카자흐스탄의 구리와 금, 우즈베키탄의 금과 면화, 키르기즈스탄과 타지키스탄의 수자원과 우라늄은 세계적인 주목 대상이다. 요즘 한국 관광객도 좋아하는 키르기즈스탄의 이스쿨(Issyk-Kul) 호수는 세계에서 몇 개 남지 않은 거대 청정호수로 수자원의 가치가 무궁무진한 미래자원이다. 에비앙 같은 세계적 생수업체가 눈독을 들이고 있다. 호수의 동서길이가 200㎞, 면적은 7,000㎢나 된다. 서울시 면적의 10배다. 그저 경치 좋아 쉬었다 가는 곳으로만 생각하는 관광객 마인드를 넘어서야만 대륙이 보인다. 대륙의 자원 가운데 눈 여겨 봐야 할 또 다른 존재가 삼림이다. 대륙의 삼림 면적은 전 세계 삼림 면적의 20% 이상이다. 대표적인 친환경 미래자원인 삼림은 여가, 관광, 문화, 목재산업 등 향후 대륙 개발의 중요한 포인트로 활용 가능하다.

정치 · 경제적 잠재력

이 부분은 전통 지정학 방식으로 설명해본다. 피터 홉커크의 『거대한 대결』(The Great Game)은 1800년대 중반부터 1907년까지 러시아와 영국 간에 대륙(중앙아시아, 특히 우즈베키스탄-아프가니스탄 회랑)에서 펼쳐진 치열한 스파이전을 흥미진진하게 다루고 있다. 이 회랑은 과거 팍스몽골리카의 차가타이 한국, 그 뒤엔 티무르제국-무굴제국의 영역이었다. 1757년 플라시 전투 이후 영국이 인도 지배권을 확립하고 무굴제국의 힘이 쇠퇴하자 힘의 공백지역이 됐다. 홉커크 식으로 말하면 '거대한 정치적 무주공산(great political no-man's land)'이다. 19세기부터는 러시아와 영국이 팽창을 다투는 무대가 됐다.

러시아는 1700년대 중반부터 인도양 방향으로 꾸준히 남진을 시도하던 참이었다. 영국은 해양세력으로서 대륙세력의 해양진출을 봉쇄한다는 명분 아래 필사적으로 러시아를 막으려했다. 반대로 러시아는 자신을 사방에서 옥죄어오는 서구에 대해 반사적 위기감을 느끼고 인도양 루트에 심혈을 기울였다. 러시아 입장은 지난날 몽골에 정복당했던 역사적 피해의식을 반영한다. 이 공백지역(history's hinterland)은 20세기 초에 러시아 영향권으로 편입됐고 소비에트 혁명 후 소비에트 연방의 일원이 됐다가 1990년부터 독립국가연합(CIS)이란 타이틀을 달고 비로소 현대 국가 대열에 합류했다.

소비에트 연방 해체 후 대륙(중앙아시아)에는 구 종주국인 러시아와 함께 미국이 전략적으로 진출하기 시작했다. 또한 국경을 맞댄 중국, 터키, 이란까지 이해 당사자로 나서면서 복잡한 지전략적, 지정학적 경쟁의 장으로 급변했다. 특히 1990년대 중 · 후반부터 미국이 적극적 관심을 갖게 되자, 급속한 경제성장으로 재정능력을 회복 증강한 러시아와 중국도 더욱 적극적으로 개입을 시도했다. 대륙의 '신 · 구 당사자' 역할을 자처한 셈이다.

1997년 9월 미국이 카자흐스탄 일원에서 실시한 4개국(미국, 카자흐스탄, 우즈베키스탄, 키르기즈스탄) 연합 군사훈련이 중요한 전기가 됐다. 미국은 9 · 11 테러 이후 대 테러 전쟁을 명분으로 중앙아시아 국가에 대해 군사협력과 군사기지 사용을 더욱 확대했다. 이에 자극을 받은 러시아와 중국은 상하이협력기구(Shanghai Cooperation Organization : SCO)를 통해 연대를 도모하면서, 2005년 정상회담에서 미군의 중앙아시아 철군을 요구하고 산둥반도에서 SCO 국방장관 참관 하에 양국 합동 군사훈련을 실시했다. 이는 2차 대전 종전 이후 60년 만에 최초로 실시된 중 · 러 연합작전이다. 소련 붕괴 후 북대서양조약기구(NATO)를 계속 확대하여 러시아를 턱 밑에서 압박해 온 유럽과 미국에 대한 대응인 셈이다. 러시아는 내친 김에 2006년 카자흐스탄, 타지키스탄과 함께 카스피해 CSTO 연합 군사훈련을 실시했다. CSTO는 러시아 주도로 2001년 5월 9 · 11테러 직전에 카자흐스탄, 키르기즈스탄, 타지키스탄, 벨라루스(백러시아), 아르메니아 등과 함께 결성한 집단안보조약기구(Collective Security Treaty Organization)다. 중국은 2001년 6월 거의 같은 시기에 결성한 SCO를 주도하면서 이란, 파키스탄, 인도, 몽골을 옵서버로 끌어들이며 영향력 확대를 꾀하는 중이다. 정리하자면, 중앙아시아 대륙은 지전략적 측면에서 한편으로는 러시아(CSTO)와 중국(SCO)의 대미(對美) 전략 공간, 다른 한편으로는 대륙의 개별 국가와 미국의 양자간 협력관계가 중첩된 공간으로서, 향후 세계질서에 결정적 영향을 미칠 최대의 전략요충지로 부상 중이다. 중앙아시아 대륙 가운데서도 중국과 국경을 맞대고 있는 키르기즈스탄은 중국과 미국 양쪽으로부터 강력한 러브콜을 받는다.

이런 러브콜은 지전략 뿐만 아니라 자원을 둘러싼 이해관계를 반영한다. 가장 뜨거운 이슈가 석유 · 천연가스 파이프라인이다. 특히 유럽은 천연가스를 러시아와 중앙아시아로부터 공급되는 파이프라인에 전적으로 의존하므로 중앙아시아의 정세 변화에 민감하다. 또한 중앙아시아 석유는 대부분이 흑해-지중해 루트를 통해 운반되는데, 미국과 유럽 입장에서 보면 흑해의 상당부분을 러시아가 통제하는 데서 오는 불안감이 있다. 이에 따라 2006년 아티라우(카자흐스탄)에서 카스피해를 건너 바쿠(아제르바이잔)-트빌리시(그루지아)를 거쳐 삼순-세이한(터키)으로 연결되는 BTC 파이프라인을 개통해 하루 100만 배럴 이상의 원유를 수송하기 시작했다. 중국은 중국대로 카자흐스탄 아티라우에서 카자흐스탄을 가로질러 중국으로 연결되는 석유 파이프라인을 2009년말 완공하고 매일 40만 배럴 규모를 카자흐스탄에서 공급받고 있다. 미국과 중국의 경제가 중앙아시아 대륙의 자원에 크게 의존하게 된 셈이다. 당연히 중앙아시아에 대

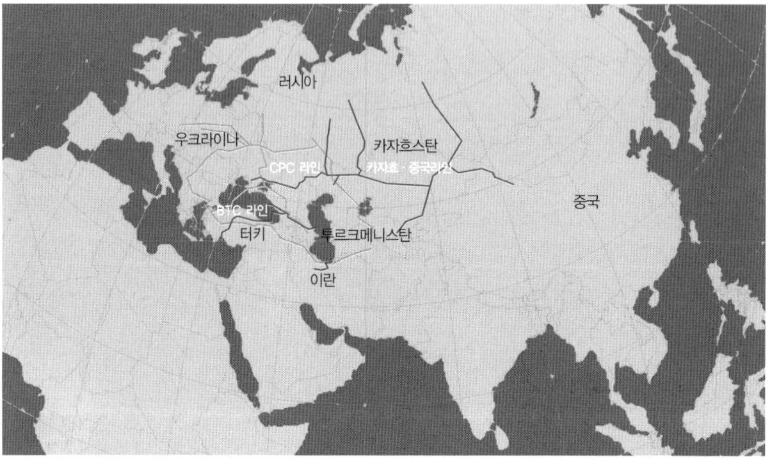

[그림 2.8] 중앙아시아 국제 석유 · 천연가스파이프라인. 석유 —— 천연가스 ——

한 지전략적 관심이 클 수밖에 없다.

자원을 둘러싼 지전략 이해관계와 더불어 또 하나의 중요한 요소가 있다. 중앙아시아 · 유라시아 대륙은 아시아와 유럽을 육로로 잇는 통로, 일명 대륙교(land bridge) 역할로서 큰 잠재력을 갖는다. 현재 유라시아 대륙, 특히 중앙아시아는 철도 도로 등 인프라 수준이 매우 열악한 실정이어서 유럽과 아시아를 잇는 진정한 대륙교 역할, 곧 800년 전 팍스몽골리카 시대에 담당했던 교량 역할을 하기에는 매우 미흡하다. 그러나 미흡하기 때문에 앞으로 개발 여지가 크다. 이 대목이 바로 유라시아 뉴딜(New Deal)의 출발점이다. 유라시아 뉴딜은 다국적, 집단적, 거대지역을 개발하여 세계평화와 경제안정을 동시에 추진할 글로벌 메가프로젝트다.

세계경제는 기술혁신에 의존하면서 성장할수록 고용이 줄어들고 있다. 게다가 2008년에 이어 2011년에도 세계금융위기가 연달아 발생하면서 위기 주기가 점점 짧아지는 징후가 나타나기 시작했다. 글로벌 경제시스템이 본질적 위기에 봉착하면서 역으로 글로벌 경제시스템에서 소외된 지역이 세계경제의 구원투수 역할을 하리라는 기대가 크다. 낙후된 덕분에 글로벌 위기에 휩쓸리지 않은 중·남아프리카와 중앙아시아가 그런 곳이다. 특히 중앙아시아 대륙은 에너지와 광물자원의 개발 가능성은 무한한 데 비해 사회기반시설은 취약하다는 점에서 세계 경제회생의 출발점으로 최적이다. 거대 시장인 유럽과 아시아를 연결하는 지리적 위치는 성공을 예약하는 조건이다. 철도, 도로, 급수, 전력 등 대규모 고용 창출 프로젝트로 세계경제를 침체의 늪에서 벗어나게 할 열쇠를 쥐고 있는 중앙아시아 대륙이다.

문화·문명사적 의미

중앙아시아 대륙은 대몽골제국의 기반이었고 동아시아를 유럽과 연결시키는 역참망의 연결고리였다. 800년전 세계 정치경제 네트워크의 중추였다. 이 중추가 무너지면서 인류사상 처음으로 이룩한 세계화도 후퇴했다. 유럽과 아시아 문명이 제 각기 지역 문명으로 유턴했으며 그 중 대몽골제국에 한 수 지도 받은 유럽 문명이 각성하여 아시아 문명을 능가하고 아시아를 지배하며 나아가 세계를 지배하게 된 것이 지난 300년의 유라시아 역사다. 이 과정에서 유라시아 대륙, 특히 중앙아시아는 역사의 변방으로 밀려나 강대국간 전략게임의 대상이나 역사유물 침탈, 각종 자원의 착취 대상으로 전락했다.

2011년 9월 27일 밤 호주의 한 TV방송(Australia Network TV)은 특이한 여행 프로그램을 방영했다. 2004년 6월 팀 코프(Tim Cope)라는 청년 모험가가 징기스칸 족적을 따라 과거 대몽골제국의 수도인 카라코룸(현 울란바토르 서남쪽 320km)을 출발하여 3년 3개월에 걸쳐 10,000km를 주파, 2007년 9월 헝가리 부다페스트 인근 다뉴브강에 도착하는 스펙타클한 여정이다(그림 2.9.). 1년 6개월을 예정했으나 중간에 부친상을 당해 기간이 늘었다. 팔백년 전 상황을 그대로 재연하기 위해 조랑말 두 마리에 짐을 싣고 개 한 마리를 데리고 늑대가 득실대는 몽골 고원과 알타이 산맥의 빙하를 건너고 동유럽 척추인 카르파티아 산맥을 넘는 천신만고의 여정은 경탄을 자아내게 했다. 험산준령, 영하 50도의 혹한, 54도의 폭염, 유목민과 정착민간 살벌한 싸움 목격 등 목숨을 건 여정을 마치고 마침내 누더기 몰골로 헝가리에 입성하는 그를 말갈 유목민 후손인 헝가리 주민이 진심 어린 박수로 환영하는 장면은 감동적이었다. 30대 초반의 젊은 호주인이 팍스몽골리카 루트 주파를 기획한 점이 놀랍고 부러워 홈페이지(http://www.timcopejourneys.com)를 방문해 보니 직업 모험가답게 메인 스폰서 3개 회사를 비롯, 골드 · 실버 · 브론즈 등급별로 총 26개 회사나 됐다. 지역 토착방식으로 오지 여행을 하다가 직업 모험가가 됐는데 지금은 강연, 저술, 방송 제작 등으로 눈코 뜰 새 없이 바쁜 나날을 보내는 수입 짭짤한 프로페셔날이다. 개인적으로 참고하고 자극을 받기 바란다.

유라시아 프로젝트는 10조달러 규모의 거대한 자금이 필요한 메가프로젝트지만 그 출발은 그대의 상상력과 기획이다. 상상력에 불을 지피고 기획에 영감을 불어 넣기 위해 팀 코프 식 모험여행부터 기획해보면 어

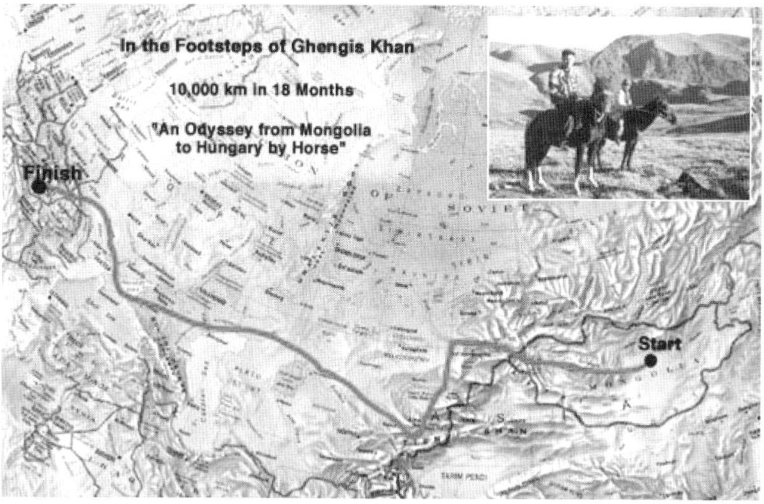

[그림 2.9] ▲ 징기스칸 족적을 따라간 팀 코프의 10,000km 모험여행 루트
▼ 카스피해 부근의 카자흐스탄 서부 초원지대를 지나는 팀 코프 (출처 :팀 코프 홈페이지)

떨까? 여정에서 겪는 육체적 고통과 문화적 접촉은 유라시아 기획의 좋은 영양분이 된다. 그 자체로도 적지 않은 부가가치를 창출할 터.

모험여행을 소개한 까닭이 있다. 유라시아 대륙은 팍스몽골리카의 문화적 기억과 문명적 토양 위에 서 있다. 낙타로 오가던 실크로드를 역참 시스템으로 업그레이드하고 동서 문명의 진정한 통합을 이루었던 팍스 몽골리카, 그 족적을 담고 있다는 사실만으로도 가치가 있는 땅이다. 더구나 앞으로 제 2의 팍스몽골리카를 배태할 땅이다. 문화 · 문명사적 가치는 그 자체만으로도 의미가 있지만 돈도 된다. 그것도 큰 돈을 가져다준다. 체험관광, 생태관광, 모험여행 등 관광 중에서도 가장 부가가치가 높은 분야에서 이처럼 풍부한 문화 · 문명의 스토리가 있는 곳이 있던가? 관광산업은 석유, 자동차 산업 다음으로 규모가 큰 세계 3대 산업이다. 유라시아 · 중앙아시아 대륙의 문명사적 산업적 가치를 빨리 깨닫고 먼저 움직이는 자에게 대륙은 두 팔을 벌릴 것이다. 그대가 제2의 팀 코프가 되라. 팀 코프를 넘어 제2의 혜초(慧超)나 마르코 폴로가 되라. 그런 결단이 있어야만 팍스몽골리카도 그대 안에서 다시 태어난다. 그것이 팍스코리아나의 토대다. 이런 상상력과 기획이 수 없이 누적돼야 팍스코리아나가 만들어진다. 다행히 신한류라는 컨텐트를 통해 일단 가능성은 보았다. 이제부터는 문명사적 영감으로 그대만의 팍스코리아나를 기획해보라.

한국에 갖는 의미

① 위치적 가치 : 루트로서의 대륙

먼저 유라시아 대륙이 갖는 입지(location) 잠재력에 주목하자. 쉬운 예를 들어본다. 부산항에서 수에즈 운하를 거쳐 네덜란드 로테르담항까지 해양 컨테이너 수송거리는 22,000km인데 비해 부산항에서 러시아 연해주 보스토치니항이나 나홋카항을 거쳐 시베리아횡단철도(Trans-Siberian Railway : TSR)를 이용하면 12,000km로 거의 절반 밖에 안 된다. 수송시간도 각각 30여일과 10여일로 크게 차이가 난다. 물론 철도수송의 안전성 문제라든가 블라디보스톡항에서 열차 수송으로 환적하는 문제, 여러 국경을 통과하는 문제 등은 고려하지 않은 단순 비교다. 실제로 현재 TSR은 이런 문제로 인해 잘 활용이 안 된다. 화물 분실과 같은 기본 관리문제를 획기적으로 개선해야 하기 때문이다. 그러나 앞으로는 분명 양상이 달라진다. 해양수송로 또한 소말리아 해적 등 안전성 문제가 갈수록 나빠지는 중이고 수에즈 운하라는 문턱을 거쳐야 하기 때문이다.

TSR의 문제점이 개선된다면 기존 해양운송로를 대폭 대체할 수 있다. 더구나 남북한종단철도망(Trans-Korean Railway : TKR)이 연결된다면 대한민국 수도권의 화물을 구태여 부산항까지 운송하여 환적할 필요 없이 바로 로테르담까지 실어 나를 수 있으니 당연히 해양운송보다 경쟁력을 갖게 된다. 예를 들어 똑같이 TSR을 이용하더라도 지금처럼 서울에서 컨테이너 1개를 부산항까지 운송하여 배에 갈아 싣고 보스토치니항으로 운송한 후 다시 TSR로 환적하는 방식과, 그냥 서울에서 곧바로 열차에 싣고 TKR을 거쳐 TSR을 타는 방식은 가격 차이가 엄청나다. 전자가 150만원 이상인 데 비해 후자는 50만원이면 된다. TKR 연결은 남북한이 합의만 하면, 아니 북한이 결정만 하면 순식간에 연결된다. 남쪽은 도라산-군사분계선, 북쪽은 군사분계선-장단까지 모두 합해 5km도 안 된다. 이 구간만 연결하면 열차로 서울역에서 곧바로 유라시아 대륙을 건너 유럽에 갈 수 있다! 물론 북한 구간, 즉 개성-나진 · 선봉 구간의 낙후한 철로 시설을 개선하려면 좀 더 시간이 필요하다. 한반도 표준궤(1.435m폭)와 러시아 광궤(1.520m폭)를 연계하는 방식도 해결해야 한다. 크기가 다른 궤를 연결하는 데는 가변대차(롤링스톡)방식, 즉 열차 바퀴부분이 레일 폭에 맞춰 자동 조절되는 방식이 가장 효율적이다. 러시아 구간도 노후시설을 개선하고 시스템을 업그레이드해야 한다.

가장 큰 걸림돌, 즉 북한의 결단 문제는 어떻게 풀까? 여기서 발상 전

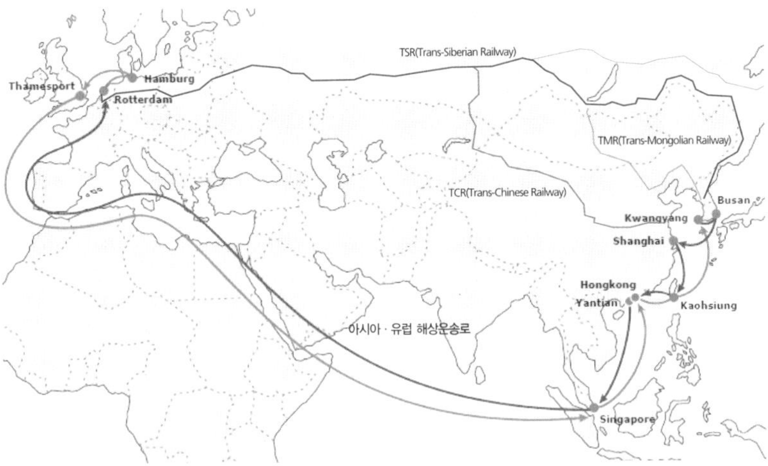

[그림 2.10] 유라시아 대륙횡단철도와 아시아-유럽익스프레스 해상운송로 비교

환이 필요하다. 남북대화나 협상으로 풀면 가장 좋겠지만 앞에서 살펴본 것처럼 남도 국가고 북고 국가다 보니 쉽게 해결되지 않는다. 국가중심주의, 국가 간 시스템의 완고한 장치가 작동하기 때문이다. 게다가 대한민국에는 대륙과 연결보다는 해양강국을 표방하며 섬나라로 남기를 바라는 세력이 엄존한다. 암묵적인 분단 고착세력이다. 북한이 있는 한 섬나라가 되는 길 밖에 없다고 생각한다. 통일얘기가 나오면 비용부터 거론한다. 민족의 대업을 공짜로 이루겠다는 생각인지 궁금하다. 그들 입장에서는 '현실' 직시다. 스케일의 전환을 통해서 현실을 바꾼다는 발상은 하지 못한다. 남북통일 문제와 관련해서 이 문제를 살펴보자.

② 남북통일의 장 : 스케일 전환 무대

남북통일은 이제 당위성보다는 필요성을 따지는 시대가 됐다. 내 어린 시절, 1960~1970년대에 통일은 절대적인 당위성을 가졌다. '우리의 소원은 통일'을 입에 달고 살았다. 통일에 대한 진정성이 없더라도 통일의 신성함에 대해선 토를 달지 못했다. 반민족이 되기 때문이다. 지금은 어떤가? 꼭 통일을 해야 하나, 막대한 통일비용은 어떻게 조달하나 하는 현실적 논의로 바뀌었다. 먹고 사는 문제로 인해 통일 같은 큰일에 신경 쓸 겨를도 없어졌다. 통일에 대한 관심을 높이자는 취지로 국영 통일방송까지 등장할 정도가 됐다.

분열된 개체의 통일은 정상적인 방식으로는 매우 어렵다. 양쪽에 모두 통치자가 있고 그 주변에 이해관계로 얽힌 통치권력 집단이 있기 때문이다. 둘이 하나로 통일되면 기존 이해관계가 심하게 흔들린다. 통치자 자리가 1개로 줄어드는 일이 가장 처리 곤란한 부분이다. 국가 간 영토분쟁이 해결되지 않는 이유와 똑같다. 어찌 보면 해결이 안돼야 정권에 유리하다. 해결할 문제가 있어야 국가가 존립할 이유도 분명해지기 때문이다. 불법과외를 단속하기 위해 교육부가 존재하는 상황과도 상통한다.

스케일 개념으로 남북통일 문제를 생각해보자. 두 개체가 하나로 통일하려면 두 개체보다 상·하위 스케일에서 두 개체를 조정하는 시스템이 필요하다. 이를 '스케일 전환' 전략이라 부르자. 남북한 관계에 '스케일 전환' 전략을 적용해보자. 하나는 국가 간 스케일보다 작은 스케일, 예컨대 개성공단이나 금강산의 스케일에 넘기는 방식, 다른 하나는 국가 간 스케일보다 큰 '동북아시아 인프라 협력'의 틀을 통해 접근하는 방식이다. 상·하위 스케일을 동시에 작동할 수도 있다. 어떤 국가 간에도 마찬가지다. 가장 중요한 것은, 애초에 정한 스케일이 어떤 결과를 가져올까, 반대로 어떤 결과를 얻기 위해 스케일을 정하는지를 분명히 해야 한다는 점이다.

유라시아 스케일에서 남북한 통일문제를 접근하는 방식은 '스케일의 상위전환'이다. 다국적, 집단적, 거대지역 프로젝트를 통해 평화 공존을 추구하는 방식이다. 북핵문제, 미국 일방주의에 의한 전쟁 등과 같은 국가 간 스케일의 문제를 우회하기 위해 남·북한보다 상위의 유라시아 스케일을 동원하는 전략이다. 유라시아는 남북통일, 한미관계, 한미일 동맹관계, 6자 회담보다도 큰 상위 스케일이다.

세계평화의 공백지대인 유라시아 대륙은 초강국의 분할지배(divide and rule) 책략을 무력화하고 실효성 있는 다자협력의 틀을 만들 수 있는 거의 유일한 공간이다. 대륙과의 연결망을 형성함으로써 북한을 자연스럽게 '편입' 시킨다. 이 방식은 중국의 동북공정에도 적용 가능하다. 중국 동북 3성도 위와 같은 방식으로 유라시아 대륙망으로 편입하면 구태여 동북공정이니 서북공정이니 하여 조바심을 내거나 그로 인해 국가 간 갈등에 휘말릴 필요 없다. 국가를 초월하는 물류, 경제, 인적 네트워크를 형성하여 자연스럽게 통합하는 방식이다. 넓은 망 속에서는 남북한 통합·통일이 저절로 이뤄진다. 구태여 통일이라는 민감한 타이틀을 전면에 내세울 필요도 없다.

상위스케일로 전환하는 과정에서 국가 또는 국가 간 스케일의 성격 자체가 바뀔 가능성이 크다. 4자 회담이든 6자 회담이든 기존 방식으로는 남북문제가 해결되기 어렵다. 유라시아 상상은 국가의 존재를 무시하거나 혁명적으로 바꾸는 일이 아니다. 국가 아래 놓인 국민을 제 자리, 즉 국가 위로 돌려 국가 운동법칙 자체를 바꾸는 과정이기도 하다. 이 방식을 구상하고 기획하는 일이 이 책을 읽는 그대의 몫이다. 북한을 움직이려면 북한이 필요하고 원하는 바를 공급해줄 수 있어야 한다. 그것을 대한민국이 아니라 유라시아 스케일에서 공급하는 방식을 기획한다. 상위스케일에서 국가를 끌고 갈 수 있는 컨텐트를 기획하는 일, 그것이 스케일의 상위전환 전략이다. 유라시아 대륙은 전쟁 및 분쟁 갈등 억제 효과를 갖는 소극적 평화(negative peace)의 도구도 되고, 유라시아라는 새로운 정체성으로 한반도 안전과 통합을 기하는 적극적 평화(positive peace)의 도구도 된다.

유라시아 대륙이 오랫동안 잊혀졌다가 불과 10~20년 사이에 스포트라이트를 받게 된 것은 거의 전적으로 자원 때문이다. 이곳이 단순히 세계 자원 공급지로 전락하지 않도록 하고, 경쟁력 있는 시장으로 성장 발전시켜 세계 경제의 급수관 역할을 하게 만들 기획이 필요하다. 무엇보다 사전에 면밀히 계획된 스케일을 상정한 후 범 유라시아 대륙망의 개념으로 접근해야 한다. 약탈적인 거대 개발기업에 의해 대륙이 각개 격파돼 산발적인 개발이 이루어지지 않도록 큰 스케일의 계획이 필요하다. 이미 유라시아를 염두에 둔 국가별 개발 프로젝트도 새롭게 유라시아 대륙 스케일로 조망하고 조율하는 작업을 해보자. 이 또한 그대, 기획자의 몫이다.

③ 민족사적 의미 : 팍스코리아나의 닻, 고려인과 조선족

한국(또한 북한) 입장에서 유라시아 대륙은 민족적인 의미와 잠재력이 공존하는 곳이다. 앞서 말한 팍스몽골리카와의 인종적 친연성보다도 좀 더 가깝고 좀 더 슬픈 대한민국의 근대사가 바로 이곳에 숨쉬고 있다. 다름 아닌 중앙아시아 고려인(까레이찌)과 중국 조선족의 존재다.

고려인은 누군가? 스탈린 정권에 의해 소련 극동 연해주로부터 강제로 이주 당해 대륙에 뿌려진 우리 민초의 후손이다. 이조 말기인 1860년대 학정과 기근을 견디기 어려워 연해주로 넘어가 살다가 2차대전 발발 직전 마른하늘에 날벼락처럼 시베리아 열차에 실려 낯선 대륙에 폐기물처럼 부려진 사람이다.

고려인 강제이주는 1937년 10월 초 시작해서 3개월 만에 18만명을 이주시킨 전격작전이었다. 매일 2천명 가량이 30량 화물열차에 실려 40여일간 여행 끝에 황량한 중앙아시아 겨울벌판에 부려진 사건이다. 사람을 창문도 없는 화물칸에 소나 돼지처럼 실어 운반했다. 고려인의 중앙아시아 강제이주는 이제는 널리 알려진 이야기지만 들을 때마다 분노와 서글픔이 가시지 않는 민족사의 참극이다.

그런데 고려인이 가축처럼 짐짝처럼 부려진 곳이 다름 아닌 팍스몽골리카의 중추였다니! 공교롭다. 더구나 그들을 싣고 간 열차가 달린 철도가 바로 TSR이 아닌가. 연민을 넘어 오묘한 민족사적 소명마저 느낀다.

1937년 강제 이주 당시 연해주는 만주와 함께 치열한 항일운동의 근거지였다. 만주의 연길이나 용정처럼 블라디보스톡에도 신한촌 같은 한인 집단거주구역이 있었다. 연해주 한인사회는 강제이주 전까지 160개 이상의 지역 소비에트를 형성했고 일부에서는 한국어로 행정이 이뤄질 정도로 번영을 구가했다. 나라를 잃은 상태라 민족 정체성도 강했다.

[그림 2.11] 러시아 연해주 수도인 블라디보스톡항

스탈린이 소수 민족 강제이주 정책을 편 이유는 아직도 베일에 싸여 있다. 연해주 한인이 소련의 적국인 일본과 은밀히 내통하는 경향을 차단코자 했다는 설, 소비에트 중앙아시아 개발을 위한 인력 동원설, 군사적으로 중요하게 된 연해주를 순수 러시아 민족 중심으로 거주시키려는 의도 때문이라는 설 등이 있다. 또는 이런 여러 가지 목적을 동시에 달성하려는 의도였겠다. 그러나 그처럼 전격적이고 무리하게 이주시켜야 했는지는 아직도 수수께끼다. 강제 이주에 앞서 2,500명 가까운 지도자를 사전에 제거해 한인 집단을 와해시킨 점으로 미루어 볼 때 세 번째 설, 즉 러시아 민족 위주로 연해주를 개편하려는 의도가 강했음을 짐작할 뿐이다. 그러나 바로 이런 배경 때문에 현재 유라시아 대륙의 고려인은 다른 지역의 한인과 달리 집단적 균일성이 매우 높은 민족 집단이 됐다. 유민으로서의 정체성과 함께 상상할 수도 없는 강제이주 수난을 공유한 정

[그림 2.12] 러시아 고려인 지도자와 함께 : 가운데가 조바실리이, 오른쪽이 필자

서적 연대감이 얼마나 강했겠나?

고려인은 새로 이주한 낯선 대륙에서도 뛰어난 적응력으로 소비에트 사회의 중 · 상층부를 점했다. 그런데 1991년 소비에트 시스템이 무너지고 민족별 국가가 수립되면서 고려인은 신생 민족국가의 소수자(minority)로 전락, 또 다시 수난을 겪기도 했다. 그중 일부는 선조의 고향인 연해주로 돌아오기도 했지만 대부분은 대륙에 남아 코리안 디아스포라(diaspora)의 중요한 축을 이루고 있다.

대륙의 고려인은 그대가 유라시아를 상상하고 기획하고 경영할 때 가장 중요한 1차 파트너다. 대부분 한국어를 잊어버리고 민족 정체성도 많이 희석됐지만 DNA에 흐르는 원초적 동질감은 그대로다. 나는 지난 2000년 3월에 동료 김인석과 함께 키르기즈스탄 수도 비쉬케크의 47유치원을 방문한 적이 있다. 그 때 고려인 아이들이 우리를 위해 "안녕하십

[그림 2.13] 필자를 울린 비쉬케크 47유치원 원생

니까 … 내 이름은 안또니입니다 … 네 그것은 사과입니다"와 같은 초보 한국어를, 낮잠에서 막 깨어난 졸린 눈으로 앙증맞게 '합창'하고, 실수로 엉뚱한 발음을 하며 수줍게 웃던 모습에 눈물을 흘리고 말았다. 나중에는 걷잡을 수 없이 눈물이 흘러 슬그머니 자리를 떠야 했다. 흥건히 젖은 손수건의 축축한 감촉이 아직도 생생하다. 지금 다시 간다 해도 또 다시 눈물을 흘릴 것만 같다. 동질감이란 누가 시켜서 혹은 누군가에게 배워서 나오는 느낌이 아니다.

중국 조선족은 누구인가? 본의 아니게 중국 사람이 된 이들 또한 한민족 역사의 가시밭길에 피어난 들꽃이다. 고려인처럼 강제로 부려지진 않았으나 모국을 잃고 소외된 유민(流民)의 아픔은 고려인과 다르지 않다. 200만명 가운데 30만명 이상은 대한민국에 돌아와 살지만 어디 가도 경계인(境界人), 주변인(周邊人)의 그늘에서 벗어나지 못한다.

조선족의 조상도 이조 말기인 1860년대 한반도를 떠났다. 떠난 이유는 고려인 선조와 같다. 먹고 살기 힘들어서다. 일제 강점 이후엔 항일독립운동이 주요한 이주목적이 됐다. 그러나 중국 내에서 독자적인 민족정체성과 연변조선족자치주라는 고유한 행정 · 문화영역을 확보한 점이 고려인과 다르다. 중국 공산당과 항일독립운동을 함께 한 공로 덕분이다.

경계인 조선족도 고민이 많다. 스스로의 탄식을 들어보자.

> … 우리의 장점이라는 것은 죄다 하나하나 그네(한족)들에게 자리내기하고 우리가 남긴 것, 가진 것은 무엇인가? 한족들이 탈바꿈으로 버리는 무지, 혼란, 범죄, 나태 … 이런 것들이 아닐까 … 조선족 마을이 황폐해지면서 한족들이 들어와 자리를 잡는다 … 우리 민족 간부가 앉았던 자

> 리를 지금은 거의 한족들이 차지했다 … 땅도, 집도, 산도 내준다. 심지어는 사람까지도 내준다 … 마지막에 줄 것이 없으면 또 다시 보따리 싸기? … 그 너른 땅 다 주고 남쪽 좁은 땅으로 몰려간 우리 고구려 조상들이 생각난다 … 자리내기의 책임은 누구에게 있는 것일까? 오, 중국 조선족의 자랑 많았던 어제여, 근심스런 오늘이여, 우려되는 내일이여 …
>
> 강효삼(1999) "자리내기" 중에서

1990년 한 · 중 수교 후 잘 사는 모국 대한민국에 자석처럼 끌려 들어온 조선족은 이제 대한민국을 발판으로 일본, 미국, 동남아, 중동, 유럽 등 전 세계로 활동 반경을 넓히며 유랑인의 전통을 이어가고 있다. 유랑의 동력은 진취성만이 아니다. 모국인 대한민국에서 제대로 대우받지 못한 서운함이 더 많이 작용했다. '조국' 인 중국이 급속히 성장하니 이제는 모국에 기대지 않고도 살 수 있겠구나 하는 오기어린 자신감이 생기고, 모국을 거치지 않고도 조국 중국인 자격으로 세계 어디든 갈 수 있다는 배짱이 생겼다. 그렇지만 위 탄식에 나타나듯 150년 가까이 살아온 삶의 터전을 지키는 일은 조선족에게 가장 어려운 숙제다.

조선족의 가장 큰 특징은 민족의식이 강하면서도 타민족에 대해 관용적이라는 사실이다. 이야말로 팍스코리아나가 추구해야 할 개방성과 관용성, 곧 세계를 향해 열려있고 다른 여러 민족 · 문화와 공존하는 보편주의다. 더구나 조선족은 지리적으로도 한반도와 중국의 접촉지대에 위치하여 현재는 물론 남북한 통합 시에도 한 · 중 간 국가 관계의 촉매로서 핵심적인 역할을 할 수 있다는 점에서 매우 중요하다. 앞서 말한 '남북통일을 위한 스케일의 상위전환' 과정에서 중추 역할을 할 위치에 있다는 뜻이다. 한마디로 팍스코리아나의 대통합과 남북통일의 소통합에서 모두 역할을 할 수 있는 사람이 중국 조선족이다.

고려인과 조선족이 한국인에게 대륙의 1차 친화 집단이라면 그들이 거주하는 지역의 원주민인 중앙 아시아인, 여타 소수 민족은 2차 친화 집단, 러시아인, 동유럽인, 중국인(한족)은 3차 친화집단이다. 2차 친화 집단의 역사를 거슬러 올라가면 한민족과 함께 팍스몽골리카를 구성했던 범 알타이족 혹은 웅족 계통의 조상이 있다. 이들은 외모도 한민족과 크게 다르지 않다. 인종적 구분을 강조하고자 함이 아니다. 이미 엄존하는 민족적, 인종적 친화성을 일부러 부인할 필요가 없다는 말이다.

그대가 어떤 회사 직원으로 유라시아나 중국 시장 개척 임무를 부여받았다고 생각해보라. 현지 정착을 위해서는 없는 친화성도 만들어야 할 터다. 우리가 새롭게 발견하고 꿈을 찾고자 하는 유라시아 대륙에 마치 우연처럼 이미 거기 있는 우리 친화 집단, 생각할수록 묘한 일이다. 그대가 유라시아 대륙에서 팍스코리아나의 기치를 올릴 때 이들은 팔백년 전 팍스몽골리카의 본능을 되살리며 든든한 원군이 될 것이다.

남북통일이든 팍스코리아나든 유라시아 뉴딜이든 가장 중요한 변수는 국가 간 이해관계의 상충과 마찰이다. 이를 조정하고 해소할 매개체로서 고려인 · 조선족이 거기 있다는 사실은 대단한 행운이다. "19세기말 이후 우리 민족이 감내해야 했던 질곡의 역사는 어쩌면 21세기 새로운 소통의 시대가 도래할 경우를 대비해 절대자가 예비해놓은 것이아닌가"하는 곽승지의 말이 가슴에 와 닿는다.

통일이란 바로 이런 형태가 돼야 한다. 한민족이 팍스코리아나를 구축하고 전 세계 한민족, 나아가 모든 친화 집단이 팍스코리아나의 넉넉한

품에서 하나가 된다면 좁은 한반도 안에서 통일이 안 될 까닭이 어디 있겠으며, 당장 그게 안 된다 해도 언젠가는 한 공동체로 살아갈 테니 무슨 걱정인가? 팍스코리아나의 대통합은 남북통일의 소통합에만 연연하지 않는다. 자질구레한 국경다툼에도 신경쓸 필요 없다. 스케일 상위전환의 의미가 바로 여기에 있다. 그 핵심에 고려인과 조선족이 있다.

④ 청년실업의 돌파구

1부에서 청년실업 문제의 심각성 문제를 언급했다. 정부가 발표한 공식 청년실업률 7.3% 뒤에 숨겨진 체감 청년실업률 32.5%, 청년고용률 31%의 무거운 현실을 생각해보자. 어느 나라든 청년실업 문제를 안고서는 앞으로 나아갈 수 없다. 질병으로 신음하는 자식을 놔두고 어찌 집안의 미래를 계획하겠나. 유라시아 대륙에서 이 문제의 해결 단서를 찾을 수 있다. 앞에서 유라시아 대륙의 잠재력을 살펴보았다. 그 잠재력을 현실로 만드는 작업, 곧 유라시아 뉴딜 프로젝트를 초기부터 기획하고 실행하는 작업에 그대가 나선다. 그대 혼자만으로는 꿈에 불과하겠지만 수십 만명의 그대가 움직이면 현실로 만들 수 있다. 대륙을 그대 일터로 만드는 일, 그 일을 그대가 먼저 시작하고 수많은 그대 동료가 동참하면 국가도 따라오게 된다. 그대에게는 일자리가 생기고 국가는 실업문제의 짐을 벗어 진정한 미래로 나아간다.

아래 글상자에서 참고로 제시한 경제효과 계산법은 하나의 예시다. 숫자보다는 그렇게 접근하는 사고방식 자체에 의미를 두고 받아들이기 바란다. 중요한 것은 사고방식이다. 낡고 좁은 고정관념에 얽매이지 않고 다양한 경계와 큰 틀을 넘나드는 유연한 사고방식으로 그대만의 숫자를 스스로 만들어보라. 그 자체가 시작이다. 그대만의 숫자로 국가를 설득하고 따라오게 하라. 유라시아가 그대 상상력의 배출구이자 대한민국의 돌파구가 되도록 하는 일, 그것이 유라시아 대륙 뉴딜의 한국적 의미다. 프로젝트 자체가 돌파구지만, 돌파구를 기획하는 일 자체가 바로 그대의 프로젝트다.

경제학자 김원배는 앞으로 세계경제공간이 '핵심(성장)지역간 연계'의 형태로 전개된다고 봤다. 유라시아 대륙 개발은 한반도가 갖는 틈새적 · 접경적 위치의 이점을 극대화하여 입지 자산(locational value)을 크게 확대할 수 있는 중요 수단이다. 대부분이 무슬림인 유라시아 대륙을 아랍세계와 연결고리로 활용할 수도 있다. 대한민국은 이미 대우의 '세계경영'을 통해 유라시아 뉴딜의 의미를 성공적으로 체험했다. 대우가 김우중 회장의 선견지명으로 동구권과 우즈베키스탄에 진출한 후 삼성은 러시아, 카자흐스탄에 엘지는 러시아에 진출했다. 최근에는 현대자동차를 비롯한 수많은 한국 기업이 유라시아 대륙 곳곳에 생산과 판매 거점을 확대해가고 있다. 기업을 통해서 이미 1990년대에 팍스코리아나의 서막이 열린 셈이다. 이외에도 사단법인 돌나라 한농복구회(한농) 같은 단체가 연해주, 중국은 물론이고 앞서 소개한 키르기즈스탄 이스쿨 인근에 대규모 유기농 농장을 운영하여 한국 식량문제 해결과 인류 번영을 위해 노력하는 등 다양한 영역에서 팍스코리아나의 싹을 틔우는 중이다. 이제 그대의 차례다. 국가나 기업에 기대지 않고, 역으로 국가나 기업을 부려 대륙을 경영할 창조적 기획을 시도해보라!

3부 부록에서 제시하는 대안을 참고하여 그대의 기획안을 건져 올리기 바란다. 현실을 인정만 해서는 기획이 안 된다. 현실을 이용하고, 우회하려는 의지를 가동하라. 새로운 스케일을 통해 새로운 게임을 만드는 기획, 이것이 유라시아 상상의 핵심이다. 그것이 유라시아 대륙의 재발견이며 팍스코리아나의 토대다. 앞서는 자가 주인이다. 그대는 주인 자격이 있다.

청년실업문제 돌파구, 유라시아 대륙 프로젝트의 경제효과

유라시아를 연구하고 기획하고 유라시아 스케일에 맞춰 훈련을 받도록 준비하는 유급직업훈련의 단계에서만도 매년 1만개 이상의 일자리를 창출할 수 있다. 기간은 10~15년 정도, 소요비용은 연간 13억달러(1조 4000억원)다. 이 금액을 청년과 대한민국 정부가 나누어 부담한다.

본격적으로 유라시아 인프라 개발단계에 접어들면 전후방연쇄효과를 포함하여 연간 20만개 이상의 일자리 창출효과가 가능하다. 물론 이에 대해선 더 심층 분석이 필요하다. 이 작업 또한 그대가 할 일이다. 추산 근거는 다음과 같다.

횡단거리 12,000km의 유라시아 교통망(북, 중, 남 3개 루트) 연변에 인구 50만-200만명 규모의 새로운 중심도시 300개를 개발한다. 기존 도시를 주축으로 확대 개발한 도시 200개와 신도시 100개다. 현존하는 최고 수준의 문명과 기술을 적용하여 환경친화적인 미래형 국제도시로 개발한다. 팍스몽골리카의 역참을 참고할만하다. 도시 1개당 기획인력 5천명(연구, 설계 등 포함), 개발인력(엔지니어링, 프로그래밍, 지원서비스, 단순근로 등 포함) 5만명, 운영관리인력 1만명 등 6만 5천개의 새로운 일자리가 발생할 것이다. 여기에다 교통망 건설 작업에서 발생할 일자리(매년 40만개)까지 더하여 앞으로 50년 간 총 4천만개, 연평균 80만개의 일자리가 개발사업 자체만으로 발생한다고 본다. 이 가운데 한국이 선도적으로 참여하여 10%를 점한다고 할 때 매년 8만개의 일자리가 확보되고, 전후방 연쇄효과에 의해 국내에 추가로 12만개의 일자리가 발생한다고 추산한다. 이 일자리는 알바나 단순노무직과는 비교가 안 되는 양질의 일자리다. 중장기적으로 유라시아 뉴딜이 정상 가동되면 풍요로운 유라시아 대륙 곳곳에 새로운 프로젝트가 파생되고 훨씬 더 많은 일자리가 창출된다. 기획자인 그대의 몸값도 치솟는다.

대한민국 정부 입장에서 보자. 매년 최소한 20만개의 일자리를 만들어낸다. 일자리 1개당 평균 연봉을 3만달러만 잡아도 년간 60억달러에 상당한다. 이 금액을 유라시아 개발 투자의 간접수익으로 회수하는 셈이다. 유라시아 대륙 인프라 개발에 투입될 자금규모를 국내, 국제 합쳐 50년간 연평균 2000억달러로 잡고, 그 중 대한민국의 투자비중을 5%로 잡으면 연간 100억달러(약 11조원)가 소요된다. 이 투자로 20만개 일자리에서 매년 60억달러의 임금수익을 회수하는 셈이니 년 투자수익률 60%의 고수익 사업이다. 투자 원금을 모두 날린다고 가정해도 매년 40억달러의 순손실 금액만 부담하면 된다. 이 40억달러를 20만명에 대한 실업보조금으로 본다 해도 충분히 가치가 있는 투자다. 국가 존립의 미래가 걸린 청년실업을 줄일 수 있다면 투자수익이 아니라 단순 비용지출이라 하더라도 감수할 만하다. 장기적으로 이들이 유발할, 그리하여 국가자산이 될, 계산할 수도 없는 정신적 경제적 가치까지는 따지지 않더라도 그렇다. 더구나 투자 원금이 살아있지 않은가?

재미있고 질 높은 일자리를 대거 만들어낼 유라시아, 그대의 손길을 기다리는 대륙의 의미를 다시 한 번 음미해보라.

YOUR DREAM IS REALITY

1030세대 세상 바꾸기

그대의 꿈이 현실이다

[PART 3]

그대 꿈이 현실이다

꿈을 바꾸자-무대 바꾸기

왜 기가 죽나? 답이 있는데

소비자에서 공급자로-자아의 발견
개인 땅굴에서 조합의 광장으로
호민촌- 은퇴자 도시, 라파시티

그대가 만든다

세계경영, 유라시아 경영을 위한 준비체조 : 한류마(韓流馬)에 실을 물품을 준비해보자
유라시아 뉴딜을 기획하라
기획의 출발은 상상, 유라시아 상상하기

그대 꿈이 현실이다

YOUR DREAM IS **REALITY**

혼자 꾸는 꿈은 꿈이다.
여럿이 꾸면 현실이 된다.
그대의 꿈이 현실이다.

"사람은 무언가를 진심으로 바랄 때
만물의 정기에 가까워진다. 그것이야말로 궁극의 힘이다"

파울로 코엘류

YOUR DREAM IS REALITY _001

꿈을 바꾸자-무대 바꾸기

1부에서 꿈을 잃은 대한민국의 불행한 모습을 보았다. 불행이 계속되면 '우리' 대한민국이 '이 놈의' 대한민국이 된다. 그래선 안 되기에 대한민국을 놓아주자는 제안을 했다. 대한민국 놓아주기는 대한민국을 포기하거나 대한민국을 떠난다는 뜻이 아니다. 대한민국에 갇힌 사고 스케일에서 벗어나 세계를 기획하는 일이다. 그럼으로써 그대가 원하는 진정한 우리 대한민국을 만들자는 생각이다. 그 모델을 찾아 2부에서 800년 전의 몽골제국을 가 보았고, 몽골제국의 터전인 오늘날 유라시아 대륙을 새로운 시각으로 바라보았다. 몽골제국에서는 지금 대한민국보다 별로 나을 것 없는 여건에서 세계를 열고 경영한 먼 일족의 파천황 기개를 보았다. 꿈의 단서를 보았다. 생각의 판을 키우면 우리도 못할 게 없다는 자신감을 신 한류에서 찾기도 했다. 이제 결론이다. 대한민국을 놓아주는 방식을 이야기한다. 사실 대한민국은 꿈을 잃지 않았다. 아직 진정한 꿈을 가져 본 적이 없기 때문이다. 진정한 꿈을 가르쳐주는 사람도 없었다. 참다못해 게으른 내가 나섰다.

꿈을 바꾸자-무대 바꾸기

한국가스안전공사 공채 경쟁률 750대 1, 9급 공무원 수만 대 일. 서울시 공무원 공채 경쟁률 1000대 1. 순경공채에 대졸자 대거 응시. 수십만 수백만 청년실업자의 갈망이 지향하는 신의 직장, 공기업과 공무원 자리.

응시자는 이런 경쟁률이 얼마나 숨막히고 비현실적인지 한 번 따져 보았는지 궁금하다. 엄청난 경쟁을 뚫어보겠다는 도전정신은 경탄스럽지만 왠지 안쓰럽다. 사행심 아니면 무사안일이란 생각이 들어서다. 도박에 가까운 경쟁률을 무릅씀은 사행심이다. 잠깐 고생해서 평생 국민세금으로 먹고 살겠다는 생각은 무사안일, 무임승차 정신이다. 진정한 도전정신이 아니다.

'그 험한 경쟁을 뚫고 들어간다고 멋진 인생이 기다리는 것도 아닌데….' 행정고시 출신 전직 1급 공무원 선배의 푸념이다. 업무성과에 크게 신경 쓰지 않아도 매달 봉급타고 세월 지나면 저절로 승진하는 철제 밥통 직장. 그러나 공짜는 아니다. 줄, 아부, 눈치, 비굴, 인격 상실, 자아 상실의 대가다. 현직 프리미엄 식기 전에 서둘러 자식 시집장가 보내 축의 적금 타고, 퇴직금 받아 펜션이라도 하나 장만해 노후 대비하는 모범 공무원의 한 평생. 그대가 꿈꾸는 삶인가? 오로지 먹고 살기 위해 때론 부당한 명령체계의 하수인 역할을 해야 하는 삶이 미래의 꿈인가? 그 인생을 진정 그대 자신이 원하는가? 아니면 그대 부모의 꿈인가?

그대가 그런 인생을 꿈꾼다면 그게 바로 진정한 꿈이리라. 그래도 한 번 스스로 물어보자. 뭔가 좀 허전하지 않은가. 성실히 일하여 잘 먹고 잘 살았다는 것밖에 기록할 내용이 없는 삶이어도 괜찮은가. 되돌아봄에 매달 받는 급여가 삶의 가장 중요한 이유였어도 회한이 없을까. 잘못된 구조의 피해자로서 어쩔 수 없는 선택이었다고 자위하면 그것으로 충분할까 …. 나 자신이 그런 구조에 기여한 한 사람으로 미안하고 안타까워 던져보는 질문이다. 꿈을 앗아간 거세사회에서 덩달아 내시가 되려함은 아닌지 안쓰러워 묻는 말이다. 나도 청년시절에는 그런 종류의 삶을 살았다. 진정한 꿈이 뭔지 생각할 겨를 없이 개미처럼 산 맹목적인 삶이다. 이게 아닌데 하면서도 타성을 이기지 못했다. 내가 그대 나이일 때 지금의 나 같은 조언자가 있었더라면 얼마나 좋았을까.

내가 이런 생각을 하기 시작한 것은 마흔 살이 넘어서다. 이십 년 이상의 시간 손해다. 다행히 늦게나마 사고 전환을 했다. 나는 뛰어난 삶을 일군 사람은 아니다. 다만, 뛰어난 삶을 일구기 위해 필요한 사고 스케일의 전환방식을 깨우친 사람이다. 지금의 그대는 젊은 시절의 나보다 훨씬 낫다. 그렇다고 '시간이 지나면 다 좋아지니 아픔을 참고 기다려라'는 말만 듣고 있어선 안 된다. 무책임한 위로의 손길에 마취돼 이십 년을 손해 볼 수 있다. 그래서 '지금의' 내가 나섰다. 그대는 운이 좋다. 그대와 같은 아픔을 겪었기 때문에 진정으로 그대 편에서 무엇을 해야 할지를 알려줄 수 있는 나같은 사람이라도 있지 않나? 나처럼 이십 년을 손해 보지 않아도 되니 얼마나 이익인가?

일단 그대의 꿈을 재점검하자. 진정한 꿈이 아니라는 생각이 들면 과감히 꿈을 바꾸자. 아무런 꿈이 없다면 지금이라도 꿈을 갖도록 애써보자.

3년전 쯤 "꿈이 없는 자에게는 눈앞의 파도(구름)가 보이지만 꿈이 있는 자에겐 그 너머 대륙(하늘)이 보인다"는 TV광고가 있었다. 멋진 카피다. 상업광고보다는 교육부의 공익광고여야 했다. 교육부가 해야 할 광고를 기업이 하고 있으니 안타까운 노릇이다. 어쨌든 파도 너머 대륙을 보는 안목은 꿈이 있어야만 기를 수 있다는 메시지는 강렬하다. 눈앞에 닥친 파도는 꿈을 가로 막는 현실이며 잘못된 사회구조다. 파도에 가로 막힌 꿈은 엉뚱한 방향으로 바뀐다. 타인의 꿈을 내 꿈이라 착각하게 된다. 엉뚱한 꿈은 꿈이 아니다. 타인의 꿈도 꿈이 아니다. 꿈의 부재다.

진정한 꿈을 갖지 못하는 가장 큰 이유가 국가에 있다. 모든 사고 스케일을 국가단위 안으로 한정시키기 때문이다. 좌표를 잃고 입시에 매몰된 공교육이 상황을 악화시킨다. 국가를 넘지 못하는 사고 스케일에서는 상상력이 나올 수 없다. 상상력이 없으니 꿈도 없다. 사실 국가는 상상력으로 꿈꾸는 국민보다는 꿈이 없더라도 국가에 맹종하는 국민이 필요하다. 국가는 그대가 원대한 꿈을 꾸길 바라지 않는다. 국가를 지배하는 '시끄러운 소수'는 국가에 충성하는 '조용한 다수'가 현명해지길 원하지 않는다. 국가가 국민의 상상력 빈곤을 방치하는 일은 미필적 고의다.

일본의 이면우격인 오마에 겐이치도 비슷한 문제로 불만을 가진 사람이다. 자녀교육을 교사나 학원강사에게만 맡기는 데서 모든 문제가 발생한다고 본다. 교사는 자격증을 취득해서 일단 채용되면 평생 먹고 살 수 있다고 생각하는 사람이다. 누구에게 삶의 방식을 가르쳐줄 수 있을 만큼 사회경험도 없고, 사회의 거친 파도에 마음 졸이거나 상사의 괴롭힘 같은 문제로 전직(轉職)을 고민하는 일도 거의 없어 삶의 지혜나 근성을 길러주지 못한다. 직업교사, 특히 신념이나 철학을 기대할 수 없는 학원 강사에게 자녀 교육을 아웃소싱하는 일이 사회 문제의 원인이라고 겐이치는 진단한다.

꿈의 상실을 지적하는 자는 많다. 그러나 꿈을 고취하는 자는 없다. 문제는 너도 나도 지적한다. 그러나 해결 대안은 아무도 내지 않는다. 장하준 같은 젊은 석학도 해결대안에 대해서만은 침묵이다. 그저 '…해야 한다' '…알아야 한다'로 끝이다. 실상을 아는 일은 중요하다. 그러나 아는 것으로 그쳐서는 아예 모르느니만 못하다. 갈증만 심해진다. '모름지기 국가란 이래야 한다'만으로 끝나서야 무슨 소용이 있나. 내가 할 일은 아무것도 없는데.

자칭 타칭 대가는 많은데 아무도 해결대안을 못내는 이유는 무얼까? 문제를 근본적으로 해결하려면 통치자와 한판 승부를 겨뤄야 하는데 그럴 배짱이 없기 때문이다. 통치자와 맞장 뜰 배짱은 없고, 안싸우고 해결하려니 뾰족한 수가 나오지 않는다. 이 또한 상상력 빈곤이다. 그러다 보니 정작 통치권 상층부는 겨냥 못하고 만만한 2진급 권력만 물고 늘어진다. 국회에서 장관 불러다 준엄하게 '호통' 치는 장면을 생각하면 된다. 2진급 권력이 작은 비리라도 저지르면 이때다 싶어 너도 나도 뭇매를 때린다. 큰 권력에 대들지 못하는 설움을 보상이라도 받을 기세로 맹렬히 물어뜯는다. 본질을 건드리지 못하는 국민의 갈증도 조무래기 파렴치범에 대한 과도한 집중포화로 나타난다. 언론이든 시민단체든 야당이든 모두 그 한도 내에서만 '준엄한 훈계'의 쳇바퀴를 돈다. 해결대안을 내는 시늉만 한다. 이문열의 '익명의 섬'이다.

상상력이 거세된 사회에 나타나는 촌극이다. 모두가 해결보다는 안전 위주로, 상상력보다는 덜 위험한 방식으로 간다. 필기시험 만능주의가 여기서 싹튼다. 시험점수로 결정하면 안전하기 때문이다. 평생 시험만 준비해야 하는 시험공화국은 전형적인 거세사회다. 자식이 9급 공무원이라도 좋으니 안정된 직장을 잡아야 한다고 생각하는 부모를 탓할 순 없다. 그러나 그런 부모로 인해 거세사회는 더욱 공고해진다.

국민이 꿈꾸는 것을 달가워하지 않는 국가는 국민이 세계로 가더라도 국가를 거쳐 가길 바란다. 국민이 세계를 담고자 하더라도 국가라는 여과장치를 통하길 바란다. 세계에 대한 성찰이 아니라 국가 입장에서 본 세계 뜯어먹기, 국민을 수단으로 한 '세계착취에 빨대 꼽기'에 지나지 않는다. 나(한국, 한국인)를 세계 속에 놓고 나와 세계의 관계에 대해 깊은 이해와 성찰을 추구하는 태도는 없다. '어떻게 세계를 상대로 팔아먹을까'가 그나마 세계를 인식하는 최대의 스케일이다.

지배와 경영은 다르다. 지배는 상대방의 의사와 관계없이 또는 상대방의 의사에 반하여 상대방을 통제하는 일이고 경영은 상대방의 동의와 합의, 마음에서 우러나는 수긍과 복종을 토대로 상대방과 나의 공동목표를 달성하는 일이다. 지배는 government, 경영은 governance와 비슷한 개념이다. 경영은 그람시(Antonio Gramsci)가 말한 헤게모니(hegemony)를 필요

거세사회 대한민국의 자화상 : 공시족(公試族)

대학 합격통지서를 받자마자 소위 공시로 불리는 공무원 시험을 준비하기 위해 학원으로 향하는 예비대학생이 늘고 있다 … 예비대학생 뿐 아니라 아예 고교를 졸업하기도 전에 공무원 고시준비에 나서는 고3 학생도 있다 …

「문화일보」 2007. 1. 23. '예비대학생들 공시열풍'

요즘 대학생은 불행하다… 더 걱정스러운 것은 공무원 또는 공기업 취업에 모든 것을 거는 공시족이 늘고 있는 현실이다. 대학가에서 공기업 취업자는 신의 아들이고 사기업에 들어가면 사람의 아들로 불린다… 공시족만 탓할 일은 아니다… 젊은 층의 기업가 정신을 되살리지 못하면 어떤 처방도 백약무효다. 공시족 이상열기를 가라앉히는 것은 성장잠재력을 회복하는 과제만큼이나 절실한 경제현안이다.

「동아일보」 2007. 2. 7. '시대의 우울 공시족'

로 한다. 물론 상대방의 동의나 수긍을 의도적으로 유도 또는 조작하는 일도 포함한다.

팍스몽골리카는 경영이요 헤게모니였다. 반면 20세기 일본의 소제국주의는 지배였다. 상대방에 대한 문화적 이해와 공감 없이 군사력으로만 밀어붙이는 지배는 일시적으로는 성공할지 몰라도 구성원의 자발적 참여가 없기에 오래 못간다.

세계에 대한 지식과 성찰 없는 세계지배의 꿈은 '우리도 한 번 해먹자'는 천박한 소제국주의, 아류 제국주의다. 신 한류도 마찬가지다. 그것을 '문화 수출'과 같은 단세포 시각으로 접근하는 한 오래 가지 못한다. 수출시장에는 늘 신상품이 나오게 마련이다. 한미 FTA, 광우병, 글로벌 금융위기처럼 코앞에 위험이 닥쳐야만 세계라는 존재를 깨닫는 수준으로는 세계를 경영하지 못한다. 지금 대한민국 국가의 수준이다.

사고방식에서 대한민국 국가의 그림자를 지울수록 그대의 꿈은 커진다. 사고의 무대를 바꾸라. 그대만의 무대를 만들라. 다른 사람이 주연한 무대의 관중석에서 욕하거나 박수만 치지 말고 그대가 직접 무대를 만들어 단역이라도 하라. 그대가 무대규칙을 새로 만들고 단역에서 조연, 주연으로 나아가면 된다. 나아가 모든 공연을 그대가 기획하고 연출하라. 세상의 주연이 되는 길이다. 누군가의 충실한 팬으로 만족하기보다는, 작더라도 내 무대의 감독, 주인공이 되는 일, 그것이 국가의 감옥에서 벗어나 진정한 꿈을 향해가는 첫 번째 단계다. 소비자가 아닌 공급자 마인드다.

꿈의 종류를 바꾸라. 내가 바라는 진정한 꿈으로. 기왕이면 큰 꿈을 꾸라. 화를 내거나 좌절할 시간에 대안을 만들라. 열정을 가장한 꿈에 도취

되지 말라. 그대를 오도된 열정으로 내모는 국가에 현혹되지 말라. 구조 문제를 개인 열정으로 돌파하라고 기만하는 국가에 속지 말라. 국가에 뭘 기대하지 말라. 대한민국에 미련을 버리라. 밧줄을 놓고 세상으로 나가라. 세상을 기획하라. 무대를 바꾸라. 관람은 충분히 했다. 이제 스스로 연출하고 주연이 되라.

YOUR DREAM IS **REALITY**

YOUR DREAM IS REALITY _002

왜 기가 죽나? 답이 있는데

대한민국 부모세대에게 부탁한다. 자식세대를 믿으라. 당신 자식은 생각보다 똑똑하다. 생각보다 어리지도 않다. 남이장군을 생각해보라. 17세에 무과에 장원급제하고 26세 때 병조판서가 돼 이시애의 난을 평정했다. 당신 자식 박태환, 김연아, 소녀시대도 10대 나이로 세계 정상에 섰다. 그래, 맞다. 당신이 청춘을 바쳐 오늘날 대한민국을 만든 덕분에 자식이 정상에 섰다. 당신 목말을 타고 성벽을 넘었다. 직시하라. 그게 당신과 자식의 다른 숙명이다. 당신의 역할은 거기까지다.

생각해보라. 청년 실업자가 누구 책임인가? 부모세대, 바로 당신이다. 사회구조 탓을 하지 말라. 이 구조를 누가 만들었나? 당신이다. 그 당신에는 물론 나도 포함된다. 일단 자책이 먼저다. '나도 구조의 피해자' 라는 생각은 무책임한 관료나 할 일이다. 당신 상상력과 성찰이 부족해 고정관념의 덫에 갇히고 통치에 이용당한 결과가 오늘 대한민국이다. 자식의 앞날을 저당 잡혀 일군 부(富)를 움켜만 쥐고, 자식의 앞날을 위해 쓰지 않은 결과물이 바로 그 구조다. 책임감 있는 부모라면 이제라도, 자식만이라도, 잘못된 구조의 덫에서 빠져 나오도록 각성하고 노력해야 한다.

당신이 피땀 흘려 일군 '역사상 최전성기'인 대한민국이 최소한 3분의 2에겐 누군가의 대한민국이라면 분통터지지 않나? 당신 자식이 극소수 독점지배계층에 빌붙어야만 먹고 사는, 꿈을 잃은 대한민국이라면 얼마나 참담한 일인가. 자식에게 그런 대한민국을 물려주고 편히 눈이 감기겠나?

똑똑한 자식을 8학군으로 내몰지 말라. 세계를 호령하는 힘은 8학군에서 나오지 않는다. 남의 것을 외우고 따라만 하는 대한민국은 두려운 상대가 아니다. 수학공식을 달달 외우는 당신 자식은 두려운 상대가 아니다. 정상에 설 수 없다. 배짱 있는 자식이 세계를 움켜쥔다. 당신은 자식이 얼마나 배짱 있는지 모른다.

당신이 옳다고 생각하는 방식만으로 자식을 질식시키지 말라. 놔두면 큰 나무가 될 자식을 분재(盆栽)로 기르지 말라. 나라를 짊어지고 세계정상에 오를 자식이다. 인간을 망치는 주범은 인간에 의한 교육이라는 루소의 말을 기억하라. 자식을 서울대 보낼 수 있다면 몸이라도 팔겠다는 석기시대 교육관을 버리라. 월급을 모두 털어 자식을 유학 보내는 기러기 부모가 되지 말라.

자식을 시험점수, 좋은 학교, 대기업 취직, 안정된 소득을 가진 배우자와의 결혼이라는 좁은 통로로만 이동시키려 하지 말라. 유아 때부터 학원교육으로 융단폭격하여 작은 구멍으로만 세상을 보는 인간으로 기르는데 많은 돈을 허비하는 어리석은 부모가 되지 말라. 새벽까지 아이를 공부시켜 학교에서 자도록 하지 말라. 급우를 학대하여 자살로 몰아가는 자식도 따지고 보면 당신이 조장한 초압박 경쟁 시스템의 희생자임을 상기하라. 잘못된 시스템의 가치로부터 자식을 보호하라. 거기에 편승해서 부당히 출세하도록 오도하지 말라. 일본이 무기력하고 희망을 상실한 까닭을 생각해보라. 가구당 소득이 대한민국의 2.5배인데도 OECD 삶 만족도 지수는 4.5로 똑같다. 기성세대가 자식을 좁은 구멍으로만 내몰아 젊은이의 진취적 기상이 사라졌기 때문이다.

경쟁에 멍든 자식을 위로하고 격려하되 진통제가 아닌 치료제를 놓아주라. 무엇보다 진정으로 자식의 미래를 생각한다면 당신 자신부터 엉뚱한 꿈에서 벗어나라. 엉뚱한 부모 꿈 안에서는 온전한 자식의 꿈이 나오지 않는다. 그리 생각한다면 하던 대로 하라.

그대, 내 자식에게 당부한다. 맹목적 입시공부에서 잠시 벗어나라. 순서를 바꾸라. 어떤 삶을 살지 부터 먼저 고민해서 정하라. 시간이 오래 걸려도 좋다. 가능하면 혼자 생각하고 고민하라. 그대 인생이다. 시험점수로 인생이 결정되게 놔두지 말라. 그대가 결정한 인생에 맞춰 시험을 보고 점수를 결정하라. 점수에 맞춰 아무 대학이나 가지 말라. 경쟁률에 맞춰 아무 전공이나 선택하지 말라. 앞뒤가 바뀌었다. 그대가 꿈꾸는 삶에 맞춰 전공을 정하라. 학교는 그 다음이다. 맹목적 자기계발과 스펙경쟁에 뛰어들지 말라.

그대의 꿈을 가로막는 자가 있으면 모조리 베라. 그대의 꿈이 현실이다. 꿈을 막는 자는 현실을 막는 자다. 그대의 삶을 가로막는 자다. 2부에서 말한 street smart를 상기하라. 배우는 이유는 삶을 풍부하게 하고 사회를 개선하기 위함이다. 진학하기 위해, 취직하기 위한 배움은 필요하지만 본(本)이 아니다. 본이 아닌 일에 사활을 걸지 말라.

교회에 나가야만 예배를 드리는 것이 아니다. 대학교에 가야만 제대로 배우는 것이 아니다. 세상이 대학이다. 세상에서 배우라. 이 책의 대한민국 놓아주기 방법에 맞춰 목표를 정하고 전공을 선택하라. 밧줄을 놓을 각오를 하라. 손정의, 빌 게이츠, 스티브 잡스처럼 밧줄을 놓아라. 공부라면 할 만큼 한 내가 하는 말이다. 서울대 나와서 미국에서 박사학위를 한 자의 진정한 충언이다. 다 해봐서 자신 있게 말할 수 있다. 물론 그대 혼자서만 놓기는 어렵다. 여럿이 동시에 놓아야 한다. 수십만 명의 김지윤, 유윤종이 나오면 세상이 바뀐다.

이제 그 방식을 얘기한다. 내가 말하는 방식은 모범답안은 아니다. 하나의 답만 있는 문제가 아니기 때문이다. 그대가 그 방식으로 삶을 생각하고 꿈을 정하고 기획하도록 고무하려는 가이드라인이다. 거기서 그대만의 방식을 도출하여 발전시키기 바란다.

그대, 특히 지금 일자리가 없거나 실질적 실업 상태인 200만 청년은 더더욱 기죽지 말고 고정관념에서 벗어나 당당히 새로운 판을 만드는 일에 나서기 바란다. 그대의 부모세대로는 안된다. 이미 늦었다. 게다가 주눅 들었다. 주눅 들다 보면 사고가 경직된다. 할 수 없이 그대, 자식이 나서야 한다.

주눅 든 그대의 부모는 누군가? 세상에서 그대를 가장 사랑하는 사람이다. 그대의 행복 외에는 아무것도 바라지 않는 유일한 사람이다. 그대가 잘 될 수만 있다면 어떤 희생이라도 감수할 수 있는 단 하나의 존재다. 사랑하는 방법은 잘못됐을지 모른다. 잘못된 세상에서 살아남으려다 보니 그리 됐다. 뼈저린 삶에서 얻은, 내 자식에게만은 힘든 인생을 물려주지 말아야겠다는 마음의 절규다. 거룩한 분노다. 데모하는 자식을 걱정하는 부모의 마음은 오로지 하나다. 데모의 뜻이 나빠서가 아니다. 데모로 뜻을 이룰 때까지 자식이 못 버티고 사회구조에 눌려 쓰러질까봐 두렵기 때문이다. 지구상에서 자식 성공의 갈망이 가장 큰 사람이 그대의 부모다. 힘든 세상을 버텨온 그대의 부모를 이해해야 한다. 나아가 은혜에 보답해야 한다. 어떻게? 무작정 열심히 공부해서? 아니다. 이제부터 방식을 바꾸라.

지금 그대의 가장 큰 적이 누군가? 역시 그대의 부모다. 학교 선생님, 급우도 무서운 적이다. 그대를 사랑하는 사람이 가장 큰 적이다. 그대를 고정관념의 늪으로 끌고 가는 사람이 바로 주변에서 그대를 가장 사랑하는 사람이다.

이 책을 읽고 새로운 사고방식으로 세상을 보라. 새로운 세계관으로 부모와 대화하고 벗과 교감하며 선생님을 설득하라. 그대를 가장 사랑하는 사람에게 그대가 가장 확신하는 삶의 방식과 행복의 대안을 알려주라. 그대 혼자 하면 외롭다. 많은 그대가 하면 힘이 생긴다. 모든 그대가 나서면 세상이 바뀌고 부모가 바뀌고 선생님도 바뀌고 그대 친구도 세상을 바로 볼 수 있게 된다. 그것이 그대를 사랑하는 사람에 대한 최상의 보답이다.

그대가 이 책을 읽고 주변에 권해서 그대 곁에 벗이 모이게 하라. 그대가 학교에서 왕따 당하고 있다면 더욱 그렇게 하라. 스케일 큰 사고로 주위를 리드하라. 어려울 것 없다. 사고방식만 바꾸면 된다. 시선만 돌리면 된다. 생각 하나만으로 그대가 바뀌고 세상이 바뀌고 사랑하는 사람도 행복하게 만드는 기획이다. 그대의 작은 결심이 그대를 살리고 부모를 살리고 대한민국을 살리고 세계를 살린다.

내가 도와주겠다. 나 역시 잘못된 구조를 방관한 책임자의 한 사람이다. 잘못된 구조를 자식에게까지 물려주면 안 되겠다는 의무감이라면 누구에게도 뒤지지 않는다. 그래도 다행이다. 그대는 적어도 주눅은 들지 않았다. 주눅 들지 않았기에 구조를 바꿀 체력이 남아있다. 못생긴 얼굴, 작은 키, 모자라는 두뇌는 못바꾸지만, 생각은 얼마든지 바꿀 수 있다. 생각의 크기는 내가 원하는 대로 조정가능하다. 생각만 바꾼다면, 고정관념만 바꾼다면 구조를 바꿀 수 있다. 생각만 바꾸면 된다는데 기죽을 필요가 없지 않은가? 왜 누구 탓을 하나? 무엇이 그대를 기죽게 하나?

성적만으로 그대를 무시하는 선생님과 친구에게 기죽지 말라. 그대를 채용하지 않는 재벌기업에 기죽지 말라. 자존심 강한 그대를 오디션 딴따라로 전락시키는 채용담당자에 굴복하지 말라. 눈 뜬 놈을 불온분자로 낙인찍는 수구집단에 기죽지 마라. 그대 등록금을 착복하는 족벌사학에 기죽지 말라. 그대를 따돌리는 패거리 기득권에 기죽지 말라. 세 올려 달라는 집주인에 기죽지 말라. 그대를 착취하는 악덕 고용주에 기죽지 말라.

그들을 무시하지도 말라. 안됐지만 엄연한 '현실' 이다. 구조다. 그들 나름대로 살아가는 방식에 손대지 말라. 그들의 대한민국은 그대로 돌아가도록 놔 두라. 화를 내지 말라. 돌멩이를 던지지 말라. 비겁한 통치세력, 불공정한 사법권력, 탐욕스런 편법세습, 그러라고 놔두라. 대신 대안을 만들라. 화만 내지 말고, 화낼 시간에 대안을 만들라. 약한 자가 화를 낸다. 센 놈은 화낼 필요 없다. 큰거 한 방 치면 된다. 힘없는 자는 강해질 때까지 힘을 길러야 한다. 화를 참고.

분노 대신 대안을 추구하는 첫 걸음은 일단 그대 자신과 대한민국의 현재 좌표를 돌아보는 일이다. 1부를 통해 대한민국의 좌표는 윤곽이 잡혔으리라. 정확한 지점은 여러분 각자가 찾아야 한다. 그 다음, 그대가 나아갈 방향을 설정한다. 이 또한 2부에서 단서를 찾았으리라 생각한다.

좌표가 설정됐으면 고정관념에서 벗어나기 위한 연습을 시작한다. 세계와 국가를 다시 보는 사고 스케일의 변화부터 시작하여, 미래에 대한 상상력을 일상생활에 불어 넣는 습관을 기른다. 이제 좀 더 구체적인 방식으로 가보자.

소비자에서 공급자로–자아의 발견

소비자에서 공급자 마인드로 바꾸는 일은 고정관념 탈출의 핵심 요소다. 소비자 마인드란 무언가? 회사에 들어가야만 기획하고 지상파 방송국에 들어가야만 뉴스 보도하고 대학에 취직해야만 학생을 가르친다는 생각이다. SBS 개그맨 공채시험에 붙어야만 개그맨이 될 수 있다는 생각이다. 한 마디로 누군가 나를 뽑아줘야만 뭘 할 수 있다는 마인드다. '청년이여 국경을 넘어라' 고 설파하는 사람이 있다. 내용인즉 해외 기업이나 국제기구에 취업하라는 얘기다. 소비자 마인드다. 국경만 넘을 뿐

'누군가의' 회사나 기관에 취직해 일하라고 하는 소비자 마인드다.

공급자 마인드는 어떤 방식인가? 지상파 방송국에 취직하는 대신 1인 방송국을 만들어보자는 마인드다. 대기업에 취직하는 대신 보따리 무역을 하는 방식이다. 교수 공채에 목숨 걸기보다는 디지털 대학을 만들어 하고 싶은 교육을 추구하는 마인드다. 방송국 개그맨 공채에 응시하기보다는 수백명이 돈을 모아 코메디 방송국이나 공연극장을 설립하는 마인드다. 아파트 분양 받으려 줄 서기보다는 직접 집을 지어 팔고 남는 집을 갖는 마인드다.

브라질에 축구 유학중인 한국 청소년만 2,000명이 넘는다고 한다. 하바드대학교 예비학교, 그 예비학교에 진학하기 위한 예비학교, 줄리아드음악원 예비학교, 영국과 파리의 유수한 디자인학교, 세계적인 요리학교 학생의 3분의 1이 한국 학생이라고 한다. 이들(상당수는 부모)의 꿈과 열정은 그 자체로는 경탄할 일이나 뒤집어 생각해보면 측은하기 짝이 없고 실속없는 소비자 마인드다. 누군가에게 선택받기 위한 졸업장, 자격을 좇아 다른 누군가에게 막대한 돈과 시간을 바치는 맹목적 열정을 공급자 마인드로 전환한다면, 수천배 수만배의 이익이 발생할 텐데. 축구 유학 대신 인류 최초의 새로운 경기 종목을 만들고, 요리 유학 대신 임지호 같은 세계 유일의 요리를 기획하는 것이 공급자 마인드다.

「세계 7대 불가사의 재단」(New7Wonders Foundation)이란 회사가 있다. 2001년 설립된 이 회사가 '세계 7대 불가사의'에 이어 '세계 7대 자연경관'이란 것을 임의로 만들어 4년간이나 투표조사를 하면서 한국을 비롯해 수많은 나라를 뒤흔들었다. 다음에는 '세계 7대 도시'를 선정한다고 한다. 제주도에 이어 서울시가 한바탕 쇼에 휘말리지 않을까 걱정된다.

4년간 또 얼마나 많은 서민의 통화요금이 그 회사로 쾌척(快擲)될지 궁금하다. 이 회사의 접근 방식이 대표적인 공급자 마인드다. 크든 작든 공급자 마인드는 나름대로 진지한 기획이 필요하다. 반면 7대 자연경관에 선정되기 위해 손이 아프게 전화기를 눌러대는 애국심, 애향심은 전형적인 소비자 마인드다.

따지고 보면 공급자 마인드를 갖는 데 무슨 대단한 훈련이나 기술이 필요하진 않다. 사고방식만 바꾸면 된다. 사고방식을 바꾸려면 상실된 자아부터 회복해야 한다. 자아란 스스로 결정을 내리는 자세, 결정을 내리는 능력이다. 스스로 결정을 내릴 줄 알아야 나만의 일을 기획하고 공급자가 될 수 있다. 붕어빵 장사도 나만의 결정과 책임이 없으면 안 된다. 스스로 결정 내리는 일은 인간이 존재하는데 가장 기본적인 조건이면서도 가장 쉽게 잊는 덕목이다. 이 또한 대단한 기술이 필요하지 않다. 버리면 된다. 밧줄을 놓으면 된다. 어쩌면 그래서 가장 어렵기도 하다. 가장 간단하면서도 가장 어려운 일이 자아를 찾는 일이다.

파울로 코엘류의 『연금술사』는 자아의 가치에 대한 멋진 복음서다. 신학생 산티아고는 세상에 대한 호기심 때문에 양치기가 된다. 양을 치면서 이곳저곳 돌아다니기 위해서다. 그러나 호기심을 찾아 나선 세상에서 발견한 것은 세상이 아닌 자아였다. 그 자아는 중간 중간 벌어들인 많은 돈을 다음 단계의 호기심을 위해 미련 없이 포기하는 과정 끝에 발견된다. 순간순간의 기득권과 타성을 던져야만 도달하는 곳이 바로 자아다. 밧줄 놓기다.

산티아고는 자신의 꿈에 가까이 다가가면 갈수록 자아의 신화는 더욱 더 살아가는 진정한 이유로 다가온다는 사실을 깨닫는다. 반면 양은 스스로 어떤 결정을 내려야 할 일이 없다. 양치기가 좋은 풀밭으로 데리고 가주기만 하면 만족한다. 언제까지나 양치기 곁에 머물며 털도 주고 고기도 준다. 자아가 없는 삶이다. 자아가 없기에 먹히는 줄도 모르고 먹힌다. 자신이 먹는 먹이가 자신을 고기로 만들기 위한 미끼인줄 모르고 행복하게 먹는다. 그 행복을 놓는 결단이 있어야 고기 신세를 면하건만.

산티아고는 자아를 찾기 위해 목숨 걸고 사막을 건넌다. 사막은 우리가 사는 세상을 뜻한다. 사막에선 아무리 먼 길을 걸어왔다 해도 절대로 쉬어선 안 된다. 사막을 사랑해야 하지만 사막을 완전히 믿어서도 안 된다. 방심하는 자에겐 죽음을 안기기 때문이다. 연금술이란 각자 자신의 보물을 찾아 전보다 나은 삶을 살아가는 것이다. 그대의 연금술은 무엇인가? 연금술이 없다면 자아가 없다는 뜻이다. 없다면 지금부터라도 연금술을 연마하라. 나는 그대가 유라시아에서, 혹은 그대의 다른 기획을 통해 그대만의 보물을 캐는 연금술사가 되기 바란다.

이 책의 목적이 드러났다. 그대의 연금술 본능을 깨우고자 하는 내 절실한 바람도 드러났다. 그대가 찾게 될 자아의 보물은 그대가 원하는 '우리' 대한민국의 원자재가 된다. 양이 자아를 찾지 못하도록 최소한의 풀밭만 제공해주는 '양치기의' 대한민국을 양의 대한민국으로 돌려놓는 기초재료다.

이쯤에서 물어보자. 자아의 보물을 찾았다 치자. 그대가 자아를 바탕으로, 고정관념에서 벗어나 소비자에서 공급자로 나아가기 위해서 필요한 실행전략은 무엇일까? 공급자로서 할 수 있는 일이 현실적으로는 얼마나 될까? 거의 없다! 혼자 할 수 있는 자영업은 이미 포화상태다. 이미 자영업을 하는 부모한테 물려받는 방법밖에 없다. 그런 부모가 있나? 가

신당창당선언문(유머)

아무리 훑어봐도 내 맘에 드는 후보나 정당이 없는 사람은 여기여기 붙어라. 한 달 내내 뼈 빠지게 일해도 월말이면 쏟아지는 청구서를 감당하지 못하는 사람, 소주 한 잔 마셔도 지갑을 확인해야 하는 사람은 일등급 당원이 될 수 있고 세금은 꼬박꼬박 내도 관공서에 갈 때마다 주눅 드는 사람도 환영한다. 열심히 살아도 세상에서 소외됐다고 생각하는 사람, 반장 한 번 못해본 사람이 모이기를 희망한다. 그저 밥이나 먹고 살면 다행이라고 생각하며 한 세상 견디는 일이 얼마나 허무한 시간인지 후회스럽고 내일은 불안한 사람은 지금 모여 새 당을 만들자. 이제 한데 모여 우리도 정권을 잡고 대통령도 내보자. 전쟁터에서 남은 앞세우고 저는 뒤로 숨는 인간들도 한 번은 벌을 받아야 하지 않을까.

「문화일보」 2006. 12. 28.
'신당창당선언문'(전윤호 칼럼) 중에서

락시장이나 방산시장에서, 아니면 재벌 음료회사의 배달원으로 일하며 거상의 꿈을 키우는 길도 있다. 이 역시 소수에 불과하다. 농업이나 어업도 만만치 않다. 자급자족을 넘어 돈을 벌려면 투자 위험이 크다. 스스로 해 먹을 게 없다 보니 거마대학생이 된다. 그나마 여성은 유흥업계로 나서는 방법이 있다. 우리나라 20대 여성의 20%가 유흥업에 종사한다는 비공식 통계가 있다. 현재 20대 인구가 약 660만명이고 그 중 여성이 330만명이라고 하면 20대 유흥업소 여성이 66만명이란 얘기다. 전 국민의 1.4%가 유흥업소 여성인 셈이다. 공급자로 나설 길이라고는 자신의 몸을 공급하는 방법 밖에 없는 청년여성 66만명, 2012년 대한민국의 또 다른 단면이다.

홀로서기가 왜 어려울까? 남들 하는 대로 똑같이 따라 하기 때문이다. 혼자 부딪치기 때문이다. 혼자서 세상의 경제와 맞붙기는 매우 어렵다. '도꼬다이' 정신은 화이부동에는 중요한 덕목이지만 먹고 사는 일에는 어려움을 준다. 경제란 무엇인가? 여럿이 먹고 사는 일이다. 경제를 위해서는 많은 사람이 힘을 모아야 한다. 그러나 그것이 동이불화로 가도 안 된다. 지금 대한민국이 바로 경제적 동이불화 상태다. 모두 남들 하는 대로 따라 하면서(同, 레드오션) 서로 힘은 모이지 않는 상태(不和)다. 남들이 하지 않는 방식으로(不同, 블루오션) 서로 힘을 모으는 상태(和)와 대조된다.

먹고 사는 일을 여럿이 도모하라. 동이불화가 아닌 화이부동의 경제를 위해서 힘을 한데 모으라. 혼자선 안 된다. 여럿이 모이면 재벌기업도 두렵지 않다. 여럿이 힘을 모아야 국가를 넘어 대륙으로 갈 수 있다. 국민을 밀어내는 국가를 마냥 붙들고 앉아 있기에는 그대의 혈기가 너무 왕성하다. 나만의 자아, 나만의 생각을 갖는 그대 수십만명이 뭉치면 얼마든지 세상을 바꾼다. 화이부동의 경제다.

기존 체제 안에서 힘을 모으는 방법도 있다. 정당을 결성하는 일이다. 이탈리아엔 노인당이 있다. 영국의 조합당은 역사가 100년 이상이며 국회의원 30명을 거느린 제도권 정당이다. 해적당(Pirate Parties)이란 것도 있다. 지적재산권 개념에 반대하기 위해 만든 정당이다. 2011년 9월 독일 베를린 주 의회 선거에서 해적당 후보 15명이 전원 당선됐다. 득표율이 무려 9%다. 메르켈 연립정부 참여정당인 자유민주당(Free Democratic Party) 득표율이 1.8%였다. 정치판에 지각변동이 일어났다. 스웨덴에서 처음 시작한 해적당은 이제 전 세계 26개 국가의 해적당을 회원으로 거느린 글로벌 네트워크(세계해적당연합, PPI)로 발전했다. 그대라고 당을 못 만들 이유가 없다. 다음에 제시하는 '년간 1조 4천억원으로 청년실업문제를 해결' 하는 방식에 공감하고 예산을 지원하겠다는 후보에게 표를 몰아주는 것도 한 방법이다. 그러나 명심할지어다. 기존 체제 안에서 정치참여는 차선책에 지나지 않는다. 현재의 정치판이 낡은 틀을 벗어나지 못하는 고정관념에 사로잡혀 있기 때문이다. 그대가 주인공이 되고 그대가 마음껏 희망의 나래를 펼 수 있는 그대만의 새로운 체제를 만드는 방식이 최선이다.

개인 땅굴에서 조합의 광장으로

흩어지면 약한 개인 힘을 모으는 가장 좋은 방법은 협동조합(cooperatives)을 만드는 일이다. 개인생산자나 소비자는 흩어져 있으면 아무리 수가 많아도 대규모 기업과 경쟁상대가 되지 않는다. 규모의 경제와 정보수집 능력에서 엄청난 차이가 있다. 그러나 협동조합을 제대로만 결성하면 대량구매로 원가를 절감하고 생산물 유통단계를 획기적으로 줄일 수 있어 가격경쟁력에서 대기업에 절대 뒤지지 않는다. 기획, 원자재 조달, 생산기술 서비스 조달, 생산, 유통, 고객관리, 법률, 재무관리 등 기업경영의 모든 단계에서 규모의 경제에 따른 효율화가 가능하다. 1인 생산자, 1인 기업일 때보다 모든 면에서 수익을 크게 늘릴 수 있다. 대기업과도 붙어볼만하다. 기존 중소기업도 기술협력이 가능한 집단을 묶어 조합 방식으로 연합하면 대기업에만 의존하는 하청구조에서 벗어나 직접 세계시장으로 나갈 힘이 생긴다. 관건은 조합원 상호이익에 대한 공감과 신뢰다.

[그림 3.1] 영국 맨체스터에 있는 조합은행(The Co-operative Bank) 본점. 협동조합운동 선구자인 로버트 오웬의 동상이 보인다.

현재 지구상에는 사람이 상상할 수 있는 모든 종류의 협동조합이 있다. 생산자 조합, 소비자 조합, 생산자와 소비자 공동조합, 노동조합, 신용협동조합, 농어업 협동조합, 주거 협동조합(주택조합), 의료 협동조합(의료생협), 자원봉사조합, 자가주택 건축조합 등 다양하다. 서울우유처럼 주식회사 개념과 혼합하기도 하고 정당을 결성하기도 한다. 뉴욕의 주택조합 Co-op City는 회원이 5만 5천명이다. 서울로 치자면 몇 개 동을 합한 규모다. 소규모 도시개발도 가능하다. 스위스 1, 2위 슈퍼마켓 체인은 협동조합이다. 전체 인구의 절반 이상이 이 슈퍼마켓 체인 회원이다.

서울우유 같은 회사는 조합이 대기업으로 성장한 경우다. 다수 조합을 모아 조합협회를 만들고 다시 조합협회를 한 데 묶어 조합연합회로 확대하기도 한다. 이탈리아의 레가쿱(Legacoop)이 그 예다. 레가쿱은 회원(조합원)이 774만명, (회원 겸)직원 41만 5천명, 연 매출액 80조원의 거대 기업이다. 삼성전자 매출액의 절반 규모지만 혜택은 삼성전자 임직원 20만명(해외 10만명 포함) 의 40배 가까운 사람에게 돌아간다. 삼성전자가 버는 돈은 극소수 대주주 일가와 임직원 20만명, 일부 특혜 받은 협력업체에게만 돌아간다. 조합과 기업의 차이가 여기에 있다. 우리나라에서도 생협(생활협동조합)이나 한살림운동 같은 풀뿌리 생산자 · 소비자협동조합이 꾸준히 저변을 확대하는 중이다. 자연착취형 대량소비 방식의 대안이다.

조합이 성공하려면 많은 조합원이 '공동의 이익' 에 대해 이해관계가 일치해야 하며 조합경영을 신뢰할 수 있는 경영구조를 마련해야 한다. 대기업의 경우 오너와 소수 경영진의 신속한 의사 결정에 따라 목표가 명확히 설정되지만 조합은 각 개인이 의사결정권을 가진 하나의 기업과 마찬가지여서 조합 전체 의사결정이 쉽지 않다. 기업은 일반 소액주주나 직원들 눈치를 별로 보지 않아도 되지만 조합은 회원 한 사람의 의견이라도 소홀히 하기 어렵다.

조합, 특히 생협 같은 소비자협동조합은 이윤보다는 소비자 주권의 확보에 관심이 있다. 제대로 된 물건을 제 가격에 구매하고자 하는 것이 주된 동기다.

내가 생각하는 조합방식은 이와는 다르다. 조합형태의 글로벌 기업이다. 이 기업의 주력 생산품은 아이디어와 상상력이다. 세상을 풍요롭게 만드는 기획이다. 예를 들면 청년 20만명이 100만원씩 출자해서 2천억원 규모의 회사를 만든다. 몽골군 10만명이 세계로 진군하여 세상을 얻었듯이 대한민국 청년 수십만명이 세계로 나아가 세상을 경영한다. 몽골군이 다른 민족 군대 100만명을 아군으로 활용했듯이 대한민국 청년도 수백만 명의 세계청년과 연합하여 세계평화와 풍요를 실현한다.

이 회사는 유라시아 프로젝트를 글로벌 뉴딜로 만드는 종합계획, 즉 마스터플랜을 기획하고 분야별 참여주체를 선정, 주선하며 단계별 자금조달을 지휘한다. 가장 중요한 역할은 참여 주체별 이해관계를 면밀히 분석하고 조정하는 일이다. 아래 부록에서 제시하는 여러 분야별로 자신에 맞는 기획안을 토론에 부쳐 현실적이고 현장지향적인 실천계획으로 다듬어가는 과정을 회사 초기 사업으로 추진한다.

이 회사를 누가 운영하나? 바로 그대다. 그대가 운영한다. 다만 출자자 20만명이 모두 이 회사에서 일하진 못한다. 이태리 레가쿱의 경우 회원 대비 임직원수 비율은 5%다. 이 비율을 적용하면 이 회사 1차년도 직원수는 1만명이다. 이후 매년 1만명씩 증원하여 부록에서 제시한 일정에 따라 1단계 사업이 마무리 될 5차 년도에는 5만명으로 늘린다.

이에 필요한 사업비는 총 7조 2천억원이다. 근거는 이렇다. 임직원 1인당 월 급여를 1년차 100만원에서 시작하여 매년 50만원 인상하면 5년차에는 월 300만원이 된다. 이렇게 하여 5년간 급여총액이 4조 2천억원, 여기에 운영비 등 부대비용 3조원을 더해 7조 2천억원이 필요하다. 그대가 출자한 금액이 2천억원이므로 5년간 총 7조원, 매년 1조 400억원이 모자란다. 이 돈을 대한민국 정부에서 지원받는다. 겨우 2천억원을 출자하고 7조원을 지원받는다? 겨우 2천억원이 아니다. 2천억원으로 결집된 자립의지다. 자립의지가 있는 곳에 돈이 가야 한다. 그것이 매칭펀드 개념이다.

대한민국 국가 지원을 받지만 국가에 의존하는 프로젝트는 아니다. 만일 그렇다면 이 책의 취지와 모순된다. 이 자금은 이해 당사자인 대한민국과 정당한 거래 속에서 받는 지원금이다. 한편으론 여러분이 대한민국을 놓아주는 대가로 받는 보상금이며, 한편으론 여러분이 대한민국을 놓아줌으로써 대한민국 청년실업률이 낮아지는데 대한 성과급이다. 그러나 더 큰 명분이 있다. 앞에서 언급한 유라시아 프로젝트의 수익규모와 고용효과를 기억하는가? 대한민국 정부가 유라시아 프로젝트에 년간 100억달러(11조원)를 투자하면 대한민국 청년 20만명 분 일자리가 생기고 그것을 금액으로 환산하면 년간 7조원이 회수되는 것으로 추산했다. 이 회수금액 가운데 20%를 기획자인 그대, 곧 그대가 만든 회사 · 조합으로 돌려 달라는 계산이다. 합리적이지 않은가? 더구나 이 지원금은 행정인턴이나 희망근로 같은 1회성 소모예산과는 차원이 다르다. 근본적 실업문제 해결 예산이다.

명분과 합리성과 계산 근거를 갖춘 기획이라야만 여러 당사자를 설득하여 참여시킬 수 있다. 유라시아 프로젝트든 다른 어떤 프로젝트든 마찬가지다. 이것이 그대의 회사, 가칭 유라시아주식회사의 사업추진 기본방식이다. 대한민국 정부, 유라시아 대륙의 다른 국가 정부, 건설기업, 엔지니어링 회사, 지역주민 등 모든 당사자가 구체적으로 인정하고 받아들일 수 있는 방식을 찾아내는 일이 유라시아주식회사의 핵심사업, 곧 기획이다.

개인의 땅굴에서 기어 나오라. 조합의 광장으로 모이라. 비 좀 맞아도 괜찮다. 광장으로 나와서 이야기하자. 짱돌 말고 기획안을 들고 모이라. 광장이 바로 유라시아 주식회사다. 그대만의 다른 기획주식회사여도 좋다.

소비자에서 공급자로 탈바꿈하는 중요한 아이디어를 다음 호민촌(豪民村)에서 찾아보라.

호민촌-은퇴자 도시, 라파시티

호민촌은 호민(豪民), 곧 넉넉한 백성이 모여 사는 도시다. '라파시티'를 내 나름대로 표현한 말이다. 라파시티란 1991년 출판된 오운상의 『라파시티를 만듭시다』란 책에 나오는 말이다. 라파(LAPAR)란 Life Assurance Program After Retirement의 약자다. 60대 중반의 오운상 선생은 초야에 묻혀있는 선각자다. 선각자는 잘 드러나지 않는다. 수심 깊은 곳에 자라는 나무와도 같다. 물이 빠져야만 모습이 드러난다. 물이 빠지기 전엔 선각자인줄 눈치 채지 못한다. 세상의 수위가 점점 낮아지고 있다. 바닥이 드러난다. 대한민국도 빠른 속도로 물이 빠지는 중이다. 바로 고령화의 썰물이다.

오운상 선생이 선각자인 까닭은 그가 은퇴자 도시인 라파시티를 구상하기 시작한 때가 30대 중반 청년기였다는 사실이다. 오선생의 30대는 대한민국이 베이비붐 세대의 에너지를 등에 업고 고도성장의 가파른 경사를 올라가던 1980년대 초였다. 모두 정상만을 향하여 나아갈 때 오선생은 하강 기류, 썰물의 징조를 감지하고 대책을 세우기 시작했다. 남들이 못보는 위험을 감지하는 능력이 있어야 가능한 일이다.

라파시티는 정년퇴직자가 만드는 도시다. 도시 자체가 기업인 도시기업이다. 실버타운이나 장수마을, 혹은 생태마을과는 차원이 다르다. 자족도시이기 때문이다. 우선 규모가 다르다. 인구가 30만명 정도다. 그 많은 인구가 어떻게 자족하는가? 기획이다. 기획으로 자족하도록 기획한다. 현직에서 물러난 은퇴자가 패스트푸드점이나 마트 일자리를 놓고 청년백수와 경쟁하는 식의 노인 일자리 창출은 기획의 빈곤이다. 더럽지도 않은 길거리를 청소시키고 억지로 용돈을 쥐어주는 희망근로도 기획의 빈곤이다. 정책은 넘치나 감흥이 없다. 기획은 없고 기안만 있기 때문이다.

저출산 문제로 호들갑을 떠는 일도 기획 빈곤이다. 인구수, 국력 같은 국가 단위 사고에 갇혀있으니 국력지표 감소가 두려움의 대상일 밖에. '출산율이 떨어지면 인구가 줄어들고 인구가 줄면 시장도 작아지고 국력도 줄어든다' '노인인구는 계속 늘고 젊은 층 인구가 줄어 젊은 층의 노인 부양부담이 늘어난다'는 생각은 기획빈곤의 대표적 산물이다. 사고의 틀이 국가에 고착됐기 때문이다. 아이를 많이 낳으라는 게 유일한 대안이다. 아이를 낳기 싫어 안 낳는가? 아이 낳을 환경을 만들지 않고 아이만 낳으라니. 출산은 국가 정책의 대상이 아니다. 마음 놓고 아이 낳게 만드는 일이 국가가 할 일이다. 출산 독려 대신 노인 경쟁력을 높이는 일이 기획이다. 출산독려는 기획이 아니라 기안이다. 이 책의 유라시아 프로젝트 같은 고용 창출사업이 기획이다.

라파시티에서 자족의 핵심자산은 은퇴자가 가진 경륜이다. 경륜이란 무엇인가? 세상의 모든 현장에서, 삶의 구비에서 길어 올린 지혜다. 성공의 참고서이자 실패의 거울이다. 많이 생각하고 많은 삶을 산 원로의 생생한 증언이다. 겉으론 위험해 보이지만 두려워할 필요가 없는 길이 있고, 안전해 보이지만 조심해야 할 길이 있다. 경륜은 그것을 구분한다. 경륜은 먼저 길을 걸어간 노인이 청년에게 줄 수 있는 유일하고 가장 큰 선물이다. 노인이 노인에게 경륜을 제공한들 어디 쓰겠는가. 늙은 육체의 보상이 경륜이다.

라파시티는 은퇴자의 경륜과 지식을 생산자원으로 재활용하여 부가가치를 창출하고, 직업 때문에 이루지 못한 젊은 날의 꿈을 실현하는 자아완성의 도시다. 유기농 관광농업으로 사회와 소통하며 병들고 돌봐줄 이 하나 없는 노인도 안심하고 세상을 마무리할 수 있는 따뜻한 도시다. 돈이 있어야만 사람답게 살 수 있는 무자비한 자본주의를, 사람답게 살면 돈이 벌리는 인정 있는 자본주의로 바꾸는 기획이다. 오선생을 모시고 머지 않아 이 프로젝트를 시작하려 한다.

지금 양극화는 소득계층에서만 발생하지 않는다. 노소간에도 발생한다. 노인의 경륜은 쓸모없는 것으로 매도 폐기되고 젊은이의 용기는 무모하다고 무시된다. 지난 번 서울시장 보궐선거에서는 40대 이하와 50대 이상 세대 간에 투표성향이 극단적으로 갈렸다. 나경원 후보는 경로당 덕분에 그나마 참패를 면했다. 노인의 경륜과 청년의 패기가 만날 광장이 없다. 중간 역할을 해야 할 중년세대가 노인을 뒷방으로 밀어내고 자식의 호연지기를 꺾는다. 호연지기를 잃은 자식은 제 한 몸 건사하기도 벅차다. 밀려난 노인 대열에 부모 중년세대가 합류한다. 세대 간 균형이 무너진 무기력한 사회다. 세대 간 균형이 무너지면 밀려난 세대 뿐 아니라 모든 세대가 불행해진다. 맞물려 돌아가는 기어의 한 축이 빠지면 기계 전체가 멈춘다. 라파시티는 밀려난 노인세대, 은퇴세대를 원래 자리로 돌려주는 프로젝트다. 기어의 빠진 축을 원상 복구하여 전체 시스템을 정상화하는 조용한 혁명이다. 즐거운 혁명이다. 혁명이 즐겁다니, 짜릿한 일이다.

라파시티를 누가 기획하는가? 바로 그대다. 오선생이 그려 놓은 밑그림에 색을 칠하면 된다. 라파시티를 싣고 유라시아 철도를 타도 좋다. 노인도시를 젊은 그대가 기획하는 일, 이 또한 양극화를 넘어서 공존으로 가는 길이다. 이 하나만으로도 할 일이 넘친다. 땅굴 속에 숨겨둔 그대 아이디어와 쌈지 돈을 한군데 모으라. 그 중에 상상력이 큰 사람은 앞장서고 현장 추진력이 있는 사람은 유라시아 곳곳에 직접 뛰어 들어가 돈을 벌라. 그대 벗이 기획한 아이디어를 들고 현장에서 돈을 만들라. 기획으로 돈을 초대하고 초대한 돈을 활용해 또 돈을 만든다.

내가 속한 그룹은 유라시아와 라파시티 프로젝트를 위해 많은 준비를 했다. 매우 구체적인 기획안도 있다. 이제 실행단계가 도래했다. 그대도 그대만의 고유한 기획안을 만들라. 좋은 기획을 더 좋은 기획이 끌고 가면서 대한민국도 끌고 가는 대 기획장터를 기획하라. 세상은 기획자의 몫이다.

YOUR DREAM IS **REALITY**

YOUR DREAM IS REALITY
_003

그대가 만든다

나는 아들이 둘이다. 큰 아들 성우가 만 28세, 작은 아들 신우는 25세다. 큰 놈은 천신만고 끝에 대학을 졸업하고 이제 막 기업에 취직했다. 작은 놈은 군 복무중이다. 이 아이들이 참 대견하다. 무슨 대단한 영화나 권세를 누려서가 아니다. 뛰어난 업적을 쌓지도 않았다. 특별히 공부를 잘 해서 그렇지도 않다. 오직 한 가지 이유다. 건전한 정신과 온전한 인격을 갖추고 제대로 된 삶을 살기 때문이다. 전형적인 모범생은 아니다. 성우는 고등학생 때 내 차를 몰래 운전하다가 불심검문에 무면허운전으로 걸려 검찰청까지 간 적이 있다. '선도'를 다짐하고 빼내왔다. 신우는 중학생 때 독학으로 드럼을 마스터하고 고등학생 때부터는 학교 밴드활동을 했다. 작곡도 제법 한다. 어렸을 때부터 제 하고 싶은 일을 실컷 했으니 앞으로도 무얼 하든 재미있게 다채로운 꿈을 꾸며 살아가리라 생각한다.

나는 아이들을 완전한 방목으로 키웠다. 앞서 내가 대한민국 부모세대에 부탁한 내용은 실은 내 체험을 바탕으로 했다. 내가 살면서 그나마 뭔가 제대로 한 일이 있다면 바로 자식을 키운 방식이다. 충고는 최소한으로 줄이고 틈날 때마다 세상을 크게 보는 시각을 길러주려 애썼다. 그래서 얼마나 시각이 커졌는지는 모르겠으나 어쨌든 그런 방식으로 길렀다. 덕분에 우리 집은 늘 화목하다. 부모와 자식이 무슨 생각을 하는지 서로 잘 알고 이해한다. 화목한 집은 살림살이가 어려워져도 충분히 버틸 맷집이 생긴다. 내 방식을 따르면 최소한 가정의 화목은 보장된다. 화목한 가정에서 자라고 자아를 가진 내 자식은 10년 후쯤 되면 지금보다 훨씬 큰 꿈으로 세상을 경영하리라 확신한다. 이 책의 메시지에 대해서도 100% 공감하는 녀석들이니 그때쯤이면 대한민국 놓아주기 프로젝트에 직접 뛰어들어 뭔가 역할을 하고 있으리라.

그런데 불안감이 있다. 이미 늦진 않았는지. 아이들에게 조금 더 일찍, 10년 전, 아니 5년 전에라도 이 책의 메시지를 전해주었다면 얼마나 좋았을까. 녀석들이 벌써 20대 후반이다. 사회생활의 무게에 눌려 큰 꿈을 잊을 수 있는 나이다. 내 체험이 다른 모든 부모와 자식에 공유되면 좋겠다. 특히 내 자식보다 10년 이상 젊은 아이를 둔 집안의 부모와 자식에게 자극의 반면교사가 됐으면 한다. 하루라도 빨리 시작하기 바란다.

대한민국의 모든 자식은 부모가 100% 이해하고 믿어준다면 큰 꿈을 갖고 세상을 호령하는 큰일을 해낼 잠재력이 있다. 이 책이 하나의 계기가 되길 바란다. 1030세대여, 그대는 우리 모두의 자식이다. 부모 마음이 담긴 이 책을 읽고 큰 꿈과 함께 화목한 가정의 공식을 도출하기 바란다.

아래에서 얘기하는 내용은 꿈을 실현하는 하나의 방식이다. 사회문제에 정답은 없다. 상상력에도 정답은 없다. 여러 답이 있을 뿐이다. 그대가 직접 상상하고 기획하여 수만개 수십만개의 정답이 나와야 한다. 유라시아가 아니라도 좋다. 상상을 기획으로 발전시켜 국가를 따라오게 하고 기업과 글로벌 자선기금을 움직여 판을 만들면 된다. 판을 만들어 움직이면 돈은 저절로 따라온다. 무엇보다도 일자리가 생긴다. 막연하다고? 어느 세월에? 지금 당장 라면 한 봉지 사먹을 돈도 없는데? 아무 것도 할 줄 아는 게 없는데? 알량한 직장이지만 그나마 그만두면 당장 막막한데? 걱정말라. 지레 겁먹지 말라. 혹시 지금 백수라도 좋다. 문제는 한 번 붙어보기라도 하자는 배짱이다. 배짱이 있어야 꿈이 생긴다. 어떤 경우든 '그대가' 함이 중요하다. 누군가에게 미루지 말라.

누군가 그대에게 어떤 답을 준다면 그것은 이미 답이 아니다. 그 답으로 이미 많은 사람이 울궈먹은 답일 뿐이다. 그대만의 생각, 그대만의 답이라야 진정한 답이다. 남이 줄 수 있는 것은 오로지 단서일 뿐이다. 이 책도 마찬가지다. 이 책이 주는 단서에서 그대만의 답을 찾으라. 그것만이 그대의 고유자산이 된다.

세계경영, 유라시아 경영을 위한 준비체조 : 한류마(韓流馬)에 실을 물품을 준비해보자

유라시아를 경영하기 위한 첫 걸음은 현재 우리가, 즉 그대가 지금 무얼 갖고 있는지 파악하는 일이다. 앞서 2부에서는 최근의 대중문화 한류가 팍스코리아나 구현에 중요한 토양이 된다고 했다. 여기에 조금만 살을 붙여 보자. 아래에서 제안하는 내용은 그대가 개인적으로 할 일 보다는 국가차원의 일인 면이 강하다. 그렇더라도 그대만의 상상력을 덧붙이면 국가를 활용하든 국가 등에 타고 가든 그대의 활동공간이 얼마든 생긴다.

대중문화 한류를 제품에 비유하면 미제 대중문화상품을 수입 가공하여 수출하는 일이다. 한국경제의 성장 방식과 똑같다. 미제를 가공하여 다른 지역, 또 미국에까지 팔 수 있게 된 까닭은 무엇인가? 미제보다 뛰어나서? 아니다. 미제 문화 일변도의 세계화에 대한 저항 때문에? 아니다. 그럼 무엇인가? 미국발(發) 세계화, 즉 팍스아메리카나가 역으로 다방향(多方向) 문화전파의 전도체로 작용하는 시대에 들어섰기 때문이다. 특히 미국발 세계화 도구 가운데 하나인 유튜브가 그런 흐름 변화에 결정적 영향을 미쳤다.

유식한 표현으로 하자면, 서구로 인해 근대를 자각한 비(非)서구지만, 또한 애초에 서구 주도로 시작된 세계화의 흐름이지만, 이제는 누구라도 그 흐름에 쉽게 한 몫 끼어 주인이 될 수 있는, 와류와 역류의 시대가 도래했다는 사실이다. 쉽게 한 몫 낄 수 있다는 것은 그만큼 크게 잃고 크게 깨질 위험성도 커짐을 의미한다. 생산자와 소비자의 구분이 모호해지는 디지털 정보사회, 그에 따라 사회구조도 다원적으로 바뀌는 네트워크화가 동시에 나타나는 세계화의 새로운 단계다. 문화전쟁 시대다.

국경을 초월하는 매니어 공동체, 혼종(混種)의 소비공동체, 취향공동체가 이미 온라인 네트워크에서는 현실로 나타나고 있다. 한류 소비자도 예외가 아니다. 이수만이 이를 SM 버츄얼 네이션(Virtual Nation) 국민으로 묘사한 것은 과장이 아니다. 이수만은 장보고 유전자를 물려받은 듯하다. 김우중, 승은호와 같은 혈통이다. 이런 사람들이 성공하고 큰돈을 버는 사회가 제대로 된 사회다.

'한류국민' 덕분에 다른 한국 제품도 위상이 높아졌다. 품질이 뛰어난데도 한국이란 국가 핸디캡 때문에 애써 한국산임을 나타내지 않으려던 제품이 이제는 한국산임을 내세우게 된 것이다. 코리아 디스카운트(Korea discount)가 코리아 프리미엄(Korea premium)으로 바뀌었다. 겁 없는 우리 자식, 1030세대가 엄청난 일을 해냈다. 대한민국 재벌기업은 이들에게 큰 빚을 진 셈이다.

그러나 장기적으로는 '한류국민'의 소비 의식에서 한국이라는 존재 자체가 무의미해질 가능성도 크다. 특히, 대한민국 정부가 어떤 국가적 상상에 맞추어 한류 궤적을 조종하려 하면 애써 이룬 버츄얼 네이션도 오래 못 갈지 모른다. 쉽게 만들어지는 버츄얼인지라 없어지기도 쉽다. 여기서는 정부가 나서면 안 된다. 조용히 뒤에서 지원만 하는 편이 낫다.

신한류에서도 생산자와 소비자는 언제든 바뀔 수 있다. 지금 K-POP 커버댄스 경연대회에 참가하는 전 세계 수십 만 명의 한류 팬이 언젠가 이를테면 L-POP이나 M-POP의 생산자가 되지 말란 법은 없다. 미국 문화도 그랬듯 한류 흐름도 언제든 역류 혹은 와류로 바뀔 수 있다. 한류

코리아 디스카운트와 코리아 프리미엄의 경제 효과

'코리아 디스카운트'는 한국 경제의 불투명성, 불확실성 때문에 한국기업의 주식가치, 한국산 제품, 나아가 한국산 브랜드 전체가 실제 가치보다 낮게 평가되는 현상을 말한다. 한 마디로 한국이라는 국가 이미지 때문에 한국산이 제 값을 못 받는 현상이다.

국가브랜드위원회와 지식경제부가 조사한 바에 따르면 2009년 세계시장에서 가격으로 평가한 한국산 제품의 이미지는 미국, 일본, 독일 등 주요 선진국의 71.5% 수준으로 나타났다. 같은 품질인데도 한국산이라는 사실 때문에 28.5% 할인된 가격으로 팔린다는 뜻이다. 이 28.5%가 코리아 디스카운트의 수치인 셈이다.

2009년 한국 수출액은 3,635억달러였다. 코리아 디스카운트가 없었다면 5,084억달러이므로 2009년 코리아 디스카운트를 무역액(수출액)으로 환산하면 1,449억달러가 된다. 2009년 평균 원-달러환율인 1,276원을 적용하면 원화로 185조원에 달한다. 같은 해 정부세입예산 280조원의 66%, 곧 3분의 2에 해당하는 금액이다. 코리아 디스카운트가 1%만 줄어도 년간 5조원 안팎의 수출증대 효과가 발생한다는 계산이다.

2009년 코리아 디스카운트는 2008년에 비해 3.3% 감소하여 원화로 16조원 이상의 수출증대 효과를 얻은 셈이다. 이 중 상당부분이 한류 열풍 덕분이라는 분석이 설득력 있다. 외국에서 한국을 보는 주된 이미지가 아직도 한국전쟁, 북핵문제 등 불안한 정세라는 점을 감안하면 한류로 인한 국가이미지 상승효과가 생각보다 훨씬 컸음을 알 수 있다. 대한무역투자진흥공사(KOTRA)가 2011년 11월 유럽 5개국 대도시 젊은이를 대상으로 한국에 관해 연상되는 이미지를 묻는 조사에서 북한 9.1%, K-POP 6.9%, 서울 6.5%, 전쟁 4.5% 순으로 나타났다.

이런 사정 때문에 그 동안 애써 한국산임을 알리지 않던 삼성도 특히 2011년 파리 한류공연을 계기로 한국 이미지가 급상승하자 태도를 바꿔 적극적으로 한국산임을 내세우기 시작했다. 그 전까지는 삼성의 코리아 디스카운트 회피 전략으로 인해 삼성을 한국 브랜드라고 생각하는 사람이 60%에 불과한 반면 일본 브랜드라고 생각한 사람이 26%나 됐다.

도 그런 과정을 겪어 생산자가 되지 않았나?

① 한류마 탑재 물품 I – 정신문화 자산

이쯤에서 그대는 유라시아 대륙을 대중문화 한류의 새로운 도체(導體)로 생각하고 기획하는 일을 생각해 보라. 우연찮게 신 한류가 개척한 항로, 한류마(韓流馬)에 한민족 정신문화 컨텐트를 싣고 가는 작업이다. 대한민국이 상징할 수 있는 평화정신, 한국만이 공급 가능한 정신적 자산, 예컨대 홍익인간과 같은 사상적 포용력으로 한류를 안고 갈 수 있도록 기획하는 일이다. 특히 한국이라는 국가 라벨을 붙이지 않더라도, 유라시아의 다양한 문화권에 보편적 감동을 줄 수 있는 컨텐트를 기획한다. 팍스몽골리카의 후예인 유라시아 대륙인이 단순히 K-POP 커버댄스나 한류 드라마 촬영장만이 아니라 평화정신과 평화사상을 찾아 한국으로 순례를 오게 만드는 기획이다. 60여년전 "진정한 세계의 평화가 우리나라에서, 우리나라로 말미암아서 세계에 실현되기를 원합니다"던 백범 김구 선생의 소망을 이루는 기획이기도 하다.

나는 이것을 21세기 왕오천축국전, 곧 역(逆)왕오천축국전 기획이라 부르겠다. 1300년전 신라 승려 혜초에 의해 감행된 파천황 순례의 땀을 후손인 그대가 닦아준다! 한국은 유라시아 대륙에서 무궁하고 원대한 문화적 상상의 원천을 발견한다. 유라시아는 한국에서 마르지 않는 평화의 샘물을 축이고 간다! 이것이 한류마를 타고 신왕오천축국전(新往五天竺國傳)을 쓰는 상상, 기획이다.

백범 '나의 소원'

나는 우리나라가 세계에서 가장 아름다운 나라가 되길 원합니다. 오직 한 없이 가지고 싶은 것은 높은 문화의 힘입니다. 문화의 힘은 우리 자신을 행복하게 하고 나아가서 남에게 행복을 주겠기 때문입니다. 나는 우리나라가 남의 것을 모방하는 나라가 되지 말고 이러한 높고 새로운 문화의 근원이 되고 목표가 되고 모범이 되기를 원합니다. 그래서 진정한 세계의 평화가 우리나라에서, 우리나라로 말미암아서 세계에 실현되기를 원합니다. 바로 우리 민족의 홍익인간이라는 우리 국조 단군의 이상이 이것이라고 믿습니다.

김구 「나의 소원」(1947)
'내가 원하는 우리나라'

조금만 더 나아가보자. 유라시아인의 공생과 협력, 그 생생한 체험현장으로서 휴전선 비무장지대(DMZ)를 활용한다. 전쟁과 분단의 상징, 인류 최후의 무력 저지선인 한반도 DMZ를 인류평화의 안전지대로 극적 반전시키는 방식이다. 팍스몽골리카는 흔적을 찾을 길 없지만, 그 못지 않게 원대한 사상적 깊이로 인류에게 영감을 주는 대한민국, 그 대한민국이 아픔으로 품고 있는 역설의 DMZ에서 인류평화의 상징적 염원을 찾을 수 있게 하는 기획이다. 체질적으로 평화를 사랑하는 한국 백성이 아닌가? 기득권 붕당싸움에 휘말려 내부가 골골이 찢겨지긴 했지만. 한국인이 유라시아 상상의 주역이 될 때 한반도는 물론이고 동북아, 나아가 유라시아 전체의 지정학적 위험성도 사라진다. 그것을 주장이 아닌 현실로 만들 기획안을 준비하라. 한반도는 지정학적 위험지역(강자 간 각축장)에서 평화의 중심지역(강자 간 공존번영의 장)으로 반전하리라. 21세기 역왕오천국국전의 세계는 대중가요나 김치만으로는 이루어지지 않는다. 정신적, 사상적 깊이로만 완성된다. 이것이 바로 그대만이 기획 가능한 영역이다.

너무 막연하게 생각이 든다면 예비 작업부터 시작해라. DMZ관련 컨텐트와 인바운드(외국 여행객 유치) 여행상품, 유라시아 아웃바운드(국내 여행객 해외관광) 상품을 기획하는 식으로. 그러려면 지금부터라도 많이 읽고 많이 다녀보고 수시로 생각을 정리하며 깊이를 키워야 한다. 앞에서 팀 코프의 모험여행을 얘기한 이유도 그 때문이다. 모험여행은 유라시아 기획의 예비작업이기도 하지만 그 자체만으로도 비즈니스가 된다. 우리나라에서도 한비야가 오지여행의 전례를 보여준 바 있다. 당시 많은 젊은이가 한비야의 여행기에서 영감을 얻고 꿈을 키웠다. 그러나 그 이상으로 나아가진 못했다. 한 사람의 오지체험을 넘어서, 팀 코프보다도 큰 스케일로, 유라시아를 관통하는 유목모험 여행기를 그대가 써보라. 그대 모두가 여행가가 될 순 없지만 누군가 먼저 나서서 하는 사람이 선구자가 된다. 유라시아 스케일의 여행기 하나만으로도 수십, 수백명이 먹고 살 수 있는 사업거리가 된다. 여행기와 함께 유라시아 여행프로그램, 소설, 영화, 드라마, 전시회, 유라시아 자동차 랠리 등 다양한 문화컨텐트를 개발하면 더욱 규모가 큰 관광산업으로 확대 가능하다. 독창적인 이야기만으로도 고전 반열에 오르고 막대한 부를 거머쥘 수 있는 오늘날이다. 해리포터의 조앤 롤링을 보라. 유라시아에 묻힌 몽골제국 이야기만 갖고도 해리포터 수만편 이상의 작품이 나온다. 그대가 아직 전공분야를 선택하지 않은 학생이라면 이런 예비작업에 적합한 전공을 정하고 거기에 맞춰 특화된 스펙을 기르도록 하라. 일단 재미있어 보이지 않나?

② 한류마 탑재 물품 II – 한글한류

SBS 드라마 「뿌리깊은나무」는 세종대왕의 한글창제와 반포과정을 둘러싸고 벌어지는 치열한 정치과정을 흥미롭게 보여준다. 그 가운데 세종대왕과 가리온(정기준)이 한글의 정치적 의미를 두고 벌인 절벽 위의 야간 토론장면은 한국 드라마 사상 길이 남을 압권이었다. 한글 반포가 피비린내 나는 정치 투쟁의 대상이 된 까닭은 무엇인가? 한글이 워낙 뛰어난 언어였기 때문이다. 일반 백성이 하루 이틀 만에 깨우칠 정도로 효율성이 탁월한 언어였기에 정치적, 사회적 파괴력이 컸다. 그렇지 않다면 반

한글은 얼마나 위대한가?

인류가 현재까지 사용하는 문자 가운데 창제된 문자는 한글이 유일하다. 문자를 창제한 원리가 책으로 남아있는 사례 또한 『훈민정음』이 유일하다. 지금까지 지구상에서 사용되고 있는 모든 문자는 그림문자에 뿌리를 둔다. 알파벳도 지금은 표음문자이지만 원래는 표의문자였다. 일단 표의문자보다는 표음문자가 우수하다. 표의문자는 음절(音節)문자에 해당하고 표음문자는 음소(音素)문자에 해당한다.

표음문자, 곧 음소문자에는 영어 알파벳과 한글이 있다. 알파벳과 한글이 중국, 일본 문자에 비해 배우고 쓰기가 매우 쉬운 이유는 음소문자기 때문이다. 음소문자란 한 음절을 나누어 표기할 수 있는 문자다. '麻', 'ま', '마', 'ma'는 모두 같은 소리로서 한 음절이다. 이 가운데 중국과 일본 문자인 '麻', 'ま'는 더 이상 나눌 수 없다. 그러나 한글인 '마'는 'ㅁ'과 'ㅏ'로, 알파벳인 'ma'는 'm'과 'a'로 나눌 수 있다. 'ㅁ', 'ㅏ', 'm', 'a'를 음소라고 한다. 음소문자가 우수한 이유는 단 26개나 24개의 기호만으로 수천 개의 음절을 만들 수 있기 때문이다.

그렇다면 한글은 같은 어떤 면에서 같은 음소문자인 알파벳보다 우수한가? 한글은 단순한 음소문자를 넘어 체계음소문자이기 때문이다. 알파벳은 26개 기호 모양이 자음과 모음으로 구분되지 않고 자음 모음 순서도 원칙 없이 섞여 있다. 이에 반해 한글은 기호 모양에 의해 자음과 모음이 분명히 구분된다. 한글을 배울 때 'ㄱ'은 14개 자음 기호 가운데 하나로 인식하고 'ㅡ'는 10개 모음 기호 가운데 하나로 인식하게 된다. 음소에 체계가 있느냐 없느냐 하는 차이이다. 특히 한글의 모음은 정연한 체계를 이룬다. 체계가 정연하다 함은 식별기능이 우수함을 뜻한다. 이 차이는 언어 학습에서 매우 크다. 키보드 자판을 보면 그 차이가 쉽게 드러난다. 영문 자판과 한글 자판을 비교해보라. 한글 자판은 자음이 좌측에, 모음은 우측에 체계적으로 배열돼있다. 영문은 무작위로 섞여있다. 자음은 왼손에 맡기고 모음은 오른손에 맡길 수 있는 한글 타자 입력속도가 영문타자보다 빠를 수밖에 없는 이유가 여기에 있다. 더구나 영문 알파벳은 대·소문자를 변환해야 하는 어려움마저 있다. 휴대폰 자판에도 똑같은 원리가 적용된다.

▲ 각각 26개인 컴퓨터 한글자판과 알파벳자판 비교(한글은 복모음 자판 2개 포함). 자·모음이 각각 좌우에 배치된 한글과 달리 무작위로 배치된 영문자판이 비교된다.

중국이나 일본 문자는 아예 비교 대상조차 안 된다. 중국 문자는 수많은 음절을 컴퓨터 자판에 표시할 방법이 없다. 궁여지책으로 병음(拼音)이라는 알파벳 음소를 사용한다. 자판에서 병음 알파벳을 치면 그 음에 해당하는 여러 문자가 화면에 나타난다. 그 중에서 원하는 문자를 골라 변환하는 방식이다. 일본 문자는 히라가나·가타가나·간지(한자) 가운데 하나를 골라 변환해야 하기에 더 복잡하다. 복잡한 변환과정을 거쳐야 입력이 가능한 중국, 일본 문자는 속도 면에서 영문 알파벳에도 훨씬 뒤진다. 중국이나 일본 문자에게 한글은 감히 비교 대상이 아니다.

김명호 『한글을 만든 원리』 중에서

대파가 목숨 걸면서까지 막을 이유가 없다.

우리는 한글이 얼마나 우수한지 제대로 모른다. 세계 유수의 언어학자들이 뛰어난 언어라고 극찬하니 그런가보다 하는 정도로만 알고 있다. 혹은 인도네시아 찌아찌아족과 볼리비아 아이마라 부족이 그들 언어를 한글로 표기하는 일로 미루어 우리말이 참 좋은 언어구나 하고 자부심을 느끼는 정도다. 한글은 그대가 아는 것보다 훨씬 뛰어나다. 세계 최고의 언어라는 평가가 전혀 과장이 아니다. 글상자를 읽어보라. 한민족 최대의 보물을 후손에 물려준 세종대왕, 집현전 학자, 한글 창제에 참여한 어린 백성의 위대함에 콧날이 시큰해진다. 후손으로 하여금 한글을 쓴다는 사실만으로도 세계 최고의 문명적 우위를 점하게 해준 세종대왕 기획팀. 속도가 생명인 오늘날 정보시대를 예견이라도 하신 게 아닌지 모르겠다. 위대한 한글, 그게 어쨌단 말인가? 그런 뛰어난 한글이 우리에게 자부심 말고 어떤 의미가 있나?

2011년 3월 찌아찌아족이 거주하는 인도네시아 술라웨시의 바우바우시(市)가 한글을 최초로 보급해 준 훈민정음학회와 관계 단절을 선언했다. 바우바우시는 2008년 7월 한글 사용 및 한글교사 양성에 관한 양해각서(MOU)를 훈민정음학회와 체결했다. 그런데 그 후에 서울시가 나서서 사업을 주도하는 과정에서 문제가 생겼다. 「노컷뉴스」에 따르면 서울시가 바우바우시

[그림 3.2] 2009년 12월 서울시에서 열린 서울시-바우바우시 문화예술교육 협력 의향서 체결식.
좌 : 아미룰 타밈 바우바우시장 우 : 오세훈서울시장

에 문화센터를 짓고 도시개발 사업에 협조할 의향을 보이자 바우바우시는 재정이 약한 훈민정음학회와 결별하고 파트너를 서울시로 바꿨으나 서울시가 예산 부족으로 지원을 못하게 되자 바우바우시는 한글 보급을 사실상 포기했다. 바우바우시의 실리적 계산과 한국 측의 어설픈 공수표(空手票) 선심이 충돌하여 민족 역사의 중요한 전기를 해프닝으로 만들었다.

그대의 역할이 필요한 대목이 바로 여기다. 한글이 가진 한류로서의 잠재력이 대한민국 정치 · 행정수준으로 인해 시작부터 난항이 됐다. 앞서 신 한류 프로젝트에 정부가 나서면 안 된다고 한 이유를 확인하게 된다. 시카고 대학 연구결과 문자가 없는 나라에 제안할 최고의 언어로 선정된 위대한 한글을 졸속 전시행정으로 욕보이는 일은 되풀이하면 안 된다. 그렇기 때문에 그대가 나서야 한다.

대영제국은 식민 제국주의로 영어를 세계에 전파했다. 영어가 세계공용어가 된 결과 오늘날 영국인, 미국인 후손은 국제관계, 출판, 영화, 교육, 컴퓨터 자판입력, 통신 등에서 값으로 따질 수 없는 우위를 갖게 됐다. 우리나라만 해도 영어 자격시험, 어학연수, 유학, 번역출판 등을 통해 영미권에 지불하는 돈이 천문학적이다. 컴퓨터 자판도 영문과 한글을 함께 써서 수시로 한/영 전환해야 한다.

이제 한글을 디지털시대 속도전의 첨단병기로 유라시아 대륙에 전파하는 방법을 그대가 기획해보라. 그 방법은 대영제국의 제국주의적 방식보다 훨씬 어려운 고도의 준비와 기획이 요구된다. 현재 카자흐스탄과 우즈베키스탄에는 교육부가 운영하는 한국교육원이 한글은 물론 한국문화 거점으로 나름대로 중요한 역할을 하고 있다. 관 주도 사업이지만 비교적 성공적으로 운영되는 사례다. 그대가 기획할 일은 이러한 기존의 한글 거점을 확대하여 유라시아 대륙에 한글벨트를 구축하는 방법이다. 현재 유라시아(중앙아시아) 대륙의 공용어는 러시아어다. 러시아어는 세계에서 가장 배우기 어려운 언어중 하나다. 러시아에서 독립한 중앙아시아 국가는 우즈벡어, 카자흐어같은 민족어를 역점 보급 중이다. 앞으로 이들 국가 젊은 세대의 공용어는 민족어가 될 가능성이 높다. 이런 변화에 대응하여 한글을 유라시아 제 2 의 공용어로 만드는 기획을 시도해보라. 충분히 가능한 작업이다.

몇년 전 중국 심양에서 중국 지배민족인 한족이 한글자판을 이용해 중국어 문자메시지를 보내는 것을 보고 경탄한 적이 있다. 동남아시아 사람은 한국 노래방 기계의 한글 자막을 보고 쉽게 한국가요를 따라 부른다. 디지털 정보시대에 한글의 잠재력은 생각보다 매우 크다. 그 잠재력을 유라시아 대륙에서 실현하여 대륙인은 속도의 혜택을 입고 한글은 저변을 넓히는 작업을 기획해보라. 미래는 속도전의 시대다. 일단 속도를 갖춰야만 빨리 뛰어도 숨차지 않고, 느림의 미학을 실천할 여유도 생긴다. 빨리 뛸 힘이 있는데도 늦게 감과 빨리 뛸 힘이 없어 늦게 감은 질적으로 다르다. 미래 속도전의 최강병기 한글은 훌륭한 기획 아이템이다.

한류마에 실을 컨텐트는 정신문화, 한글 이외에도 많다. 지금 유라시아 대륙에도 닿았던 한민족 고대사 이야기, 홍산(紅山)문명, 6000년 전 배달국의 역법(曆法)인 천부역법(天符曆法), 택견, 대장경, 직지, 석굴암, 한옥, 한식, 구들, 발효음식, 침뜸, 전통의학 등 열거하기 힘들 정도로 많은 한민족 컨텐트의 광맥(鑛脈)을 발굴, 정리, 기획하여 대륙으로 전파하는 작업만으로도 그대 평생이 소요될지 모른다. 한류마에 실을 컨텐트의 광맥을 그대가 캐내라. 컨텐트가 돈이다. 거기에 맞춰 전공을 정하라. 돈이 그대를 쫓아온다.

유라시아 뉴딜(New Deal)을 기획하라

한류가 유라시아행 출발점이라면 유라시아 뉴딜은 유라시아 결승점이다. 결승점까지 완주하려면 상상력만으로는 안 된다. 조직이 필요하다. 유라시아 대륙 스케일의 거대한 뉴딜 프로젝트를 진행하려면 각국 정부의 참여가 필수적이다. 그대가 속한 대한민국 정부의 힘이 우선적으로 필요하다. 정부가 나서야 할 판과 나서지 않을 판을 정리하고 명확한 역할 분담을 정하는 일도 그대 기획의 중요한 요소다. 여러 국가가 뉴딜 방식을 지지하도록 설득하고 국가 간 협력과 조정 구조를 만들어야 한다. 다만 국가 간 구조는 일단 정착이 되면 강력한 추진력을 발휘하지만 앞에서 말한 이유 때문에 이해관계 조정이 쉽지 않아 시간이 많이 걸린다.

따라서 선행 작업이 필요하다. 국가에만 맡기면 시간도 많이 걸리지만 그대의 몫이 없다. 그대보다 국가와 가까운 누군가의 몫이 된다. 그대가 선행 작업으로 먼저 펀치를 날려야 한다. 국가 간 협력 분위기를 조성하고 유도하는 선행 작업, 혼자선 불가능하다. 조직으로 움직여야 한다. 조직은 여럿이 조합방식으로 출자하여 만든다. 여럿이란 몇 사람이 아니다. 수십만명이다. 수십만명이 몇 십만원씩 출자하여 수천억원대 이상을 만든다. 출자자 가운데 기획력이 있는 사람이 조합을 운영하고, 투명하게 재정을 관리한다. 글로벌 기획회사, 이름 하여 유라시아주식회사다. 일단 규모가 커야 한다. 조합을 만드는 방식 자체가 기획 대상이다. 역시 그대의 몫이다. 장회익 선생의 말을 참고하라 :

> 큰 목표는 크게 잡고 작은 목표는 작게 잡자. 인류문명 전체를 위해 우리가 뭘 할 것이냐는 문제는 크게 생각하고 거기에 맞는 역량을 스스로 쌓아 나가되 작은 일에 대해서는 최소한의 욕구를 갖자 … 자기에게 필요한 것은 생존에 직결되는 것만 최소한대로 하고 나머지는 큰 가치를 위해 투자하자.
>
> 장회익, 2008. 12. 31. 「경향신문」 2009 신년대담

조합방식으로 조직을 갖추려면 먼저 유라시아 비전을 공유하는 사람끼리 연대하는 네트워크가 필요하다. 기획을 위해서는 조직이 필요하고 조직을 만들려면 먼저 비전이 공유돼야 한다. 비전공유→조직형성→기획→개발재원조달→뉴딜실행의 과정이다. 비전공유, 조직형성, 기획은 동시에 진행할 수도 있다. 이 단계는 온라인 커뮤니티 방식이 효과적이다.

조직 구축과 별개로 그대만의 유라시아 뉴딜을 기획한다. 거대 프로젝트여도 좋고 소규모 사업이라도 관계없다. 그대의 기획이 유라시아 저수지로 흘러들어가 대륙을 일구는 관개수가 된다는 생각으로 그대만의 유라시아 뉴딜을 기획해보라. 뉴딜이든 유라시아든 중요한 것은 그대의 기획이다. 그대가 기획한다는 사실이 중요하다.

뉴딜에 한정시켜 보자. 과연 뉴딜이라는 개념이 한 국가를 넘어서 유라시아 같은 거대 스케일에 적용 가능한가? 그 개념과 방식부터 구상해 본다. 여기서 잠깐 유라시아 뉴딜의 신봉자인 기인(奇人) 린든 라루쉬의 2003년 연설을 들어 보자:

> 오늘날 파산지경에 이른 세계경제를 회복할 수 있는 열쇠는 유라시아에 있다. 유라시아에서 협력이 아닌 전쟁이 발발하면 다시는 세계경제 회생기회가 없다. 세계경제가 침체해야만 네오콘이 계속 힘을 쓴다. 자원과 인구의 거대 저장고인 유라시아는 인류에 남은 최후의 회생수단이다. 유럽의 기술과 아시아의 자원, 시장을 연결하는 거대프로젝트, 유라시아 각국 정부가 장기 저리로 자금을 조달하여 개발 프로젝트를 수행함으로써 세계경제도 살고 유럽도 회생할 수 있다. 쑥대밭이 된 발칸반도가 살아나고 중동에는 평화가 도래한다. 유라시아는 인프라 개발을 통해 하나로 통합된다. 마치 1800년대 중반 미국이 철로를 통해 하나가 되고 철로연변의 각 지역이 새로운 발전지역이 됐듯 유라시아 고속철도는 새로운 개발 중심지를 만들어낼 것이다.

라루쉬의 뉴딜 제안은 풍부하고 진취적이나 국가에만 의존한다는 한계가 있다. 거대 투자에 필요한 자금 때문이다. 맞는 얘기다. 유라시아 스케일의 인프라 개발은 민간자본으로는 불가능하며 투자 성격도 맞지 않는다. 민간자본은 개발사업에 직접 투자하기보다는 유능 인력, 곧 혁신을 배양하는 데 투자하는 것이 더 효율적이다.

그렇더라도 라루쉬 방식으로 국가에만 의존해서는 한 발짝도 나아갈 수 없다. 앞에서 말한 국가중심주의의 한계 때문이다. 국가가 제대로 하지 못할 때는 아무런 대안이 없다. 또한 라루쉬 방식으로 국가가 직접 자금을 조달하여 개발할 경우 개발사업의 실제 시행, 시공주체는 민간기업, 특히 미국과 국제개발금융기관의 비호 아래 착취적 이익을 취하는 세계기업과 투기금융자본 연합이 될 위험성이 크다. 존 퍼킨스가 말한 기업정치(corporatocracy)의 폐해다. 강대국으로부터 빌린 유라시아 개발자금이 실제로는 강대국 국경을 벗어나지 않고, 예를 들어 미국 워싱턴의 은행에 있던 돈이 뉴욕, 휴스턴, 샌프란시스코 등지에 있는 토목 회사나 건축 회사로 옮겨가는 코포라토크라시, 곧 국가와 자본의 야합을 막을 장치가 필요하다. 아이디어를 내보라.

국가에 미루지 말고 그대가 직접 시작해야 한다. 여럿이 같이 시작하자. 그대의 조합, 곧 유라시아 주식회사가 선두에 서라. 먼저 기획하고 시작해서 모든 자금을 끌어들인다. 돈은 기획 있는 곳으로 모이게 돼있다. 그대 조합에 출자된 돈은 거대 자금을 모으기 위한 기획에 쓸 돈이다.

전통 지정학 시각에서 보면 유라시아의 물리적 공간만 보인다. 세계지배를 위한 교두보, 강대 세력 간 완충지대, 전략적 자원 · 에너지 확보기지와 같은 시각이다. 강대국의 지배대상, 통제대상, 관리대상으로서만 존재이유를 갖는다. 문명공존의 장, 문명 간 교량으로서 유라시아는 보이지 않는다. 유라시아 기반시설, 예컨대 원유나 가스 파이프라인 개발을 얘기할 때도 해당 지역의 발전이나 주민의 번영이 아니라 강대국의 지전략적 이해관계가 우선이다. 그대의 기획은 이런 구태의연한 전통 지정학 문법을 수정하는 데서 출발해야 한다. 국가, 국가 간 시스템 뿐 아니라 국제기구, 세계기업, 세계자본, 민간조직, 네트워크 등 유라시아 대륙 프로젝트에 영향을 미칠 모든 당사자의 힘을 보태고 모두에게 이익을 주는 실천전략(action plan)을 목표로 하는 기획이다.

기획의 출발은 상상, 유라시아 상상하기

2부에서 팍스몽골리카가 처음으로 세계라는 스케일을 열었음을 말한 바 있다. 팍스몽골리카의 '세계'는 지역문화의 다원성을 존중하면서 동시에 인류의 보편가치와 풍요를 지향하는 열린 세계였다. 팍스몽골리카로부터 21세기 유라시아 재발견의 단서를 찾을 수 있다는 말도 생각나리라.

유라시아 뉴딜에는 좀 더 평화롭고 평등한 세계에 대한 갈망이 담겨있다. 세계평화의 염원을 유라시아에서 실현하고자 하는 작업이다. 평화를 갈망하는 모든 사람이 참여해야 한다. 국적과 소속은 중요치 않다. 역사학, 고고학, 인류학, 지리학, 경제학, 정치학은 물론이고 토목, 컴퓨터, 생명, 의학, 화학, 화공, 기계, 전자, 건축, 환경 등 모든 분야 전문가를 규합하자. 현학보다는 현장에 애정을 가진 사람이 좋다. 교수나 박사일 필요도 없다. 호기심과 열정과 스케일이 필요하다. 모든 연구와 기획은 유라시아를 전제로 한다. 유라시아를 전제로 한다 함은 기존에 개별적으로 하던 작업을 유라시아라는 저수지로 모으는 제도적 조직화를 말한다. 이것은 그대가 모여 만들 유라시아주식회사의 1단계 과제이면서 가장 중요한 기초 작업이다. 이 작업을 통해 국가별, 지역별로 개발 항목을 도출하고 실행계획 수립을 위한 역할 분담을 확정한다.

이와 함께 유라시아 지식인 · 시민 네트워크, 나아가 유라시아 역외에서 유라시아 시민을 지향하는 사람을 위한 네트워크 · 공동체를 병행 가동한다. 그대도 나름대로 관심 분야에서 같은 방식으로 네크워크 · 공동체를 만들어 운영하라. 유라시아 수경재배 전문가 공동체, 유라시아 발효식품 개발 동호회, 유라시아 자전거 탐사 동호회, 유라시아 대체의학 공동체 등 수천 수만개의 대륙 네트워크 · 공동체를 가동한다. 이 공동체를 다시 조합방식으로 묶어 조합연합으로 확대한다.

이런 규모의 작업은 인구나 면적에서 유라시아 대륙의 큰 부분을 차지하는 러시아와 중국 사람이 주도할 개연성이 크다. 과거 러시아는 키에프 시대인 1240년 몽골제국(킵차크한국)으로 편입된 역사가 있다. 이후 몽골에 대한 공포와 증오를 약으로 삼아 분열 상태였던 광활한 지역을 오히려 강력한 군주 통치권으로 결속하게 됐다. 1480년 킵차크한국을 타도하고 독립 러시아의 명실상부한 통일군주가 된 모스크바 대공 이반 3세 때부터 러시아는 유라시아 대륙을 포괄하는 통일 제국으로 나아갈 수 있었다. 러시아도 서유럽처럼 팍스몽골리카로부터 유산을 한자락 물려받은 셈이다. 그러나 러시아는 광대한 공간을 소유만 했을 뿐 다문화 공존과 효율적 통합 경제공간으로 발전시키는 데는 성공치 못했다. 오히려 소비에트연방 시절에는 몽골 역사 연구를 탄압하고 대숙청을 자행함으로써 팍스몽골리카에 큰 빚을 졌다. 유라시아 프로젝트에서 러시아 사람의 분발이 필요한 대목이다.

중국 사람은 더 큰 분발이 필요하다. 몽골(원)의 지배를 벗어난 후 원나라 영역 대부분을 그대로 인수한 중국(명)은 더욱 적극적으로 팍스몽골리카의 혁신 요소를 폐기했다. 과학 기술을 억압하고 무역과 해양 경영을 위축시키며 만리장성을 재건하는 식으로 내부 단속에만 힘을 기울였다. 세계 최대 경제대국을 향해 질주하는 오늘날 중국이지만 급성장한 힘에 걸 맞는 정신적 깊이나 세계를 리드할 성숙한 사상을 갖추었는지는 확신이 안 선다. 황하문명의 창시자, 아시아 문화의 종주국을 자임하는 중국이지만 현대 중국은 고대사 왜곡문제로 한국과 갈등을 빚고, 남중국해(조어대섬) 영토문제로 일본과 적대하는 호기롭지 못한 국격을 보여준다. 세계 자원을 싹쓸이 하면서도 그 곳에 사는 주민의 번영에는 관심을 기울이지 않는다. 힘의 과시가 아닌 진정한 헤게모니를 위해서는 중국 역시 팍스몽골리카의 세계 경영 정신과 기법을 다시 들여다봐야 한다. 중국이야말로 팍스몽골리카의 본산지였지 않나?

러시아와 중국 이외에도 여러 국가의 다양한 주체가 나서서 팍스몽골리카 재발견 작업에 참여한다. 이 작업을 그대가 기획하고 주도한다. '원조'인 몽골이 참여할 테고, 팍스몽골리카의 직접 영향권에 있던 지역, 이를테면 중앙아시아 5개국(카자흐스탄, 우즈베키스탄, 키르기즈스탄, 투르크메니스탄, 타지키스탄), 카프카즈 국가(그루지야, 아제르바이잔, 아르메니아), 서아시아(이란, 이라크, 터어키), 우크라이나 및 한반도와 일본까지 망라하는 거대한 대륙 스케일에서 팍스몽골리카 재발견 및 계승을 위한 연구·기획작업이 본격 전개된다. 이 작업은 유라시아 뉴딜 프로젝트 실행을 위한 기초 공사다.

기초공사, 즉 팍스몽골리카 재발견 과정을 통해 국가단위를 초월하는 스케일의 전환, 스케일의 발견이 이루어지고 나면 유라시아 개발·통합을 향한 후속 프로젝트는 큰 어려움 없이 진행된다. 러시아와 중국을 비롯한 국가에게는 러시아 · 인도 · 중국 삼각동맹과 같은 식상한 전략동맹식 전통 지정학 대외관계를 넘어 설 수 있는 새로운 통합 이념과 프로젝트를, 유라시아 신생독립국에게는 국가 정체성 확립과 효율적 경제 발전을 달성할 수 있는 새로운 계기를, 터키, 이란, 이라크와 같은 구 문명대국에게는 좌표 재설정을 통해 인류발전의 주체로 다시 나설 기회를 제공할 것이다.

이러한 전망은 저절로 실현되지 않는다. 의도적 노력이 필요하다. 그대가 앞장서라. 유라시아를 지향하는 사람을 모아 제 나라 영토의 사수자가 아니라 유라시아 주민으로서 공존하는 공동체를 만들도록 이끌라. 분쟁지역이 있다면 그곳을 국제화하여 당사국이 공동 소유, 공동 관리하고 부가가치를 최대로 높여 국적과 관계없이 주민 삶이 풍요로워지도록 기획하여 당사국을 이끌어가는 노력이 필요하다. 유라시아 프로젝트에 참여하는 모든 사람이 특정 국민보다는 유라시아 시민연대 · 네트워크의 일원임을 긍지로 삼도록 한다. 이 네트워크는 유라시아를 상상하고 염원하는 지구상 모든 사람에게 개방되고 일자리도 제공하는 조직이다.

원대한 비전일수록 면밀하고 섬세한 추진 전략이 필요하다. 여러 나라 정부를 움직여 초국가적 연구 공동체를 만들고 대륙 스케일의 협력과 통합의 이념을 쌓아가는 일은 긴 호흡으로 추진할 일이다. 각국이 정권 임기나 국내정치 공학의 덫에 빠지지 않고 유라시아라는 새로운 발전스케일에 주파수를 맞춰 나가도록 만드는 일은 최소한 20년을 두고 추진할 과업이다.

그러려면 여러 국가, 기업 등 참여주체가 얻을 수 있는 투자수익(Return on Investment)에 대해 명확한 그림을 제시해야 한다. 수익 형태는 고용증대, 관광수익 증가, 국민통합(국내정치안정+정권안정), 과학기술 발전, 개발이익, 에너지 자원 공급 확대, 환경의 질 개선 등 국가별, 지역별, 기업별로 다양하게 나타난다. 북한의 경우 TSR, TMR(몽골관통철도), TCR(중국관통철도) 등 동아시아-유럽 간 철도화물의 통행 수익, DMZ 공동활용 수익, 시베리아 천연가스나 사할린 석유 파이프라인 통과 수수료 등 다양한 방식의 수익원과 수익규모를 제시하여 협력에 참여시킨다. 유라시아 발전의 큰 틀에서 이런 예상수익을 참여 주체별로 조정, 분배하고 설득, 유도하는 거시적 합리적 기술이 필요하다. 인접국이나 이해 관계국 간 관계에 영향을 미칠 수 있는 프로젝트의 경우 특히 그 기술이 필요하다. 그대의 기획이 필요하다.

김정일 죽음 이후 일각에서는 매년 20조~200조원에 달하는 통일비용에 대해 우려의 목소리가 나오고 있다. 한 마디로 쓸데없는 걱정이다. 구더기가 무서워 장을 못 담그겠다는 말인가. 그렇게 많이 든다면 어차피 감당이 안 되니 걱정할 필요가 없다. 감당 가능한 금액이라면 그냥 쓰면 된다. 그에 앞서 어떤 방식으로 통일로 나아갈까 부터 고민함이 순서다. 유라시아 뉴딜 기획에는 당연히 이 부분이 포함된다. 통일에는 비용만 발생하는 것이 아니다. 수익도 발생한다. 또한 비용과 수익 문제뿐 아니라 통일 후 북한 실업자 문제, 정서적 통합 문제 같은 모든 변수를 망라하여 통일 정책을 준비하는 것은 대한민국 정부의 몫이지만, 그것을 유라시아 뉴딜이라는 상위의 틀에서 기획하고 여러 국가를 설득하는 '거래' 방식을 모색하는 것은 그대의 몫이다.

거래 방식과 내용에 정통하려면 국가별 정치제도와 국내정치 역학 관계도 깊이 이해해야 한다. 내가 속한 연구 집단은 지난 15년간 한국의 바람직한 정치제도를 모색하기 위해 각국의 정치 제도를 꾸준히 연구했다. 이를 바탕으로 유라시아 각국의 정치제도에 대한 공통분모 혹은 모델 제시도 가능한 상태다. 즉 유라시아 공동체의 운영원리 도출이 가능하다. 이를 확대하여 유라시아 각국의 국내정치 현장과 권력 집단을 종합 분석하면, 유라시아 개발 투자의 현실적 추진 방안이 나온다. 필요에 따라서는 각국 정부나 정치 세력과 직접 협의하여 실천 방식을 조정할 수도 있다. 이런 작업에 꼭 필요한 파트너가 바로 2부에서 언급한 팍스코리아나의 닻, 고려인과 조선족이다.

되풀이 얘기하지만 국가중심주의, 혹은 현존하는 국민국가의 틀을 어떻게 극복하느냐 하는 문제가 가장 큰 숙제다. 나라마다 다른 이념, 체제, 정부 형태, 권력 배분 등 기득권에 관련된 온갖 장애물을 넘어서 유라시아 저수지에 모이게 하는 기술이 유라시아 뉴딜의 성패를 결정할 핵심 요소다.

이를 위해 「사이버유라시아」 같은 국가 이기주의 탈피 실험실이 필요하다. 사이버유라시아는 ① 유라시아 스케일을 재발견하고 훈련하는 장(場) ② 팍스몽골리카의 문화 공존 이념을 벼리는 망(網) ③ 유라시아 개발의 방향과 내용을 수렴, 정의하는 민의의 광장 ④ 유라시아 시민권 · 멤버십 개념을 바탕으로 하는 유라시아 연합 공동체의 체험공간으로 개발한다. 유라시아 상상을 실현하기 위한 가상공동체다.

이 가상공동체는 장기적으로 사이버 공간을 벗어나 오프라인 공간에서 현실적 영토를 갖는 새로운 다민족국가의 기초로 활용 가능하다. 버추얼 네이션 같은 네트워크를 여러 개 모아 조합 형태로 나갈 수도 있다. 사이버유라시아 멤버십은 기존 국적과 시민권과 병존하는 복수 혹은 다

중 정체성 개념이다. 전통적 국가 주권과 대립할 필요는 없다. 세계시민권이나 만민법의 기본정신을 토대로 공동체 권리의무 개념을 정립하면 좋다. 글렌 페이지의 '비폭력적 세계시민권의 권리와 의무'를 참고할 만하다. 그 내용은 여섯 가지다. 죽지 않을 권리와 다른 생명체를 죽이지 않을 의무, 경제적 평등을 누릴 권리와 다른 사람들이 그 평등을 얻도록 도울 의무, 창조 능력을 표현할 권리와 그것을 타인에 강요하지 않을 의무, 다른 생명체와 공생할 권리와 생물권의 생명유지 속성을 파괴하지 않을 의무, 지구 문제 해결에 참여할 권리와 타인의 문제해결을 지원할 의무, 세계 시민으로서의 권리와 의무를 알 권리와 그것을 실현하는데 필요한 지식과 기술을 습득할 의무 등이다.

세계는 지금 디지털 네트워크가 진화하여 풀패키지 지식공유사회의 문턱에 들어섰다. 15년 전 멕시코 원시림으로부터 치아파스 저항운동의 메시지가 디지털을 타고 전 세계로 퍼졌을 때 세계인은 경이로운 디지털 네트워크 시대의 도래를 실감했다. 소셜미디어와 스마트폰은 그런 경이로움을 오래 전 역사로 만들었다. 세계 저쪽 끝에서 일어나는 사건의 해석과 정보와 통계와 사상이 실시간으로 내 책상에서 접수, 가공, 재생산되고 동시에 몇 억 명을 거리로 뛰쳐나오게 만드는 시대가 도래한 것이다. 예전에 코스모폴리타니즘(cosmopolitanism)은 일상생활에서 시민의 도리는 소홀히 하면서 공허한 이상만 외치는 위선적 존재라는 비판을 받았다. 그러나 시대가 변했다. 세계시민주의가 가능한 시대가 됐다. 세계시민주의 정신을 담은 사이버유라시아, 그 위에 축조될 팍스코리아나를 상상한다.

지금까지 말한 내용을 정리하고 앞으로 생각을 발전시키자는 의미로

「유라시아 대륙 개발프로젝트 안」을 부록에 실었다. 유라시아 스케일을 재발견하고, 재발견한 유라시아 스케일에서 다양한 프로젝트가 통합될 수 있는 기획안을 만드는데 참고하기 바란다. 그대가 이를 가다듬고 업그레이드하여 진정한 유라시아 개발프로젝트 청사진을 완성하기 바란다. 이와 다른 방식으로 그대만의 기획을 한다면 더 좋다.

YOUR DREAM IS REALITY
_004

그대 꿈이 현실이다

그대 하는 일이 성에 안 차더라도 불평하지 말라. 그대보다 못난 벗이 먼저 승진하더라도 화내지 말라. 대한민국이 그대의 대한민국이 아니더라도 좌절하지 말라. 혼자만 뒤처진다고 생각하지 말라. 그대가 누군가? 바로 그대 아닌가? 누구도 대신 못할 그대 자신 아닌가? 왜 늘 누군가의 맘에 들기 위해서만, 누군가에게 선택받기 위해서만 무엇을 공부하고 계발하나? 꿈을 잃지 말라. 대신 꿈을 바꾸라. 대한민국을 놓아주는 꿈이다.

그대가 백수라면 더 좋다. 대한민국을 놓아주기가 더 편하다. 손에 쥔 것이 클수록 지금 구조를 벗어나기 어렵다. 징기스칸을 보라. 그대보다 처지가 나을 게 없었다. 그가 한 일이 무엇인가? 큰 꿈을 꿨다. 꿈의 종류를 바꿨다. 내 세상을 만들겠다는 큰 꿈을 갖고 세계로 나아갔다. 10만 군사, 100만 주민을 이끌고 백배나 큰 적을 하나씩 제압하며 꿈을 이뤘다. 한 번 지면 회복 불가능한 상황, 생즉필사의 배수진으로 백전백승했다.

시골에서, 지방에서, 돈 없고 배운 것 없고 아무런 희망도 없다고 한탄하지 말라. 수많은 무학력자, 중퇴자가 빈손으로 시작해 성공했다. 혈연, 지연, 학연, 아무것도 없는 그대는 그대 자신으로만 승부해야 하기에 더 큰 판을 만들 수 있다. 자유로우니 더 가볍고 크다. 성골(聖骨)이 아니라서 오히려 왕이 될 수 있다. 새로운 게임을 만드는데 더 홀가분하기 때문이다. 아름드리나무 아래서는 묘목이 자라지 못한다. 잘난 부모 둔 자식은 부모 그늘을 못 벗어난다. 못 가져서 행복하다. 못 배워서 대박이다. 공부라면 신물나게 해 본 내가 자신 있게 말한다. 학교에 목숨 걸지 말라.

그대가 서울로 진학하려 한다면 다시 한 번 생각해보라. 지방이 보물이다. 모든 컨텐트는 지방에 있다. 컨텐트가 돈이다. 그대 사는 고장을 지키라. 고향의 컨텐트를 지키는 일이 돈 버는 길이다. 서울로 가지 말고, 서울을 거치지 않고 직접 대륙으로, 세계로 가라. 갓 서른살에 세계 최고의 광고디자이너로 우뚝선 이제석을 보라. 지방에서 곧바로 뉴욕으로 가 세계를 평정했다. 창문도 없는 서울 쪽방 고시원에 40만 원을 낭비하지 말라. 그 돈으로 고향의 컨텐트로 세계를 감동시킬 방법을 기획하라. 서울에서 500만원을 벌어도 지방에서 200만원 버는 것만 못하다. 생활비와 삶의 질을 감안하면 마이너스다.

서울 따라 하는 지방은 의미가 없다. 단양은 단양이어야 보물이다. 화산은 화산이어야 가치가 있다. 서울을 닮은 청송은 청송이 아니다. 청담

동 카페가 아무리 멋있어도 고향집 돌담이나 툇마루를 못 이긴다. 엘리자베스 여왕이 왜 하회마을을 갔겠는가. 세계에서 오직 한 곳, 그곳에만 있기 때문이다. 멋있는 카페는 세계 어디에나 있다.

자신만의 정체성이 가치가 되고 돈이 된다. 지방을 이끌고 세계로 가는 기획을 그대가 하라. 남에게 맡기지 말라. 그것이 무대를 바꾸는 방법이다. 시합종목을 바꾸는 방식이다. 그대가 정한 규칙으로, 그대가 만든 무기로 싸우는 판을 만드는 방식이다. 유목민 방식, 징기스칸 방식이다. 가진 게 없고 영토 개념도 없었기에 오히려 모든 것을 가질 수 있었고 모든 땅을 지배할 수 있었던 몽골방식이다. 이기지 않을 수 있겠는가. 이 방식에 대해 그대 부모님과 토론하라. 어떤 길이 진정으로 그대와 부모를 위한 길인지 가능하면 같이 읽고 상의하라.

꿈을 갖는다고 모두 성공하진 못한다. 그러나 성공하려면 일단 꿈부터 꿔야 한다. 징기스칸은 일단 꿈을 꿨다. 기왕이면 남들이 꾸지 않는 꿈을 꿔야 성공확률이 높다. 남이 성공한 방식은 아무 쓸모없다. 이미 유효기간이 지난 방식이다. 남들이 생각지 않는 곳이나 모르는 분야, 또 가능하면 가장 큰 꿈을 꿔라. 유라시아 대륙이 그런 꿈의 대상이다. 꿈꾸는데 돈 드는 것도 아니다. 유라시아 대륙 기점도시를 선점하라.

내가 제안한 「사이버 유라시아」 프로젝트는 그대와 궁합이 잘 맞는다. 사이버는 우리 웅족의 전공분야다. 이미 디지털유목민 아닌가? 세부종목만 바꾸면 된다. 시간 죽이는 사이버에서 시간 활용하는 사이버로 바꾸라. 기왕이면 RPG나 수다떨기보다는 돈 되는 사이버, 사이버유라시아에 여러분 시간을 투자하라. 시간을 소모하면 가치가 0이지만 저축하면 무한대 수익이 돌아온다. 지금 가진 많은 시간을 하수도로 흘려보내지

학벌에 연연치 않은 발명가 3인방 : 장영실, 공병우, 권한상

600년 전 과학기술자 장영실은 노비 출신이다. 세종대왕 때 관직에 발탁돼 천체운행 관측기인 혼천의(渾天儀), 자동시보 물시계인 자격루(自擊漏), 천체관측용 기구인 대·소간의(大小簡儀), 해시계인 앙부일구(仰釜日晷), 휴대용 해시계인 현주일구(懸珠日晷), 강우량 측정기인 측우기(測雨器)를 만들었고, 금속활자인 경자자(庚子字)의 결함을 보완한 갑인자(甲寅字) 제작을 감독했다. 이씨 조선 전기 과학기술 발달의 일등 공신이다.

공병우(1906-1995)는 한국 최초의 안과 전문의로, 3벌식 한글 타자기를 발명해 한글 기계화 운동에 앞장선 사람이다. 일제강점기에 평양 의학강습소를 수료하고 독학으로 의사검정시험에 합격해 한국 최초의 안과 전문의가 되었고, 일본 나고야대학에서 안과학 박사학위를 받았다. 해방 후 일본 의학서를 한글로 번역하면서 한글 타자기의 필요성을 절감하고 1949년 공병우 한글 타자기를 발명했다. 만년에는 한글문화원을 설립해 소장을 역임하면서 한글 글자꼴과 남북한 통일 자판 연구에 전념했다. 쌍초점 타자기, 한영 겸용 타자기, 한글 텔레타이프, 한글 점자타자기, 한글 워드프로세서, 맹인용 한글 워드프로세서 등을 개발했다. 공병우의 3벌식 한글타자기와 워드프로세서는 이찬진의 2벌식 아래ㅇ 한글에 계승돼 오늘날 정보강국 대한민국의 밑거름이 됐다. 자서전『나는 내 식대로 살아왔다』(1989)를 남겼다. 안철수의 선구자다.

권한상(1975-)은 희토류 금속으로 선반 · 드릴 등 절삭공구 제작에 필수 소재인 텅스텐 카바이드 코발트 재활용 기술을 개발하여 2011년 장영실상 소재부문 대상을 수상했다. 국제평화전략연구원에 재직중인 그는 송전용, 방탄용으로 사용되는 알루미늄/탄소나노튜브 복합체를 개발하여 특허를 출원하기도 했다. 1970년대 한국 철강산업을 대표했던 연합철강 집안인 권한상은 철강 가문을 부흥한다는 일념으로 부산공고에 진학했다. 산업현장에서 경험을 쌓은 후 다시 학문의 길로 들어서 부경대학을 졸업하고 일본 도호쿠 대학에서 공학박사 학위를 받았다. 대한민국은 앞으로 이 청년을 주목해야 한다. 세계는 이미 주목하고 있다.

말고 상수도로 끌어올리라. 그게 남는 장사다. 시간이 힘이다. 시간이 자산이다. 사이버유라시아는 오십 년 후 팍스코리아나의 플랫폼이다. 사이버유라시아를 기획하라. 플랫폼을 기획하고 선점하는 자가 주인이다.

사이버에서 시작하면 덜 위험하다. 그 안에 DMZ도 품고 북한도 품고 중국도 품고 고려인도 품고 조선족도 품고 유라시아 대륙도 품어 진정한 탕평(蕩平) 세상의 초석을 깔아라. 800년 전 팍스몽골리카 정신을 우선 사이버유라시아의 그릇에 담으라. 배 타고 비행기 타야만 세계로 가는 것이 아니다. 예전 그대 할아버지 할머니는 배가 고파, 망국의 한을 안고 국경을 넘었다. 이제 그대는 한(恨)이 아닌, 꿈과 경영을 위해 국경을 넘으라. 사이버 유라시아의 레일을 타고.

작은 판에서 혼자 놀지 말고 판을 키워 크게 나눠먹자. 유라시아 큰 판을 경략하라. 유라시아 자원, 교통과 유라시아 공동체의 큰 판을 운영하는 자가 돈을 먹는다. 많은 이가 나눠 먹는 판이지만 가장 많이 먹는 자는 기획자, 운영자다. 언제든 개척자의 몫이 가장 크다. 그대가 기획하고 그대가 개척한다. 유라시아가 처음이자 마지막 기회다. 유라시아를 잡으면 백년간 일자리 걱정은 없다.

손해 볼 게 별로 없는 꿈, 돈이 되는 꿈, 내가 선발투수가 되는 꿈, 세상이 좋아지는 꿈, 이것이 유라시아의 꿈, 팍스코리아나의 꿈이다. 대한민국을 넘어섬으로써 대한민국을 키우는 꿈이다.

팍스코리아나가 아니라도 좋다. 다른 꿈이어도 좋다. 실현 가능하고 돈도 되는 꿈이라면 좋다. 돈은 먼저 꿈꾸는 자의 전리품이다. 무릇 돈만 좇아서는 돈이 안 된다. 돈 자체를 꿈꾸면 돈이 안 따라온다. 돈이 따라오는 꿈을 상상하고 기획해야 돈이 된다. 처음부터 투명한 사업으로 가면 오히려 검증비용이 절약된다. 최인호의 『상도』에 나오는 거상 임상옥의 방식, 상도(商道) 자체가 돈이 되는 방식이다. 그렇게 오는 돈은 더럽지 않다. 누굴 뜯어먹는 돈이 아니기 때문이다. 진정한 경제, 여러분이 바라는 공평한 사회는 그런 돈으로만 이룩된다.

백지에서 시작이 가능하다는 점이 유라시아의 장점이다. 새로운 무대는 그대만이 꿈꿀 수 있다. 새로운 무대, 새로운 종목을 기획하고 거기에 맞는 스펙을 길러라. 당연히 1위가 된다. 영어 공부는 그만 하라. 현장에서는 영어 60점이나 70점이나 아무 차이가 없다. 영어 10점 늘리는데 목숨 걸지 말고 그 시간에 중국어나 일본어를 배우라. 영어 70점, 일어 0점보다 영어 60점, 일어 10점, 중국어 10점이 훨씬 유용하다.

대한민국 대통령도 좋지만 유라시아 CEO가 더 실속있다. 21세기 실크로드의 경영자가 되자. 열린 마음으로 약자를 감싸주는 인류공동체의 지도자가 되자. 세계경영의 주인공은 어딘가 따로 있다고 생각하는 손님의식, 머슴의식을 버리라. 그대가 주인이다.

그대는 이미 주인 자격이 있다. 주눅 들지 않고 국제 감각도 갖춘 미래자산, 발해제국 이래 천여년 만에 최초로 나타난 강골의 웅족이다. 발해가 망하지 않았더라면 팍스몽골리카에 앞서 세계를 열어젖혔을 그대다. 발해의 유전자를 이어 받은 그대는 팍스몽골리카를 능가할 팍스코리아나의 경영자가 될 수 있다. 새로운 세상은 백지에 그리는 그림이다. 새로운 꿈이 필요하다. 자기계발로는 안 된다. 새로운 스펙이 필요하다. 국가에 기대지 말고, 대한민국에만 목숨걸지 말고, 상상력과 기획으로 국가를 끌고 가는 스펙을 기르자. 다시 한번 강조한다. 그대가 정한 방식으로 싸우는 그대만의 판을 만들라. 그것이 유목민 방식이며 공급자 방식이다.

과거에 잘했든 못했든 소용없다. 지금부터가 중요하다. 그대 몸의 세포는 3일마다 완전히 교체된다. 3일 전의 그대와 오늘의 그대는 다른 사람이다. 언제든 새로 시작할 수 있고 무엇이든 가능한 것이 인생이다. 그러나 지금 시작하라. 뜻은 있으나 힘이 없는 그대의 부모를 위해, 구조에 억눌린 모든 비주류를 위해 그대가 꿈을 꾸라. 지금 그대가 꾸는 꿈이 20년 뒤 현실이 된다. 수많은 그대가 함께 꿈을 꾸면 더 빨리 현실로 다가온다.

그대 꿈이 현실이다.
우리 미래여, 그대를 믿는다.

부 록

유라시아 대륙 개발프로젝트 안 (유라시아 뉴딜)

유라시아 대륙 개발 프로젝트 목표와 사업분야

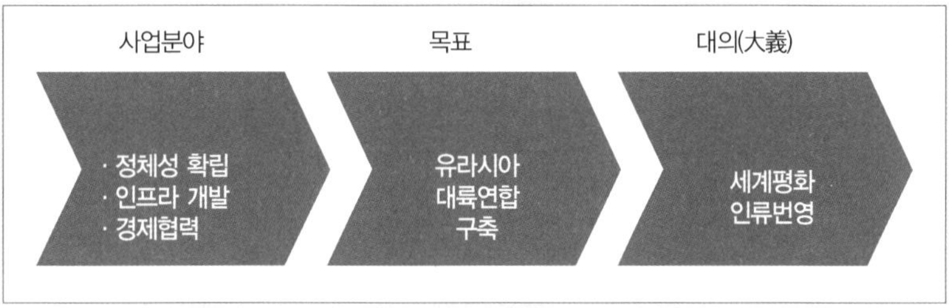

유라시아 대륙 개발 프로젝트 추진기간

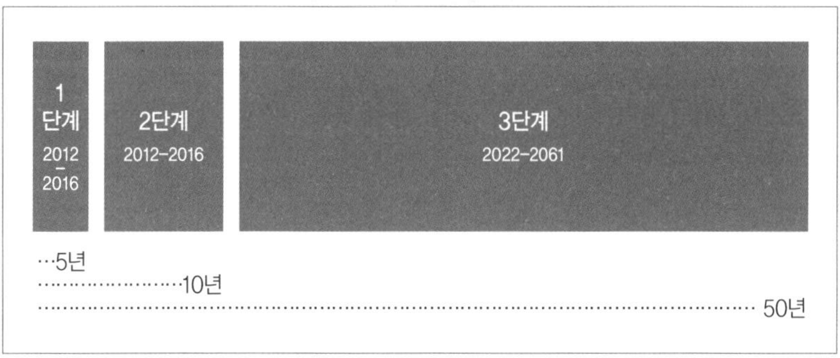

유라시아 대륙개발 프로젝트는 50년 정도의 긴 호흡을 갖고 추진하는 거대사업이다. 이 책에서는 1, 2단계 사업을 중심으로 정리, 제안한다. 국가 간 영토 경쟁(geopolitics), 국력 경쟁(geoeconomics), 부익부-빈익빈 세계화를 넘어설 수 있는 공간적, 지역적 해법, 즉 21세기 신 지정학의 대표 적용사례로서 유라시아를 자리매김하는 작업이다. 유라시아 각국별, 지역별, 개발 · 발전정책과 법제 · 정치제도에 대한 심층 분석 작업을 포함한다. 또한 실무적으로 각국 정책 결정과정과 여론 주도그룹 목록(DB)을 구축하고 살아 움직이는 초국가 네트워크를 가동하는 일까지 포함한다. 조합형태로 출자하여 작업을 수행하고, 각종 국가 연구기금과 글로벌 비영리 · 자선재단 기금, 글로벌 기업 지원금, 국제기구 기금을 최대한 유치할 수 있는 기획안을 만든다. 세 가지 사업 분야, 곧 정체성 · 인프라 · 경제협력 분야별로 추진할 작업을 제시해본다.

이 안은 내가 속한 그룹에서 오래 전부터 추진 중인 내용을 정리한 것이다. 다소 장황한 감이 있지만 그대가 기획안을 만드는데 참고용으로 활용하라는 의미에서 망라했다. 메시지는 두 가지다. 하나는 국가 스케일, 국가 간 스케일을 넘는 유라시아 공동 개발을 통해 세계 경제의 번영과 세계 평화를 동시에 달성하자는 주장이다. 또 하나, 더 중요한 것은 그런 메가 프로젝트를 우리 미래인 그대가 기획하고 주도하라는 요청이다. 각자 적성에 따라 한 그룹은 각 분야별 기획자 · 컨설턴트로, 다른 그룹은 실제 개발 프로젝트의 부품 · 자재 · 서비스 공급자로 활동하고 돈을 번다. 앉아서 미래를 맞이하지 말고 떨치고 일어나 미래를 선점하자.

유라시아 정체성 확립

유라시아 스케일로 프로젝트를 구상하려면 유라시아 정체성을 확인하고 확립하는 작업이 선행돼야 한다. 역사적 단서는 팍스몽골리카다. 팍스몽골리카가 위대한 정복자를 기리는 복고적 영웅주의, 인종주의로 흐르지 않도록 주의한다. 팍스몽골리카의 긍정적 요소를 재조명하여 유라시아 주민의 공동자산 목록에 올리고, 유라시아 공동 역사교과서 형태로 공유, 계승할 토대를 만들어 보자. 오래 잊혀진 유라시아인지라 의도적인 정체성 확립 작업이 필요하다.

유라시아는 재발견이면서 새롭게 만들고 기록해가는 작업이다. 가능하다면 유라시아의 모든 인적, 물적 요소와 기억이 망라되도록 최대공약수 접근방식을 취하자. 국적과 지역에 관계없이 자신이 유라시아인이라고 주장하는 모든 사람, 모든 조직을 유라시아 정체성 안으로 받아들이자. 사이버유라시아 멤버십 운영방식과도 같은 맥락이다. 앞에서 제시한 '정신문화' 한류기획과 접목시켜 유라시아 대륙의 정신문화 자산을 집대성하고 그 토대 위에서 유라시아가 하나의 공동체로 나갈 수 있는 정신적 전범을 창제한다.

유라시아 정체성 확립을 위한 기획 · 연구 과제는 다음과 같다:

유라시아 문화, 문화정체성 개념 정립

이 부분은 전체 프로젝트의 이념적 총론적 역할을 한다. 지금까지 제시한 개념과 문제의식을 바탕으로 구체적인 유라시아 정체성 정립방안까지 모색한다. 여기서 핵심을 이루는 축은 i) 실크로드 스케일의 문명교류와 팍스몽골리카 스케일의 세계문명 관리 이념 ii) 신 지정학적 스케일 개념의 유라시아 적용 iii) 유라시아 스케일에서 본 영구평화론, 곧 영구평화론의 실현단위로서 유라시아 정체성 등이다.

유라시아 멤버십을 지향한 기초연구

단기적으로는 온라인공동체 「사이버유라시아」 구축 및 운영계획을 수립하는 작업이다. 기존 사이버커뮤니티 사례를 검토, 참고하고 오프라인 연계전략을 포함한다. 장기적으로는 유라시아 스케일에서 적용 가능한 만민법이나 세계시민권 성격의 새로운 대안을 모색한다.

물질적 풍요를 위한 유라시아 프로젝트 구상

한 예로서 유라시아 각국의 전통의술, 대체의학, 민간요법 및 건강비법을 집대성하여 유라시아인의 신체적 행복을 증진하는 방식을 모색한다. 한국의 경우 구당 김남수 선생이 역설하는 전통 침뜸과 동의보감 기반 한의학, 세계정상급 외과 수술을 유라시아의 대표 치유(治癒) 브랜드로 출자할 수 있다. 건강협동조합 개념을 도입하여 유라시아에 고유한 고품격 생활방식을 정립한다. 유라시아 여러 나라가 가진 고유한 풍요생활방식을 집대성하는 전초 작업이다. 앞서 소개한 라파시티도 유라시아에 맞게 조정하여 추진 가능하다.

유라시아 인프라 개발 : 교통 · 통신망 구축

유라시아 교통 · 통신망은 유라시아 스케일을 물리적으로 지탱하는 기본시설이다. 유라시아 뉴딜의 핵심사업이기도 하다. 몽골제국이 세계스케일을 실현할 수 있었던 것은 유라시아 대륙을 하나의 교역권으로 연결한 역참시스템 덕분이었다. 역참은 도로가 없는 사막과 초원까지도 효율적인 연결을 가능케 한 점(點) 네트워크로, 교통과 통신기능이 혼합된 개념이었다. 이 네트워크 안에서 고대 초원 교역로와 해상 항로가 비로소 교역과 교류의 거대한 통로가 됐다. 마르코 폴로도 귀국길에 이 항로를 이용했다. 지금 상하이 같은 해양도시도 이 당시 중국 남북항로와 같은 인프라 개발을 통해 새롭게 탄생했다.

몽골제국이 무너지자, 도로망에 의존하지 않았던 역참의 대륙 교통시스템은 순식간에 사라지고 유라시아는 멀리 우회하는 해상 교통에 밀려 세계사의 소외공간으로 후퇴했다. 팍스몽골리카 네트워크 안에서 점점이 발전 거점을 형성했던 수많은 도읍도 더불어 영락을 면치 못했다. 이런 맥락을 상기할 때 유라시아 대륙 개발프로젝트 가운데 교통망, 특히 철도를 통한 대륙연결 혹은 대륙교(Eurasia Land Bridge)에 일차적 역점을 둠은 당연하고 자연스럽다. 현재 유라시아 교통망은 다음과 같은 여러 목적을 갖고 구상 또는 추진되고 있다 :

- 미국 일방주의 및 약육강식 자본주의의 전횡을 막기 위한 대안으로서 교통망 통합을 통한 유라시아 통합 · 동맹구축(1991, 린든 라루쉬)
- 국경연접지역 개발의 촉매로서 국가간 교통망 건설협력(두만강개발계획 등 각종 CBDA(Cross-Border Development Areas) 계획
- 해상운송보다 저렴한 대륙간 교역운송수단으로서 TSR/TCR 구상
- 분절된 동 · 남아시아 육로교통 연결 구상에서 시작하여 유라시아로 규모가 확대된 아시아 고속도로(Asian Highway) 계획

■ 대륙스케일의 연결을 상정한 각국별 육상교통망 보완작업(1993, 중국정부의 제2 유라시아 랜드브리지건설계획, 즉 TCR완성계획 및 남북한 철도단절구간 복원계획, 2010 유럽과 동남아로 연결하는 유라시아 횡단 고속철도 추진계획 등)

유라시아 교통, 특히 대륙교 개념의 철도교통에 관한 기존 연구는 대개 이런 결론에 막히곤 한다. '좋은 얘기지만, 근본적으로 수요 유발형 투자의 한계가 있다. 즉 현재 교통수요는 없지만 일단 건설하고 나면 수요가 생긴다는 가정을 바탕으로 하는 투자라서 현실적 추진이 쉽지 않다'는 식이다. 게다가 남북한 문제와 같은 국제 정치상황, 국가 간 교통 시스템의 차이와 격차, 국경통과 장벽 등 접속 효율 문제, 가격 경쟁력 문제, 서비스 안정성이나 공(空)컨테이너 문제 따위의 기술적 문제점에만 초점을 맞추다 보니 그런 문제가 단기간 해결될 가능성이 없다는 이유로 회의에 빠지는 경우가 대부분이다. 이 또한 현실론의 한계다.

현실을 넘어서려면 현실론을 넘어야 한다. 고속철도(가칭 유라시안 익스프레스 Eurasian Express) 예를 들어본다. 예산문제는 별도로 하고 생각하자. 통상 고속철도는 국내 교통, 즉 최대거리 1,000km 정도를 넘을 수 없다고 생각한다. 현 시점의 경제적 타당성 기준으로 보면 맞다. 이것이 현실론이다. 그러나 타당성의 판단 시점을 꼭 현재에만 둘 필요는 없다. 고속철도든 자기부상철도(Eurasian Maglev Express)든 완성에 이르려면 앞으로 20년은 소요된다. 완공 시점의 경제학을 적용해야 한다. 20년 후를 기준으로 하면 경제적 현실적 타당성의 기준이 사뭇 달라질 수 있다. 예상편익 대비 건설비용 부담이 예상 외로 작을 수 있다. 고속철도의 최대 경쟁가능 거리가 현재 1,000km에서 3,000km로 늘어날 수 있다. 그럴 경우 유라시안 익스프레스는 3~4개의 부분구간으로 연결되는 철도·육로 통합교통 루트로서 충분히 경쟁력을 가질 수 있다.

교통망 자체의 경제적 타당성도 중요하다. 그러나 더 중요한 항목은 교통망과 연계되는 여러 거점도시를 만들고 개발하는 일이다. 앞으로 유라시아 교통망 논의에서는 이 점이 핵심 논제가 돼야 한다. 교통망이란 그 자체가 목적이 아니라 유라시아 대륙 전체의 발전 잠재력을 유기적으로 통합하는 수단이다. 사실 유라시아 교통에 관한 기존 연구는 지나치게 선(線)편향적인 감이 있다. 유럽 혹은 아시아의 입장에서 유럽과 동아시아의 양 끝을 연결하는 관통 루트로서만 접근하다 보니 정작 '관통' 지역의 젖줄 역할에 대한 고려가 없다. 기존의 유라시아 교통망 논의에서 유라시아는 서유럽과 동아시아를 잇는 12,000km의 물리적 공간에 그칠 뿐이다.

내가 제안하는 유라시아는 유럽, 아시아, 아니면 어떤 한 나라의 개별적 편향적 입장에 갇히지 않는, 그 자체의 아이덴티티를 갖는 공간이며 스케일이다. 따라서 내가 제안하는 유라시아 인프라는 세계화의 틈새에서 더욱 낙후되고 자원공급지로 전락하거나 거대교통망의 경유지로 소외당할 수 있는 유라시아 대륙을 경쟁력 있는 시장으로 성장시키킬 '발전의 급수관' 혹은 킬러어플리케이션(killer application)으로서의 인프라다.

한 예로 유라시아 인프라가 몽골에 갖는 의미를 보자. 몽골은 러시아와 중국 두 나라 사이에 '갇혀' 있다. 국경을 맞댄 나라가 이 두 나라뿐이다. 소비에트 시절에는 소련의 16번째 공화국이라 불릴 정도로 러시아권에 속했다. 지금은 중국권이다. 중국으로 구리, 석탄, 금을 수출하고 중국 공산품을 수입한다. 중국 시장에 거의 전적으로 의존하는 경제구조다. 팍스몽골리카 시절 중국과 러시아 지역을 통치하던 몽골이 지금은 초강대국이 된 두 나라 사이에 끼어 힘을 못 쓰는 신세가 됐다. 몽골은 두 나라 말고 더 많은 이웃이 필요하다. 유라시아 인프라 개발을 통해 그 방식을 찾을 수 있다. 몽골 중심부에 있는 수도 울란바토르에서 동부 초이발산-탐삭불라크까지 철도를 연결하고 거기서 중국과 연결될 100여 km 구간을 신설하면 기존 동중국철도를 통해 한반도와 연결된다. 철도를 통해 몽골과 한국, 일본 경제를 연결시키는 극적인 방법이다. 유라시아 교통망 기획에는 이런 입체적인 사고가 필요하다.

유라시아 인프라 개발을 위한 기획 · 연구 과제는 다음과 같다:

■ **역사적 · 경제적 · 지정학적 · 문화적 측면에서 유라시아 교통의 의미 고찰**

- 역사적 측면은 유라시아 교통망의 역사적 의미, 그 동안 제안된 유라시아 교통망의 개념, 실제 유라시아 교통망을 추진했던 과정을 짚어 보는 작업이다.
- 경제적 측면에서는 교통경제학적, 교통지리학적, 교통공학적 연구를 포함하며, 지정학적 측면에서는 지전략, 자원확보경쟁, 국가간 관계에 미치는 영향 등을, 문화적 측면에서는 문화 · 혁신의 교류, 전파, 확산, 21세기 실크로드 전망 등을 포함한다. 이를 토대로 합리적인 육상교통망 개발을 위한 국제정치, 지리, 경제, 문화인류학적 틀과 추진 전략을 제시한다.

■ **'유라시아 육상교통망을 통한 세계평화'의 이론적 실천적 대안 도출**

■ **교통망 · 중심도시지역개발을 연계하는 입체적 구축방안 제시**

■ **유라시아 철도 · 도로 교통의 경제적 · 사회적 타당성 검토**

• 일종의 예비타당성 조사 개념으로 접근한다. 관련 국가, 지역 및 국제기구의 입장과 관점을 망라, 검토하는 작업이다. 예를 들어 도로의 경우 유엔 ESCAP의 아시아하이웨이(AH) 프로젝트 추진경과에 대한 종합 분석 작업도 이에 포함된다. 기존 연구결과를 분석함으로써 지금까지 제시된 유라시아 교통망 제안의 허실을 찾아내는 작업이다. 또한 i) 운임체계통합, 선로 · 화차관리시스템 개선 및 타당성 검토에 대한 평가 ii) 일반철도 개선 및 고속철도, 자기부상철도 신설 등을 포함한 국가 간, 지역 간 노선 제안 및 경제적 타당성 비교 검토 iii) 국내 개발과 국가 간 개발의 효율적 접목을 위한 자본조달 방식 제안 iv) 여객 · 관광운송 확대를 위한 구간별, 단계별 개발 방안 및 국경역, 주요 기점역 개발 전략 등이 포함된다.

■ 유라시아 통신망 관련 대안 모색

• 일본의 아시아광대역플랫폼(ABP) 프로젝트와 같은 기존 제안을 검토하고 대안을 제시한다.

유라시아 경제협력

정체성은 경제협력의 정신적 기반이고 인프라는 경제협력의 물리적 토대다. 정체성 · 교통망 · 경제협력의 세 축이 유기적으로 맞물려 돌아갈 때 유라시아 대륙은 유럽연합을 능가하는 통합을 이룰 수 있다. 정체성과 인프라가 통합의 필요조건이라면 경제협력-사회문화협력-정치협력은 통합의 충분조건이다.

유라시아 경제 협력은 다른 지역에서 여러 형태로 추진된 선행 경제협력 경험을 참고할 수 있어 유리하다. 참고하되 모방은 금물이다. 국가 간 협력이라는 전통 방식에 갇히게 된다. 유라시아 내 여러 지역, 도시, 산업단지, 자원기지, 물류단지, 기술혁신 센터, 문화중심지, 자연보호지역, 관광중심지, 국경지역 등 다양한 축에서 입체적인 경제 협력을 구상하여 만들자. 당연히 시작 단계부터 유라시아 스케일이 필요하다. 국경을 존중하되, 다양한 당사자의 다양한 동력을 국경의 울타리에서 꺼내 온갖 형태의 협력을 만들어내는 작업, 그것이 바로 유라시아 대륙 스케일의 경제협력 방식이다. 대륙 스케일이라 함은 경제협력 자원의 풀(pool of resources)을 대륙 전체에서 조달한다는 말이다.

내가 생각하는 유라시아 경제협력의 추진 원칙은 다음과 같다 :

- 줄 것은 주고 받을 것은 받는 Give-and-Take 원칙에 충실한다.

• 모든 참여자에게 확실한 것을 주면서 역할(의무)을 부여한다. 권리와 의무에 대한 명확한 규정과 분배가 관건이다. '세계평화의 구체적 실천자'라는 공동선(common good)에 기여한다는 명예도 중요한 수혜 중 하나다.

- 연역적 접근을 원칙으로 하되, 실현에 초점을 맞춘 현실 · 현장 지향적 전략에 역점을 둔다. 각국, 기업, 주민 등의 이해득실을 면밀히 분석한다.
- 유라시아 대륙 내 여러 지역의 자주성과 문화적 개성을 손상시키지 않는 문화공존 협력방식을 활용한다. 팍스몽골리카 방식이다.
- 환경 손실을 최소화하는 경제협력 프로젝트를 지향한다.

이 원칙에 입각하여 다음과 같은 기획 · 연구작업을 수행한다 :

■ **유라시아 교역확대 방안**

• 기존 경제협력의 경험과 교훈을 활용한 FTA 등 국가 간 협력 방식의 적용 가능성

• CBDA(국경개발지역 : Cross-Border Development Area) 적용 가능성과 국경무역 확대 방안

• 유라시아 교통망과 국가 간, 지역 간 교역의 상승효과 증대 전략

■ **생산 · 유통협력 분야**

• 권역별, 국가별, 소지역별 특화 생산거점 및 물류거점 배분과 건설 방안

■ **과학 · 에너지 · 자원협력관련 연구**

• 유라시아 에너지, 수자원, 광물자원, 식량자원, 해양자원 수급현황, 장기전망, 효율적 개발 대안을 제시한다. 석유 · 가스 파이프라인의 정치경제학적, 지정학적 검토 및 현실적 대안 제시, 대체에너지, 생명공학기술 개발 및 실험 협력 방안 등을 포함한다.

■ **관광협력**

• 처녀지 · 생태보존형 관광 루트 및 환경순응형 관광 시설 개발전략, 중간 기점간 여객, 관광여행 통행량 증대 방안 등을 포함한다.

1030세대
세상
바꾸기

그대의
꿈이
현실
이다

감사의 글

변변치 않은 책이 세상에 나오는데 시간이 꽤 걸렸다. 유라시아에 관심을 갖고 책을 구상하기 시작한 것이 6년여 전이다. 2005년 9월 터키 이스탄불에서 열린 동아시아철학대회(ICAPA) 「The Vision of Asian Community」 학술회의에서 'Eurasia : A New Scale of Peace for Asia and Beyond'라는 제목으로 논문을 발표했고 같은 제목으로 『세계지역연구논총』에 게재했다. 이 핑계 저 핑계로 세월이 가는 동안 한국사회는 양극화의 골이 점점 깊어지고 소득은 늘어나는데 살림은 더 어려워지며 행복지수가 급감했다. 무엇보다도 청년실업문제가 마음을 아프게 했다. 책

내용이 유라시아에서 청년의 희망 쪽으로 무게중심을 바꾸게 된 이유다. 무게중심만 바꾸고 집필은 차일피일 미루던 중 최근 청춘을 대상으로 한 책이 유행처럼 봇물을 이루는 것을 보고 더 이상 미루면 안 되겠다는 생각이 들었다. 청춘이 출판 마케팅 대상으로 전락한 참상을 그대로 좌시할 수 없었다. 아픈 청춘에게 마취제나 진통제가 아닌 치료약을 공급해야 했다.

(재)국제평화전략연구원 박호성 수석연구위원의 지도 편달이 없었더라면 이 책은 나올 수 없었다. 구상부터 출간까지 어느 한 구석 그의 손길이 닿지 않은 곳이 없다. 감수라고 하기엔 너무나 미흡할 정도로 과분한 그의 통찰력이 이 책에 스며있다. 존경하는 박호성 박사는 내 인생의 큰 행운이다.

두 아들 성우, 신우도 이 책의 숨은 공로자다. 독자 입장에서 정밀하고 예리한 평을 해 주었다. 아내 최선은 고비마다 중요한 한 마디로 방향을 잡아주었다. 내 보물 1호다.

지리학의 큰 스케일을 일깨워 준 한국 지리학계, 박영한, 이기석, 류우익, 박삼옥 교수, 서울대 지리학과와 미국 Syracuse University 지리학과 교수진, 국제이주문화포럼(PRIMA) 회원, 한국외대 홍원표 교수, 김석수 박사, 도서출판 인간사랑 여국동 대표와 박무선 팀장에게 감사드린다.

집필기간 중 물심양면으로 격려하고 귀중한 조언을 해준 이전 박사, 김상렬 박사, 홍성철 박사, 전남식 박사, 박승준 박사, 한영주 박사, 고진 박사, 곽승지 박사, 목영덕, 김민경, 최정혁, 김용길, 임성원, 박종성, 한태영, 김미경, 소혜원, 석귀숙, 김성수, 박재현, 도상혁, 김인수, 박광주, 박종면, 장일환, 권태형, 김광익, 유홍석 제현에도 깊은 감사를 드린다.

인생을 함께할만한 소중한 벗이다.

무엇보다도 고민거리를 제공하여 좀 더 깊은 성찰에 이르도록 도와준 대한민국에 감사한다.

2012년 2월 대모산 자락에서 저자 **호민원**(이종철)

이 종 철

대전고와 서울대 지리학과를 졸업하고 서울대 환경대학원에서 도시계획학 석사, 미국 시라큐스대학교에서 지리학 박사학위를 취득했다. 코오롱상사, 서울시정개발연구원, 재외동포재단에서 근무했으며, IT 벤처기업에서 영욕을 경험했고 한국외대, 서울대 등에서 시간강사를 역임했다. 10여 년 전부터 후손을 위한 '조용하고 즐거운 혁명' 에 관심을 갖고 그 추진 수단인 유라시아-호민촌 프로젝트를 연구 중이다.

그대의 꿈이 현실이다 1030세대 세상 바꾸기

발행일 1쇄 2012년 2월 20일
지은이 이종철 **펴낸이** 여국동

펴낸곳 도서출판 인간사랑
출판등록 1983. 1. 26. 제일-3호
주소 경기도 고양시 일산동구 백석동 1178-1번지 2층
전화 031)901-8144(대표) | 977-3073(영업부) | 031)907-2003(편집부)
팩스 031)905-5815
전자우편 igsr@naver.com | igsr@yahoo.co.kr
인쇄 인성인쇄 **출력** 현대미디어 **종이** 세원지업사

값 15,000원
ISBN 978-89-7418-051-5 93300